Uma enciclopédia nos trópicos

Beto Ricardo com Ricardo Arnt

Uma enciclopédia nos trópicos

Memórias de um socioambientalista

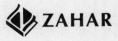

Copyright © 2024 by Ricardo Arnt e Beto Ricardo
Copyright desta edição © 2024 by Editora Schwarcz S.A. e ISA — Instituto Socioambiental

Grafia atualizada segundo o Acordo Ortográfico da Língua Portuguesa de 1990,
que entrou em vigor no Brasil em 2009.

Capa: Flávia Castanheira, sobre foto de Pedro Martinelli e mapa da Pan-Amazônia
Preparação: Angela Ramalho Vianna
Checagem: Érico Melo
Índice remissivo: Luciano Marchiori
Revisão: Luís Eduardo Gonçalves e Valquíria Della Pozza

Secretaria executiva: Rodrigo Junqueira e Adriana Ramos
Coordenação: Jurandir Craveiro
Roteiro e redação: Ricardo Arnt
Iconografia: Claudio Tavares
Pesquisa e documentação: Leila Silva
Cartografia: Cícero Augusto e Michelle Araújo
Gestão administrativa: Silvia Futada
Revisores: Aloísio Cabalzar, André Villas-Boas, Geraldo Andrello, Marcio Santilli, Marcos Wesley, Maria Inês Zanchetta e Tony Gross

---

Dados Internacionais de Catalogação na Publicação (CIP)
(Câmara Brasileira do Livro, SP, Brasil)

Ricardo, Beto
    Uma enciclopédia nos trópicos : Memórias de um socioambientalista / Beto Ricardo com Ricardo Arnt. — 1ª ed. — Rio de Janeiro : Zahar, 2024.

    ISBN 978-65-5979-160-6

    1. Indígenas da América do Sul – Brasil I. Arnt, Ricardo. II. Título.

23-184876   CDD-980.41

Índice para catálogo sistemático:
1. Brasil : Indígenas : História   980.41

Cibele Maria Dias — Bibliotecária — CRB-8/9427

Todos os direitos desta edição reservados a
EDITORA SCHWARCZ S.A.
Praça Floriano, 19, sala 3001 — Cinelândia
20031-050 — Rio de Janeiro — RJ
Telefone: (21) 3993-7510
www.companhiadasletras.com.br
www.blogdacompanhia.com.br
facebook.com/editorazahar
instagram.com/editorazahar
twitter.com/editorazahar

INSTITUTO SOCIOAMBIENTAL
Praça Dom José Gaspar, 134, cjs. 121-4 — Centro
01047-912 — São Paulo — SP
Telefone: (11) 3515-8900
www.socioambiental.org
facebook.com/institutosocioambiental
instagram.com/socioambiental
twitter.com/socioambiental

Para Paschoal Ricardo Netto (in memoriam)

Sumário

Prefácio: Fortaleza civil, por Ailton Krenak   9
Lista de siglas   13

1. A cidade indígena   17

2. Se oriente, rapaz (1970 a 1974)   25

3. Sementes e raízes (1974 a 1979)   37

4. Afinidades eletivas (1983 a 1987)   46

5. Direitos conquistados (1988)   56

6. A cidade do mundo (1989)   64

7. Beco da mata (1989)   70

8. Florestas e montanhas (1989 a 1992)   75

9. Narcisismo e feitiçaria (1992)   83

10. Socioambiental se escreve junto (1992 a 1996)   87

11. Faroeste em Roraima (1996 a 2005)   108

12. Colar de aldeias (1998)   114

13. Quinhentos anos de encobrimento (2000)   129

14. Conversas com generais (2001 a 2003)   133

15. Amansa, Brasil (2001 a 2004)   142

16. Avanços e recuos (2005 a 2011)   155

17. Apertem os cintos (2012 a 2019)   169

18. O céu que nos protege (2019 a 2022)   190

Anexos: Dos cadernos de campo   225
Caderno de campo aikewara (1970)   227
Expedição ao Içana (1997)   235
Um dia de Cláudia (1999 a 2003)   258

Posfácio: "Salvo engano meu", por Leão Serva   263

Agradecimentos   271
Notas   273
Índice remissivo   277

Prefácio
Fortaleza civil

O MOVIMENTO INDÍGENA NASCENTE na década de 1980 foi inflamado pela presença do Centro Ecumênico de Documentação e Informação (Cedi), uma fortaleza civil contra a desinformação sobre os indígenas no Brasil, com Beto Ricardo animando os debates públicos, como pode ser visto nas páginas deste *Uma enciclopédia nos trópicos*, ensaio memorialista que o autor nos oferta, abarcando décadas dessa épica saga indigenista.

Beto Ricardo apresenta suas credenciais logo no começo da conversa, e é em tom intimista que vamos saber sobre esse rapaz que se mirou no exemplo dos mais notáveis intelectuais de sua época de estudante, na Universidade de São Paulo (USP), onde formou seu arsenal teórico e abriu sua cabeça e os ouvidos para as ideias que ali circulavam, e também para a música, que sempre amou.

Antropólogo de vanguarda na sua geração, Beto teve poder de liderança para juntar colaboradores de variadas formações e responder ao desafio de erguer o mais independente projeto de documentação sobre povos indígenas no país, abrigando ações impensáveis para aqueles anos de lutas civis pelo fim da ditadura e por eleições diretas para a Presidência da República.

Teve a seu lado, nessa jornada cheia de perigos, colegas antropólogos, pesquisadores de campo nas mais diversas regiões do país, e, entre eles, uma companheira para todas as horas: Fany Ricardo.

Lideranças indígenas de dezenas de etnias que começavam a circular para além das aldeias, com passagens estratégicas por São Paulo, tinham o Cedi como pouso obrigatório. Na época, sua sede ficava ancorada no grande edifício do Colégio Sion, próximo à Cúria Metropolitana de São Paulo, de onde dom Paulo Evaristo Arns liderava a resistência paulista pelos direitos humanos.

Essa vizinhança já indicava que a luta seria para valer. Para avançar em sua afirmação, o campo dos direitos indígenas precisava se articular com outras esferas da sociedade.

Ditaduras exigem criatividade da oposição e capacidade de coexistência entre desiguais. Ao mesmo tempo que o projeto do Cedi ganhava força, outras ações de resistência eram conduzidas por antropólogas de reconhecida autoridade, como Lux Vidal, Carmen Junqueira, Manuela Carneiro da Cunha e suas constelações de orientandas e orientandos.

Frentes amplas se moviam entre praças e corredores e, em meio a essa movimentação, surgiu também a Comissão Pró-Índio de São Paulo, que deu capilaridade aos debates e campanhas gestadas na USP, na Pontifícia Universidade Católica (PUC), na Universidade Estadual de Campinas (Unicamp) e na Faculdade de Direito do largo de São Francisco, onde Dalmo Dallari ativava as reuniões.

Esse foi o ambiente paulistano na época do I Encontro Nacional dos Povos Indígenas, em 1982, reunindo grande elenco de lideranças indígenas de diversas regiões do Brasil. Lembro-me como se fosse ontem do impacto de ver impresso o cartaz que eu tinha feito para o evento, junto com o querido Vincent Carelli.

Os povos do Sudeste e do Centro-Oeste, pela proximidade com Brasília, estavam muito bem representados, e mesmo os do Nordeste, com a presença de grupos que se encontravam confinados em fundos de fazendas. Mas um grande esforço foi feito para que povos de Norte a Sul — como os Sateré, os Tikuna, os Tukano e os Kaiowá — também se fizessem presentes.

Ao final, com apoio das universidades e dos movimentos sociais, mais de sessenta etnias compuseram o encontro, puxado pela Comissão Pró-Índio de São Paulo, com a participação do xavante Mário Juruna, então parlamentar, e de Luiz Inácio Lula da Silva, representando os trabalhadores do ABC.

Fazendo orquestra com a pastoral da Conferência Nacional dos Bispos do Brasil (CNBB), o Cedi dava eco às falas de lideranças indígenas e foi a chama para que se articulasse, a partir daí, a instalação da coordenação nacional da União das Nações Indígenas (UNI) no endereço que por mais de uma década ela ocuparia na cidade de São Paulo. Sem esquecer o apoio à Aliança dos Povos da Floresta, com Chico Mendes, ao Conselho Nacional de Seringueiros (CNS), à luta pelos direitos indígenas na Constituinte de 1987-8 e à Eco-92.

O Cedi, seguido pelo Instituto Socioambiental (ISA), foi responsável por campanhas memoráveis contra a emancipação compulsória dos povos indígenas e contra a mineração em terras indígenas, lutas que ganharam respeito e reconhecimento planetário e foram referência para pesquisadores de todas as Américas e de outros continentes.

Nessa epopeia se engajaram figuras como Milton Nascimento, Sting e Gilberto Gil, artistas de renome nacional e internacional, ampliando o horizonte da luta socioambiental em um mundo globalizado às voltas com a crise climática.

Não é pouca coisa o que realizou essa geração plural, que teve o Beto Ricardo como ativo inspirador e apoiador. Novas modalidades de registro gráfico, bibliográfico e imagético foram pensadas, como integrar o audiovisual e a fotografia na difusão dos saberes indígenas.

As pesquisas e publicações do ISA constituem hoje um acervo aberto a públicos das mais diversas áreas de interesse. A enciclopédia *Povos indígenas no Brasil* — o "Pibão", como se tornou carinhosamente conhecido —, resultado de décadas de dedicação cotidiana da equipe do instituto, é a mais persistente publicação de dados sobre povos indígenas no Brasil.

Companheiro de tantas lutas, muitas vitórias e algumas perdas, Beto marcou minha vida com seu exemplo de coragem e determinação no caminho de militância que escolheu para si. É gente feita da matéria rara que formou o campo indigenista imaginado por figuras como Darcy e Berta Ribeiro.

Sua vida, assim como a de outros incansáveis lutadores, segue a trilha de grandes pensadores que formaram gerações de ativistas, e se mistura com o destino amplo das lutas dos povos indígenas, sempre inventando saídas para os labirintos da violenta história política do nosso país.

Pessoas como o Beto fincaram pé na estrada dos direitos indígenas e nunca arredaram um centímetro do compromisso com a defesa da vida, do território e da integridade desses povos. Também souberam acolher os seringueiros, os ribeirinhos e os quilombolas, mantendo a coragem diante de ameaças de inimigos poderosos e sendo sempre capazes de pensar novas formas de resistência e luta pela pluralidade da vida, pelas expressões culturais, cosmovisões e sonhos de futuro dos povos das florestas.

Eu me incluo entre aqueles que deram boas-vindas à luta do Beto e posso dizer que foi uma aventura e tanto acompanhar essa jornada emparelhado à sua canoa. Fizemos até uma exótica corrida no gelo juntos, em Kautokeino, na Noruega, em uma viagem para conhecer o Centro de Pesquisas Sámi, uma inspiração para a luta indígena no Brasil!

É uma honra compartilhar os feitos desde aquele tempo até este ano de 2024, que se iniciou com duas mulheres indígenas à frente de órgãos essenciais, tomando posse do Ministério dos Povos Indígenas e da presidência da Fundação Nacional dos Povos Indígenas (Funai). Um fato inimaginável quando o jovem antropólogo Beto Ricardo, recém-saído da USP, decidiu formar um centro de documentação e informação para apoiar e documentar a luta por direitos dos povos indígenas.

Só posso desejar a todos uma boa leitura e que o legado de Beto, e de tantos aliados e aliadas nesse caminho, continue a florescer.

Ailton Krenak

Ailton Krenak é ativista indígena, jornalista e escritor. Fundador da União das Nações Indígenas e do movimento Aliança dos Povos da Floresta, dirige o Núcleo de Cultura Indígena (Reserva Indígena Krenak). É membro da Academia Mineira de Letras e da Academia Brasileira de Letras, e doutor honoris causa da UFJF, onde leciona, além de pesquisador convidado da UFMG, roteirista e apresentador de séries de TV. Com publicações em diversas línguas, é autor de *Ideias para adiar o fim do mundo*, *A vida não é útil*, *Futuro ancestral* e *Um rio um pássaro*.

Lista de siglas

ABI	Associação Brasileira de Imprensa
ADB	Banco Asiático de Desenvolvimento (Asian Development Bank)
ADF	Banco Africano de Desenvolvimento Africano (African Development Fund)
Aima	Agente indígena de manejo ambiental
AIS	Agente indígena de saúde
Alidcirr	Aliança de Integração e Desenvolvimento das Comunidades Indígenas de Roraima
API	Agente pedagógico indígena
Apirr	Associação dos Povos Indígenas do Estado de Roraima
APP	Área de preservação permanente
Arikom	Associação Regional Indígena dos Rios Kinô, Cotingo e Monte Roraima
Arpa	Áreas Protegidas na Amazônia
Atix	Associação Terra Indígena do Xingu
AVA	Associação Vida e Ambiente
Ayrca	Associação Yanomami do Rio Cauaburis e Afluentes
BID	Banco Interamericano de Desenvolvimento
Bird	Banco Internacional para Reconstrução e Desenvolvimento
BNDES	Banco Nacional de Desenvolvimento Econômico e Social
CAR	Cadastro Ambiental Rural
CCPY	Comissão pela Criação do Parque Yanomami
Cebrap	Centro Brasileiro de Análise e Planejamento
Cedi	Centro Ecumênico de Documentação e Informação
CEE	Comunidade Econômica Europeia
CGT	Central Geral dos Trabalhadores
Cimi	Conselho Indigenista Missionário
CIR	Conselho Indígena de Roraima

CMA	Comando Militar da Amazônia
CNBB	Confederação Nacional dos Bispos do Brasil
CNCD	Conselho Nacional de Combate à Discriminação
CNPq	Conselho Nacional de Desenvolvimento Científico e Tecnológico
CNS	Conselho Nacional de Seringueiros
Coiab	Coordenação das Organizações Indígenas da Amazônia Brasileira
Comara	Comissão de Aeroportos da Região Amazônica
Conage	Coordenação Nacional de Geólogos
Conama	Conselho Nacional de Meio Ambiente
COP	Conferências das Partes da Convenção sobre Mudança Climática
CPI	Comissão Parlamentar de Inquérito
CTI	Centro de Trabalho Indigenista
CUT	Central Única dos Trabalhadores
Deter	Sistema de Detecção de Desmatamento em Tempo Real
DNPM	Departamento Nacional de Produção Mineral
DSEI	Distrito Sanitário Especial Indígena
EDF	Environmental Defense Fund
Embrapa	Empresa Brasileira de Pesquisa Agropecuária
FAB	Força Aérea Brasileira
Festribal	Festival Cultural das Tribos Indígenas do Alto Rio Negro
FMI	Fundo Monetário Internacional
Foirn	Federação das Organizações Indígenas do Rio Negro
Funai	Fundação Nacional do Índio, atual Fundação Nacional dos Povos Indígenas
Funasa	Fundação Nacional de Saúde
Funbio	Fundo Brasileiro para a Biodiversidade
Ibama	Instituto Brasileiro de Meio Ambiente e Recursos Naturais Renováveis
IBGE	Instituto Brasileiro de Geografia e Estatística
Icco	Comissão Intereclesiástica de Cooperação para o Desenvolvimento
ICMBio	Instituto Chico Mendes de Conservação da Biodiversidade
IIZ	Centro Intercomunitário Internacional
Imazon	Instituto do Homem e Meio Ambiente da Amazônia
Incra	Instituto Nacional de Colonização e Reforma Agrária
Inpa	Instituto Nacional de Pesquisas da Amazônia
Inpe	Instituto Nacional de Pesquisas Espaciais

Lista de siglas

Ipam	Instituto de Pesquisa Ambiental da Amazônia
Iphan	Instituto do Patrimônio Histórico e Artístico Nacional
ISA	Instituto Socioambiental
JOC	Juventude Operária Católica
JUC	Juventude Universitária Católica
MEC	Ministério da Educação
MST	Movimento dos Trabalhadores Rurais sem Terra
NDI	Núcleo de Direitos Indígenas
Norad	Agência Norueguesa de Cooperação para o Desenvolvimento
OAB	Ordem dos Advogados do Brasil
OAF	Organização de Auxílio Fraterno
OD	Operasjon Dagsverk
Oibi	Organização Indígena da Bacia do Içana
OIT	Organização Internacional do Trabalho
ONG	Organização não governamental
OSPB	Organização Social e Política Brasileira
PAC	Plano de Aceleração do Crescimento
PAS	Plano Amazônia Sustentável
PCdoB	Partido Comunista do Brasil
PCH	Pequena central hidrelétrica
PDT	Partido Democrático Trabalhista
PFL	Partido da Frente Liberal
PGTA	Planos de Gestão Territorial e Ambiental
PIB, Pibão	*Povos indígenas no Brasil*
PIX	Parque Indígena do Xingu
PMDB	Partido do Movimento Democrático Brasileiro
Pnuma	Programa das Nações Unidas para o Meio Ambiente
PPCDam	Plano de Ação para Prevenção e Controle do Desmatamento na Amazônia Legal
PPTAL	Projeto Integrado de Proteção às Populações e Terras Indígenas da Amazônia Legal
PRA	Programa de Regularização Ambiental
Pronaf	Programa Nacional de Fortalecimento da Agricultura Familiar
PSD	Partido Social Democrático

PSDB	Partido da Social Democracia Brasileira
PT	Partido dos Trabalhadores
PTB	Partido Trabalhista Brasileiro
PUC	Pontifícia Universidade Católica
PV	Partido Verde
Raisg	Rede Amazônica de Informação Socioambiental Georreferenciada
RPPN	Reservas Particulares de Patrimônio Natural
SAN	Serviço de Auxílio aos Necessitados
SBPC	Sociedade Brasileira para o Progresso da Ciência
Seplan	Secretaria de Planejamento e Assuntos Econômicos
SIL	Summer Institute of Linguistics
SisArp	Sistema de Áreas Protegidas
Snuc	Sistema Nacional de Unidades de Conservação
Sodiurr	Sociedade de Defesa dos Índios Unidos de Roraima
SPI	Serviço de Proteção aos Índios
STF	Supremo Tribunal Federal
STJ	Superior Tribunal de Justiça
TRF	Tribunal Regional Federal
UDR	União Democrática Ruralista
UFBA	Universidade Federal da Bahia
UFMG	Universidade Federal de Minas Gerais
UFPA	Universidade Federal do Pará
UFPE	Universidade Federal de Pernambuco
UFRJ	Universidade Federal do Rio de Janeiro
UFRR	Universidade Federal de Roraima
UnB	Universidade de Brasília
UNI	União das Nações Indígenas
Unicamp	Universidade Estadual de Campinas
USP	Universidade de São Paulo

1. A cidade indígena

> O reencontro entre índios e brancos só se pode fazer nos termos de uma necessária aliança entre parceiros igualmente diferentes, de modo a podermos, juntos, deslocar o desequilíbrio perpétuo do mundo um pouco mais para a frente, adiando assim o seu fim.
>
> EDUARDO VIVEIROS DE CASTRO, "Os termos da outra história"

EM NOVEMBRO DE 1980, o IV Tribunal Bertrand Russell, o "Tribunal Internacional dos Povos", reunido em Rotterdam, na Holanda, condenou o Brasil por "negligência genocida", "racismo", "apropriação ilícita das terras tradicionais indígenas" e "atos etnocidas sistemáticos sobre a população do vale do rio Negro, no Amazonas". As missões salesianas que atuavam na região desde 1915 e o bispo dom Miguel Alagna foram acusados de "desintegrar a cultura, proibir os hábitos, perseguir as tradições e impedir o uso das línguas [indígenas]".

O presidente de honra da última sessão do julgamento foi o cacique Mário Juruna, que seria eleito deputado federal em 1982 pelo PDT, o primeiro deputado indígena do país. Juruna foi impedido de viajar pela Funai (a antiga Fundação Nacional do Índio, à qual, até a Constituição de 1988, os indígenas tinham de pedir autorização para viajar), até arrancar um habeas corpus no Tribunal Federal de Recursos, em Brasília. Seu passaporte foi liberado horas antes da partida do avião. Ao chegar ao tribunal, Juruna foi aplaudido de pé pelo público presente.

Participaram, como testemunhas de acusação, o presidente do Conselho Indigenista Missionário (Cimi), dom José Gomes, seu secretário-geral, bispo dom Tomás Balduíno, o escritor Márcio Souza, o líder Álvaro Sampaio Tukano e o indigenista Vincent Carelli. Álvaro e Márcio denunciaram a desagregação das crenças indígenas e sua substituição pela moral católica nos internatos salesianos. Vincent criticou o impacto da agropecuária sobre os Nambikwara do vale do rio Guaporé, ao longo da rodovia Cuiabá-Porto Velho, pavimentada com financiamento do Banco Mundial.

A repercussão da sentença abalou a Igreja católica e o indigenismo brasileiro. Meses após o julgamento, em fevereiro de 1981, a XIX Assembleia Geral da Conferência Nacional dos Bispos do Brasil, em Itaici, São Paulo, presidida por dom Ivo Lorscheider e liderada pelo secretário-geral dom Luciano Mendes de Almeida, analisou a condenação e discutiu a aprovação de uma "moção de desagravo" ao bispo dom Miguel Alagna.

Dom Miguel rechaçou as acusações de "genocídio indígena" e classificou de "deplorável" a atitude do tribunal de não ter convidado a Ordem para se defender. Os salesianos estavam indignados. A publicidade negativa afetara suas fontes de financiamento na Europa. Exigiam um desagravo. O Cimi foi acusado de difamar o trabalho das missões.

Assisti, como ouvinte, à assembleia de Itaici. Dom Tomás, bispo de Goiás Velho, estava sentado ao meu lado. Após ouvir as queixas, dom Ivo cedeu à pressão dos salesianos e indagou: "Dom Tomás, gostaríamos de ouvir a sua palavra. O que o senhor tem a dizer?".

O bispo de Goiás Velho coçou a cabeça, tapou a boca com a mão e me perguntou discretamente:

"E agora, Beto, o que eu faço?"

"Não sei, dom Tomás", eu disse.

Em consequência do julgamento, os internatos indígenas do rio Negro e do Mato Grosso foram fechados, em 1981. Na Alemanha e na Holanda, as fontes de financiamento salesianas se retraíram. Em Manaus, a Polícia Federal visitou familiares e amigos de Álvaro Tukano perguntando por seu paradeiro. Os salesianos excomungaram Álvaro e sua família, e eles foram induzidos a abandonar sua aldeia em Pari-Cachoeira, no alto rio Negro, e se mudar para a Terra Indígena Balaio.

A luta pelos direitos indígenas avançava na contramão das frentes de expansão econômica na Amazônia, impulsionadas pela ditadura e pelo

Programa de Integração Nacional. Grandes projetos de desenvolvimento atropelavam os direitos humanos, invadiam as terras indígenas e espalhavam vírus e conflitos. Seus impactos frequentemente incluíam a eliminação da resistência das lideranças nativas, de seus defensores e aliados.

Fora da proteção de algumas dioceses e prelazias da Igreja católica quase não havia solidariedade ou apoio. Os brasileiros ignoravam o que acontecia na Amazônia remota. Sob a censura da imprensa, documentar perseguições e assassinatos de indígenas, indigenistas e padres era uma tarefa desafiadora e semiclandestina.

A antropologia havia me conquistado quando eu cursava ciências sociais na Faculdade de Filosofia, Letras e Ciências Humanas da USP. Em 1974, passei a colaborar voluntariamente com o Cedi, que reunia cristãos com responsabilidade social empenhados em divulgar notícias críticas sobre a conjuntura brasileira.

As conexões religiosas do Cedi na Europa permitiram buscar financiamento externo para uma pesquisa sobre a situação dos povos indígenas, como ponto de partida para a defesa de seus direitos. Apostamos na construção de uma rede de colaboradores para elaborar um diagnóstico amplo, atualizado periodicamente, sobre a realidade indígena no país.

Lá se vão cinquenta anos de lutas. Em 2028, espero poder comemorar as bodas de ouro do nosso primeiro "Levantamento da situação atual dos povos indígenas no Brasil", iniciado em 1978, cuja expansão, sempre agregando novas informações, ensejou em 1980 uma mudança de nome do levantamento para *Aconteceu: Povos indígenas no Brasil*, o *PIB*. Naqueles primeiros anos nunca imaginamos que o *PIB* viraria a enciclopédia que virou, atualmente na 13ª edição.

Acumulamos meio século de trabalho coletivo e informação para o movimento indígena. Como conseguimos persistir com recursos precários e financiamento escasso, mantendo a independência editorial e enfrentando interesses anti-indígenas poderosos? Essa é a história que quero contar neste livro, que começou com a troca de uma letra, passando a falar de "povos indígenas *no* Brasil" em vez de "povos indígenas *do* Brasil". Rompemos com a elaboração de um ideal tradicional de identidade brasileira que considerava os índios* como um "componente" da brasilidade, para prestar atenção e ouvir as perspectivas indígenas sobre eles mesmos.

Santo Agostinho escreveu o monumental *Cidade de Deus* dividindo o mundo em duas partes: a cidade dos céus, do mundo sagrado da teologia, da filosofia e da história; e a cidade dos homens, do mundo terreno e profano da comunidade humana, do prazer e do pecado. Queríamos conhecer a cidade indígena.

Criamos uma enciclopédia viva e dinâmica sobre a realidade de 252 povos indígenas, falantes de mais de 160 línguas, que ocupam, atualmente, 13,77% do território nacional. Desde a primeira edição do *PIB*, recolhemos conhecimento sobre as condições de existência dos índios e seu processo de convivência com a sociedade nacional.

As cinco primeiras edições, de 1980 a 1984, foram anuais. Com a apuração de um número cada vez maior de informações, partimos para uma edição bianual robusta, 1985-6, depois para uma quadrienal, 1987-90, e, a partir de então, edições quinquenais, sempre oferecendo subsídios para as questões de política indigenista.

As informações se multiplicavam a cada número. A edição de 1987-90 continha 61 artigos e 582 páginas, e a edição de 2011-6, 160 artigos e 828 páginas. Cada volume pesava 2,3 quilos. Era um trabalho de peso. Dava para calçar uma porta.

Com a decolagem do *PIB*, em 1978 fui promovido a secretário-geral adjunto no Cedi. A cena indigenista avançou com a fundação da UNI, no Mato Grosso, em 1979, reunindo líderes xavantes, terenas e kadiwéus. Marcos Terena foi eleito presidente, Álvaro Tukano, vice, Lino Miranha, secretário, e Ailton Krenak, editor de publicações. A UNI era uma novidade nascida sem conexão direta com as assembleias indígenas incentivadas pelo Cimi, mas desempenhou com eficácia o papel de referência simbólica da indianidade na campanha da redemocratização. Tanto que foi perseguida e enfrentou um veto dos órgãos de segurança à sua legalização institucional.

---

*Por questões de contexto histórico e fluência do texto, os autores optaram pelo uso alternado dos vocábulos "índio" e "indígena". (N. E.)

Nesse contexto de arrancada do movimento indígena, o Cimi promoveu uma assembleia memorável com o 1 Encontro Nacional dos Povos Indígenas, realizado em Brasília, em agosto de 1982, com 228 líderes de 48 etnias. Reunidas na Confederação Nacional dos Trabalhadores na Agricultura, as lideranças puderam discutir seus principais problemas, como o reconhecimento de terras, a afirmação cultural e a atuação da Funai.

A sessão de encerramento, realizada no Auditório Petrônio Portella, no Senado, juntou parlamentares, indigenistas, a Associação Brasileira de Antropologia e os embaixadores de México, França, China, Panamá e Finlândia. No final, Álvaro Tukano, Marcos Terena e Lino Miranha foram escolhidos para representar as comunidades em nível nacional. O cenário político estava mudando.

Falar pelos indígenas sempre foi uma questão delicada. A representação dos interesses de centenas de povos diversos lida com uma complexidade peculiar. A política indígena — autônoma e permanente — é uma realidade local, plural, faccional e descentralizada. Quanto mais se afasta do nível local, mais tende a aparecer nos cenários regionais, nacional e internacional como uma ação intermitente, associada a intermediários não indígenas, que possuem objetivos e estratégias próprios bastante diversos. O indigenismo no Cedi tampouco estava isento dessa contingência.

A coleção *Povos indígenas no Brasil* se propunha a vertebrar o movimento indígena com informações nada fáceis de obter num país como o Brasil. Nosso empreendimento jamais teria decolado se além do suporte inicial da fundação Pão para o Mundo (Brot für die Welt), da Alemanha, não tivéssemos os apoios duradouros da Organização Intereclesiástica para a Cooperação ao Desenvolvimento (Icco), de Utrecht, na Holanda, e do Conselho Mundial de Igrejas, em Genebra.

José Belo Chipenda, missionário presbiteriano angolano, secretário do programa de combate ao racismo do Conselho Mundial de Igrejas, compreendeu o papel do *PIB* na assessoria ao movimento indígena. Jan van Bentum, do Departamento para América Latina e Caribe da Icco, apoiou o Cedi nos visitando regularmente, durante anos, acompanhando as dificuldades de acessar grupos isolados, atuar em distâncias remotas e superar obstáculos de comunicação.

Para montar um quebra-cabeça de milhares de peças sem uma imagem-guia, dividimos o Brasil em dezoito áreas geográficas, como: Noroeste Amazônico, Sudeste do Pará, Maranhão, Parque Indígena do Xingu (PIX) e Mato Grosso do Sul. Cada área ganhou um consultor encarregado de coordenar a apuração de informações sobre as etnias existentes. Elaboramos uma ficha-padrão com 59 perguntas a serem respondidas por informantes e colaboradores, levantando nome, língua, localização, população, histórico do contato, modo de vida, grau de tutela e assistência oficial, educação escolar, serviços de saúde, situação das terras, fontes de informação etc.

Era um mar de informações. Dávamos ênfase especial a informações visuais e fotográficas. Selecionávamos recortes de jornais, livros, relatórios, observações diretas, trabalhos acadêmicos e documentos relevantes. Editávamos uma publicação não comercial avessa à busca de audiência e à popularidade. A ideia era consolidar uma fonte de referência qualificada sobre as questões indígenas. Eu me entreguei totalmente à organização desse banco de dados, numa época em que não havia computador. Tudo era anotado à mão. Nos intervalos, eu também ajudava a editar a revista *Tempo e Presença*, do Cedi.

Brinco com os amigos que inventei as redes sociais antes do Mark Zuckerberg. Montamos, ao longo dos anos, uma rede de comunicação com mais de quinhentos colaboradores, investindo no fortalecimento das relações entre eles e no intercâmbio de informações. Para animar a governança da rede publicamos o boletim *Povos Indígenas no Brasil* de 1982 a 1985.

Os colaboradores alimentavam o *PIB* por carta, preenchendo as fichas e atualizando os dados sobre as populações indígenas, enviados por correio. Havia um esquema de segurança para a proteção dos dados e colaboradores. Usávamos o endereço da caixa postal 54097 da agência de correios da avenida Angélica. Mandávamos duas pessoas recolherem a correspondência. Uma era destacada para vigiar a operação.

Numa sala pequena, sob a escadaria do Colégio Sion, que abrigava a sede do Cedi no bairro de Higienópolis, em São Paulo, os voluntários do Programa Índios no Brasil organizavam materiais recebidos de todos os cantos do país. A primeira equipe juntava indigenistas, antropólogos e jornalistas, como a minha companheira Fany Ricardo, o Luiz Roncari, a Diana Mindlin, o Vincent Carelli, o Mauricio Piza, o André Amaral, a Alicia Rolla, a Marta Azevedo e o teólogo beneditino do Mosteiro de São Bento Francisco Benjamim de Sousa Neto, dom Estevão.

Desde o primeiro levantamento, confrontamos as apurações em campo com os dados publicados por Darcy Ribeiro em 1970, no livro *Os índios e a civilização*,[1] a nossa Bíblia na época. Numa coluna lançávamos os dados de referência, na outra, paralela, o que havia acontecido e mudado com cada povo.

Logo surgiram casos de populações "extintas" que apareciam com informações de sobreviventes. Onde havia cinco aldeias, agora existiam dezoito. Na contramão da extinção genérica do índio, o levantamento mostrava um revigoramento das identidades específicas, inclusive com a afirmação dos nomes próprios das etnias pelos indígenas. Como era possível?

Um caso emblemático foi o do Acre, sobre o qual havia um vazio de informações. Em 1975, a Funai simplesmente não reconhecia a existência de povos indígenas no estado. O antropólogo Mauro Almeida, que fazia pesquisa entre os seringueiros, frequentemente esbarrava em índios de diversas etnias. Um dia, mandou um aviso: "Olha aí, Beto, esse negócio de não ter índio no Acre não pode ser. Todo mundo aqui é índio, pô!".

De fato, havia um intenso processo de afirmação étnica em curso no Acre. Não que os índios não existissem, apenas estavam invisíveis. Com algum incentivo, levantaram a cabeça e passaram a afirmar: "Sou índio!". Assim apareceram, por exemplo, os Kaxinawá, os Shanenawa, os Jaminawa, os Puyanawa e os Yawanawá.

A nossa base de dados acumulou provas que sustentavam uma narrativa diferente do estado da arte da antropologia da época. Os índios não iam desaparecer. Ao contrário, estão em expansão até hoje, 2024, embora certas etnias continuem ameaçadas de extinção. A virada era considerável. Precisávamos acumular provas, corrigir e atualizar listas, catalogar informações, refazer relatórios, recolher evidências e documentar com imagens. Para tanto, despachávamos o Vincent Carelli com a missão de fotografar os indígenas e checar os dados em campo.

Lembro quando a Virgínia Valadão, amiga e aluna na Unicamp, foi à minha casa apresentar o companheiro Vincent, ex-indigenista da Funai e testemunha do processo do Tribunal Bertrand Russell. Vincent era membro do Centro de Trabalho Indigenista (CTI), uma organização que expressava, tal qual o Programa Índios no Brasil do Cedi, a emergência de um novo indigenismo civil. O CTI gravitava em torno da antropóloga Lux Vidal, professora da USP, e tínhamos muito em comum. A diferença era que eles atuavam em campo, nas aldeias, e o Cedi produzia informação.

Contratei o Vincent como editor de fotografia do *PIB*. Nossa afinidade com a fotografia cimentou uma amizade duradoura. Graças a um envolvimento crescente com o vídeo, Vincent consolidaria uma carreira bem-sucedida de cineasta, que culminaria com a criação do projeto Vídeo nas Aldeias. Nas décadas seguintes realizaria mais de uma centena de filmes, recebendo inúmeros prêmios no Brasil e no exterior, além de formar gerações de cineastas indígenas.

Em 1986 compartilhamos uma epifania que persiste na minha memória. Fomos gravar a Festa da Moça, um ritual de iniciação na aldeia Mamaindê, dos Nambikwara de Mato Grosso. A câmera era uma VHS portátil amadora, e eu operava um microfone sem saber nada de áudio. O resultado final foi um filme em que vi, pela primeira vez, índios falando sua língua acompanhados de legendas em português.

Lá na aldeia, quando os Nambikwara viram as imagens gravadas, manifestaram o desejo imediato de reencenar os rituais com vigor, com todos os paramentos e adornos, para afirmar uma autoimagem orgulhosa de sua cultura. Um dos líderes sentenciou, então, uma frase peremptória, válida até hoje: "Não basta ser índio, tem que parecer".

Ao longo de meio século, a enciclopédia *Povos indígenas no Brasil* documentou a evolução do movimento indígena, consolidando uma reputação entre antropólogos e indigenistas e realizando atividades de apoio aos povos tradicionais. Crescemos. Colecionamos vitórias e derrotas. Com a extinção do Cedi e a criação do ISA, em 1994, ampliamos a agenda incorporando as questões ambientais e ecológicas à pauta. Vi muita coisa mudar no Brasil e no planeta. Atualmente, estamos empenhados numa agenda positiva para adiar o fim do mundo. Como cheguei até aqui é uma longa história.

2. Se oriente, rapaz (1970 a 1974)

O Brasil não é para principiantes.
Tom Jobim

Assim como a aranha vive do que tece, meu bisavô italiano convenceu a mulher, juntou as malas, seis filhos e o pouco que tinham e embarcou, em 1901, num navio de imigrantes de Nápoles para Santos. Cruzaram o Atlântico numa viagem sem volta para constatar que tudo depende de determinação, como diz a canção de Gilberto Gil. Então, pulou no mar e entrou no Brasil a nado. Literalmente.

Essa seria a primeira cena do filme que eu gostaria de ter feito.

Giugliano in Campania era um *piccolo paese* da província de Nápoles, uma pequena cidade empobrecida pelo excedente demográfico e pela falta de terras. Pasquale Riccardi e Giovanna Salzano cansaram do trabalho sem perspectivas no campo. Para eles, o Brasil era uma miragem imensa, generosa, verde, cheia de florestas, de índios e de terra fértil disponível. No rastro de vizinhos, a família pegou o que tinha e tomou um navio disposta a *fare l'America*.

Porém, durante a travessia do Atlântico ouviram versões menos idílicas. O trabalho na lavoura em São Paulo era mais duro do que em Nápoles, as condições de vida eram piores e os patrões brasileiros, acostumados com a escravidão. Os imigrantes eram cadastrados em Santos, subiam a serra para São Paulo, acomodavam-se na Hospedaria de Imigrantes, no bairro do Brás, e eram despachados para fazendas de café no interior. A dívida pela viagem de navio era paga com trabalho futuro.

As informações disponíveis eram precárias, as promessas, vagas, e a incerteza, grande. Mas a intensa movimentação de imigrantes criara alternativas para burlar a "economia da dívida": a saída era pular no mar, na baía, e nadar até ser recolhido por barcos oportunistas que ofereciam um transporte improvisado — se tudo desse certo — até o cais. A ideia era evitar a triagem na alfândega de Santos e a destinação à lavoura para ir até São Paulo, a cidade de crescimento acelerado que atraía milhares de pessoas.

Pegar ou largar. Vai ou não vai?

Pasquale combinou tudo com a mulher, esperou a madrugada raiar, beijou os pequenos um a um — imagino uma cena entre lágrimas — e tibum na água. Giovanna e os filhos desembarcaram em Santos e foram enviados para a Hospedaria de Imigrantes, supostamente abandonados pelo marido.

Meu pai divertia-se com a história registrada na biografia *No chá das cinco, o horizonte*, publicada com trinta exemplares em 2005. Segundo ele, o avô italiano era um valentão de olhos azuis, tocador de violão, bon vivant e mulherengo. Após desembarcar em Santos, sumiu em São Paulo deixando a mulher angustiada durante dias e noites preocupantes e maldormidas. Pobre Giovanna, sozinha num país estranho, sem falar a língua, com seis filhos.

Consta que a moça ensaiava caminhadas em volta da quadra da hospedaria. Um dia, comprou de um vendedor ambulante uma dúzia de *cucuzzielli gialle*, a abobrinha amarela comum em Nápoles. Para sua surpresa viu que eram doces. Comeu tudo e acabou com uma tremenda dor de barriga. Descobrira a banana.

Após uma semana de expectativas, o marido afinal mandou amigos à hospedaria para resgatar a família, que oficialmente seria acolhida por conterrâneos já estabelecidos na cidade. Desse jeito, escaparam todos da lavoura e foram morar na Mooca.

Começava uma vida nova. Em dez anos, Pasquale Riccardi acumulou empregos, trabalhou e prosperou. Em 1911 abriu a Garagem Esmeralda, no largo do Arouche, uma oficina de aluguel de limusines Renault e Peugeot.

Se oriente, rapaz (1970 0 a 1974)

Na época, não havia táxis. A elite paulistana apreciava ir ao Theatro Municipal, a casamentos, piqueniques, batizados e funerais em carros alugados. O importante era a pose: os choferes eram fardados e os carros, decorados conforme a ocasião e a solenidade, com cortinas de veludo, tapetes e até cristais da Boêmia. A garagem chegou a possuir dez veículos. Consta que Esmeralda era uma namorada do dono.

Menos sorte teve a família do padeiro Giovanni Pascale e de Giuseppa Miranda, que saíra de San Giuseppe Vesuviano, também na província de Nápoles, pouco antes, em 1895. Tipo retraído, meio deprimido, Giovanni abriu a Padaria Pascale, na Mooca, e criou uma prole de dois. Sua filha, Nicolina, casou com Augusto, filho de Pasquale Riccardi.

Augusto e Nicolina, meus avós, foram os pais de Paschoal Riccardo Netto, meu pai. Pelo visto, adoravam o nome. O menino brasileiro foi criado entre avós, tios, primos italianos, imigrantes, garagens, padarias e igrejas da Mooca, numa vida de trabalho e de determinação.

Em 1940, com dezessete anos, entrou como office boy na multinacional Gessy Lever — mais tarde Unilever —, a fabricante do sabonete Lux, preferido "por nove entre dez estrelas de cinema". Trabalhou a vida toda na empresa. Ascendeu, foi gerente, diretor e acabou presidente da companhia.

O capitalismo do pós-guerra cultivava valores meritocráticos impensáveis nos dias de hoje. Meu pai foi um self-made man clássico, um autodidata que aprendeu inglês sozinho, com talento para a gestão e o trato com as pessoas. Arranhava o napolitano, fazia barba com English Lavender, frequentava o Jockey Club e jogava tênis.

Na Gessy Lever conheceu a secretária da diretoria Luiza Lygia De Luca, exímia datilógrafa, descendente de calabreses e de poloneses curitibanos. Lygia era mais refinada. Seu pai, Thomas De Luca, era um fazendeiro rico de Limeira, proprietário de sete fazendas.

Os dois se casaram em 1949 e tiveram três filhos: Carlos Alberto Ricardo (1950) — este que vos fala —, Eduardo Carlos Ricardo (1952) e Cristina Maria Ricardo (1954). Paschoal mudou o sobrenome Riccardi para Ricardo, a fim de simplificar a vida, como outros imigrantes cortavam consoantes do nome. Assim, ganhamos ares de cantores de bolero.

Nasci no centro de São Paulo, na alameda Dino Bueno, hoje palco da Cracolândia. Depois nos mudamos para a rua Campevas, em Perdizes, uma ruazinha italiana de casas geminadas. À medida que meu pai prosperava, íamos para uma casa alugada maior.

A Gessy Lever tinha etiqueta, cuidava da sua perpetuação, cultivava festas, efemérides, a boa reputação e emprestava dinheiro para funcionários-padrão, induzindo uma certa mobilidade social. Meu pai quase foi trabalhar na Espanha. Chegaram a escolher escolas em Madri, mas acabou não dando certo.

O primeiro apartamento próprio foi comprado na rua Cardoso de Almeida, perto do Convento dos Dominicanos, em Perdizes. Depois, fomos para a rua Caiubi e, mais tarde, para a rua Piauí, em Higienópolis, onde a minha mãe continua a morar. Durante uma negociação de troca de diretores, a Unilever pôs à venda uma casa pequena, porém bacana, na praia da Enseada, no Guarujá, que meu pai comprou. Curtimos muito essa casa de praia.

Fiz o primário no Externato Assis Pacheco, em Perdizes. Na quinta série mudei para o Colégio São Domingos, perto da PUC. Em 1966, entrei no colegial do Santa Cruz, colégio no longínquo bairro do Alto de Pinheiros. O "Santa" ficava num descampado perto da estrada da Boiada, cujas ruas eram de terra, mas meu pai já tinha virado diretor e mandava um motorista nos levar e nos buscar.

O colégio fora fundado em 1952 pelos padres canadenses da Congregação de Santa Cruz, originária de Le Mans, na França, e transplantada para o Quebec em 1847. Tinha pedigree e era dirigido por padres progressistas que lideraram movimentos políticos nos anos 1950 e 1960, como a Juventude Operária Católica (JOC) e a Juventude Estudantil Católica (JEC).

O ensino baseava-se no conceito de "elite com responsabilidade social". Focava na formação de alunos promotores de valores cristãos, comprometidos com a mudança social, embora de cima para baixo. Meus colegas eram filhos de senadores, de políticos e de empresários.

Os líderes eram os carismáticos padres Lionel Corbeil, diretor-geral, e Paul-Eugène Charbonneau, vice-diretor. Corbeil era um bom administrador, um "pragmático sonhador" vinculado a associações de empresários católicos. Charbonneau era um intelectual crítico, veemente e indignado, professor de filosofia. Ambos haviam lido Stefan Zweig e acreditavam no "país do futuro".

No Santa fiz amigos duradouros, como o Sérgio Haddad e o Carlos Alberto Dória. Nós três nos engajamos no Serviço de Auxílio aos Necessitados (SAN) e na Organização de Auxílio Fraterno (OAF) do Santa. Graças ao trabalho voluntário de alunos que permaneciam no colégio uma parte da tarde e à noite, o SAN promovia cursos de alfabetização para adultos de comunidades carentes do bairro do Jaguaré. Também atendia aos moradores da favela situada no banco de areia contíguo ao colégio — separada dele por uma sugestiva cerca de arame farpado —, onde agora estão o parque e o shopping Villa-Lobos. A OAF levava solidariedade, cobertores, roupas, sanduíches e café para moradores de rua.

Meu personagem inesquecível nesses anos foi o professor de literatura Flávio Di Giorgi, um humanista que recitava Fernando Pessoa na padaria e jogava partidas de xadrez simultâneas com os alunos no recreio. Culto e articulado, tinha paixão por etimologia e gostava de explicar a origem das palavras. Quando encontrava um aluno novo perguntava: "Como é o seu nome?", o rapaz respondia e ele despejava etimologia. Desvendar o significado das palavras era sua mania. Ao mesmo tempo, era um sábio de rua capaz de recitar de cor a escalação do time do Palmeiras em 1931. Os alunos o adoravam.

Outro que deixou sua marca foi o padre Gilles Beaulieu, que um dia me perguntou se eu conhecia o método de alfabetização Paulo Freire. Como a resposta fosse "Não", na semana seguinte me deu de presente um exemplar do livro *Educação como prática de liberdade*. Sair do bê-á-bá decoreba para entrar num método motivador e eficiente que renovava a educação foi uma revolução. Mais tarde, o Sérgio Haddad viraria um especialista na área, fundador da organização não governamental (ONG) Ação Educativa e autor de livros celebrados como, justamente, um perfil de Paulo Freire, *O educador*.

Fui um adolescente vidrado em livros. No Natal de 1967 meu pai me deu os quatro volumes das obras completas do Dostoiévski, em edição de papel-bíblia da editora Aguilar, um passaporte para o mundo. Com dezessete anos, eu queria dar uma ventilada, ir para o Japão num cargueiro do Lloyd lavando o porão, antes de entrar num curso que definiria a minha profissão.

Assim, em 1968 encarei a oportunidade de me candidatar ao Programa Youth For Understanding, do International Student Exchange, dos Estados Unidos. Fui passar oito meses numa comunidade católica em Pleasant Ridge, subúrbio de Detroit. Queria melhorar o meu inglês sofrível.

Cheguei em Detroit numa noite congelante, abaixo de zero, e me acomodaram num quarto com duas camas. Meus anfitriões eram um casal próspero, proprietários de uma *drugstore*. Tinham três filhos na universidade e estavam passando por uma certa crise. Cultivavam a tradição de acolher estudantes estrangeiros. Raciocinaram que, se recebessem dois, eles entreteriam um ao outro, e a família manteria o status na comunidade.

Para minha sorte, apareceu o Juan Carlos Chacon, um uruguaio de Durazno, refinado e bom em inglês, que entendia de cinema, de literatura e virou um grande amigo, mais tarde especialista em literatura latino-americana e, bem mais tarde, vítima da aids. Em 1968, nós dois vimos a Guerra do Vietnã abalar os Estados Unidos. Um ano de inconformismo e rebeldia. Beatles, hippies, LSD, Panteras Negras, ditaduras na América Latina, Maio de 1968, assassinato de Martin Luther King e de Bob Kennedy. Turbulência em todo lugar. Eu prestava atenção, ficava na escola até tarde, estudava inglês e, nos fins de semana, trabalhava em pet shop dando banho em cachorro.

Guardei a imagem do meu "pai americano" em frente à televisão, vendo o Bob Hope e a Raquel Welch de biquíni descerem num acampamento militar no Vietnã. Ele curtia *tv dinner*, uma bandeja de alumínio dividida em boxes de comidinha, tipo jantar de avião. Eu não achava a menor graça.

Quando assassinaram Martin Luther King foi um choque. Para nosso espanto, a família comemorou brindando com cerveja. Eu e o Juan ficamos horrorizados. Saímos para a rua revoltados, caminhando a esmo, esquecendo que havia toque de recolher. A polícia nos deteve, e o jeito foi dar uma de zé-mané em inglês, alegando a condição de estrangeiros. Levaram a gente preso no carro e nos advertiram: outra transgressão, deportação. A partir daí resolvemos maneirar.

Voltei ao Brasil mais desorientado. Não era fácil decidir o futuro. Em meio às dúvidas, o Dória apareceu com a solução: "Descobri, cara! O negócio é ciências sociais; uma parte economia, parte sociologia e parte antropologia, é o mix de que precisamos". Fiz o vestibular, passei e, em 1969, entrei no Departamento de Ciências Sociais da Faculdade de Filosofia, Letras e Ciências Humanas da USP, onde me formei em 1972.

Tudo, então, começou a mudar. Na USP comecei a namorar a Fany Pantaleone, minha companheira deslumbrante até hoje, modéstia à parte. Logo virei colaborador dos alunos da pós-graduação em sociologia rural que trabalhavam em um projeto no Vale do Ribeira, São Paulo, orientado pela professora Maria Isaura Pereira de Queirós.

A Fany era de uma família italiana mais pobre e trabalhava desde jovem. Com catorze anos fora funcionária de uma fábrica de luvas na Vila Sônia. Quando a conheci, era bancária do Banco do Estado da Bahia, na agência da rua Teodoro Sampaio, em Pinheiros. Antes mesmo de ela entrar na USP, quando era estudante-ouvinte, sugeri que se candidatasse a colaboradora da pesquisa no Vale do Ribeira da qual eu participava. Puxei-a para trabalhar comigo porque havia outros fãs rondando.

Na faculdade, a professora de antropologia era a dona Ruth Cardoso, mas sintonizei mesmo foi com o seu marido, o sociólogo Fernando Henrique Cardoso. Lembro da desolação do professor, em 1969, quando foi aposentado compulsoriamente pelo decreto-lei nº 477. Encontrei com ele saindo do "barracão" das Ciências Sociais com o *Diário Oficial* nas mãos: "Fui cassado!", e os amigos protestando, "Que absurdo!".

Felizmente a Fundação Ford bancou a criação do Centro Brasileiro de Análise e Planejamento (Cebrap), que agregou vários pesquisadores de ciências sociais, inclusive o futuro presidente. O Cebrap se instalou na rua Bahia, em Higienópolis, a duas quadras de onde eu morava. Era um casarão aberto, com pouco controle de entrada e saída. Volta e meia eu ia lá.

Lembro do dia em que eu e o Fernando Henrique assistimos ao presidente Ernesto Geisel na televisão anunciar um aumento do salário mínimo. O Fernando comentou que nesse tipo de evento o Getúlio Vargas mobilizava as massas, enquanto o general-presidente parecia uma estátua de pedra. "Em política, a metade é o que é. A outra metade é o como", dizia o sociólogo. "O caminho para fortalecer a democracia é mobilizar a sociedade civil."

Na época eu conversava muito com a antropóloga Carmen Junqueira e frequentava o seminário do professor José Arthur Giannotti sobre *O capital*, na casa dele, no bairro da Aclimação. Era um curso de seis meses para meia dúzia de gatos-pingados. O Giannotti esnobava a tradução do livro de Marx pela editora Civilização Brasileira e propunha correções em alemão. Não fiz o seminário todo. Assisti a algumas aulas sobre o primeiro capítulo, "Mercadoria e dinheiro". O Dória e o Arthur Eid foram mais fundo.

A gente cultivava os grupos de estudos. Aos poucos, a minha geração autodidata ia montando seu próprio programa de formação sob diversas influências. Eu tinha crescido numa família católica, com primeira comunhão e crisma de terno branco, mas o catolicismo não era uma profissão de fé. Deixei de ir à missa na adolescência, embora tenha participado intensamente de várias delas — como a Missa da Terra Sem Males em defesa dos direitos indígenas e da democracia, rezada em 1979 na catedral da Sé, com a presença do arcebispo de São Paulo, dom Paulo Evaristo Arns.

Sentia alguma sintonia com a espiritualidade do Convento dos Dominicanos em Perdizes, mas também admirava a ética de outras religiões, os protestantes históricos, os presbiterianos, os metodistas, os adventistas, o candomblé e os mitos indígenas. Achava o celibato católico ridículo. Eu tinha vinte anos.

Um dia, meu amigo Valdemir Antão Ruviaro, o Valdo, noviço do Convento dos Dominicanos, sem querer me induziu a uma virada. Em junho de 1970, pegamos um avião do Correio Aéreo Nacional, na base do Galeão, no Rio, para realizar a aventura de visitar uma aldeia indígena em Marabá, no Pará. Íamos ficar com os Aikewara, então conhecidos como "Suruí do Pará", sob os auspícios do frade dominicano Gil Gomes, que trabalhava com eles havia anos.

No Galeão, logo na saída, conheci um dos passageiros, o líder Maluaré, dos Karajá da ilha do Bananal, famoso por ter feito demonstrações de luta para o presidente Getúlio Vargas em 1940. Um personagem da minha imaginação surgia ao vivo na minha frente. Ao aterrissar na ilha do Bananal, o trem de pouso do avião quebrou. Não havia peça de substituição. O piloto sugeriu que nos acomodássemos na aldeia karajá enquanto esperávamos outro voo chegar do Rio com uma peça nova. Acabamos ficando alguns dias na aldeia.

Quando afinal pegamos outro aparelho e pousamos em Marabá, já havíamos perdido vários dias da viagem. Decidimos, então, alugar um teco-teco até a aldeia dos Aikewara. Meu primeiro voo sobre a floresta foi impactante. Sobrevoamos vastas áreas devastadas pela pecuária. Em 1970, Marabá era um dos epicentros do desmatamento. Percebi que na Amazônia aconteciam fatos ignorados no resto do país.

A convivência com os Aikewara me revelou a antropologia enquanto cursava o segundo ano de ciências sociais na USP. Com eles fiz o meu primeiro ensaio de caderno de pesquisa de campo anotando observações, palavras e costumes daquele povo. Percebi vestígios de uma história perdida, constatei carências, sofrimentos e esperanças. Compreendi que, para entender o outro, o antropólogo precisa sair de si, ter empatia com as diferenças, tempo suficiente para aprender línguas estranhas, interesse por culturas diversas, disposição para viagens remotas e resiliência ante algumas provações. Sem contar paciência para listas intermináveis de presentes, mantimentos e ferramentas. Tem que gostar de aventuras.

Sob o impacto dos Aikewara, no ano seguinte, 1971, fui à XXIII Reunião Anual da Sociedade Brasileira para o Progresso da Ciência (SBPC), em Curitiba, onde ouvi um brado de alerta para jovens cientistas sociais como eu. Minha geração estava indignada com a ditadura militar e as consequências do recém-lançado Programa de Integração Nacional na Amazônia.

Na volta, eu e o Dória escrevemos uma pesquisa para a faculdade intitulada "Populações indígenas no Brasil: Perspectivas de sobrevivência nas regiões Norte e Centro-Oeste". Foi o meu primeiro levantamento sobre a situação dos povos da Amazônia. Não desconfiava que iria passar a vida fazendo isso.

Na época, havia um estigma sobre a antropologia e um certo preconceito contra "etnólogos alienados". Mas a nossa referência era o antropólogo Darcy Ribeiro, exilado, engajado à esquerda, genial e controvertido, ex-ministro da Educação, ex-chefe da Casa Civil do governo João Goulart e fundador da Universidade de Brasília (UnB).

Eu estava muito preocupado com as perspectivas de trabalho e de sobrevivência nas ciências sociais. Em 1972, quando a CNBB fundou o Cimi para dinamizar a Pastoral Indigenista, abri os olhos. Achei que alguma porta poderia se abrir.

Eu e a Fany nos casamos em 1973 e nossa filha Carolina nasceu em 1974.

Ainda sob vínculo acadêmico, tentei um mestrado em ciências sociais. Planejamos três teses convergentes sob o mesmo orientador, o professor Duglas Teixeira Monteiro: eu faria "Banditismo no Nordeste brasileiro", o Dória enfocaria o "Coronelismo" e o Arthur Eid, a "Organização social dos cangaceiros". Porém, não levei isso adiante.

A situação política se deteriorava e a ditadura nos afligia cada vez mais. O governo havia extinguido o antigo Serviço de Proteção aos Índios (SPI), criado em 1910 pelo marechal Rondon e substituído em 1967 pela Funai. Em 1973, o presidente Emílio Garrastazu Médici promulgara o Estatuto do Índio, que tratava os indígenas como relativamente incapazes e estabelecia sua tutela pelo Estado até sua "integração na comunhão nacional". Para desgosto do Cimi, os militares também vetaram a prestação de serviços assistenciais aos indígenas pelas missões religiosas. A política indigenista estava virando um tema importante para mim.

Em 1974 aderi ao Cedi, fundado, após o golpe militar de 1964, no Colégio Sion, em Laranjeiras, no Rio de Janeiro, por uma comunidade de protestantes comprometida com a luta pelos direitos humanos, a justiça social e a democracia.

O Cedi nascera como um ato de resistência e um "rito contra a solidão" no qual eram promovidas até reuniões para ler poesia. Ecumenismo quer dizer convivência e diálogo, coabitação de povos, religiões e culturas. Na instituição, conheci personagens carismáticos e engajados em movimentos sociais, que determinaram meu futuro, como o teólogo e psicanalista

Rubem Alves, o cientista social Jether Ramalho, o antropólogo Carlos Brandão e o sociólogo Elter Maciel. Eu era o "peixinho" da turma mais velha, tinha "sensibilidade para o social".

Grandes projetos de desenvolvimento estavam sendo lançados na Amazônia, como o Programa Grande Carajás, a Transamazônica, as estradas Perimetral Norte, a Cuiabá-Porto Velho, a Manaus-Boa Vista e a hidrelétrica de Tucuruí. As frentes de expansão atropelavam os direitos indígenas invadindo terras e provocando choques violentos com os Apinajé, os Gavião, os Parakanã, os Yanomami, os Nambikwara, os Cinta-Larga, os Waimiri-Atroari e outros povos.

Os Panará do sul do Pará, os temidos "índios gigantes" conhecidos como Kreen-Akarore, foram transferidos compulsoriamente para o PIX a fim de escapar do extermínio. No Rio Grande do Sul, os Kaingang e os Guarani tiveram suas terras espoliadas, em Nonoai e em Guarita. Os impactos se acumulavam, desafiando a resistência e agravando as tensões entre a Igreja católica e o governo. A Funai rompeu relações com o Cimi. Em 1976, foram assassinados o padre Rodolfo Lünkenbein, o líder bororo Simão Cristino e o padre João Bosco Burnier, coordenador da Regional Norte do Cimi, no Mato Grosso.

Entretanto, em pleno descalabro apareceu um emprego, em 1975. Fui contratado como professor de Organização Social e Política Brasileira (OSPB) no Colégio Santa Cruz. A nova disciplina, típica de tempos militares, não tinha conteúdo preestabelecido. Portanto, podia virar um espaço de liberdade pedagógica se propusesse um currículo interessante para os alunos. Foi o que eu tentei fazer, sem abandonar o trabalho no Cedi.

Estava focado na questão indígena, mas precisei relegar a política indigenista para os feriados, os fins de semana e as férias. Por sorte, em 1977 o Cedi ganhou uma sede em São Paulo. Graças às boas relações com as freiras do Sion do Rio e ao apoio de dom Paulo Evaristo Arns, conquistamos a simpatia do Sion paulista e alugamos um espaço privilegiado no anexo do colégio, na avenida Higienópolis 983, num prédio de arquitetura vintage com escadarias torneadas de madeira.

Inauguramos a sede com uma palestra de Fernando Henrique Cardoso e do ex-ministro do Trabalho do governo Goulart, Almino Afonso. Éramos uma dúzia de pessoas em volta de uma mesa emprestada pelas freiras. Não havia cadeiras.

Dei aulas durante três anos no Santa Cruz, ao mesmo tempo que militava voluntariamente no Cedi. Fiz vários amigos no colégio. Nunca tive estranhamentos com a instituição, com exceção do dia em que anunciaram a demissão do Flávio Di Giorgi. Fui correndo à sala do padre Charbonneau e avisei que também apresentaria a minha demissão. Era boato. Ninguém fora mandado embora.

Fiquei no Santa até aparecer uma proposta irresistível: dar aula de antropologia na Universidade Estadual de Campinas, a Unicamp. Fui à diretoria pedir demissão e o padre Charbonneau não me deixou falar: "Já sei de tudo, mas quero que você fique aqui, Beto". Conversamos e eu expliquei que, realmente, estava decidido a sair. O diretor, então, pediu que eu escrevesse uma carta solicitando licença prévia, sem prazo definido, evitando usar a palavra "demissão". Queria facilitar a minha eventual volta ao colégio.

3. Sementes e raízes (1974 a 1979)

> Nós, brasileiros, herdamos um pedaço grande, bonito do planeta. Em tamanho somamos 25 Alemanhas. [...] Quem duvidar que venha ver esses encantos de meu país tropical, de incomensuráveis florestas e campos, mares e rios. Superlativamente belo. Melhor, porém, é este meu povo, mestiçado de todas as raças, bonito e alegre, como não há outro. Duvida? Venha nadar na praia de Ipanema onde a gurizada bem nutrida se doura ao sol o ano inteiro. Depois, espiche um pouco para ver meu povão dançando o Carnaval no Sambódromo. Encherá seus olhos de tanta beleza que você jamais esquecerá. Não sei por que tanta alegria, se metade desse povo passa fome.
>
> DARCY RIBEIRO, "Brasil — Brasis"

No CEDI, demos uma cara ao medo para criar um movimento de brasileiros, com referências internacionais, disposto a ampliar a resistência ao temor imobilizante da ditadura e a lutar pelos direitos humanos, a justiça e a democracia. Em 1974 não se usava a expressão organização não governamental. Não havia glamour público nesse tipo de trabalho voluntário semiclandestino.

Qualquer forma de mobilização popular valia a pena. Quanto mais autônomas e permanentes, melhor. Seriam as bases para uma nova arquitetura de democracia, o mundo dissonante que tentamos inventar. Mergulhei de cabeça no turbilhão da política sem distinguir indígena de indigenista, motivado pela indignação democrática e pelo afeto aos Aikewara após um mês de férias no mato.

Comprei um caderno com abecedário e, com a ajuda da Fany, passei a anotar os nomes das etnias, sua localização, a população e a situação de cada povo, sem saber que esses rabiscos virariam um projeto que me afastaria da carreira universitária. Botei os nomes no mapa e passei a perseguir oportunidades para viajar ao campo.

Os principais clientes dos serviços de educação, documentação e análise do Cedi eram os setores progressistas da Igreja católica, suas pastorais populares e algumas dioceses e prelazias. Tudo se passava sob o manto estendido pela Igreja católica sobre a sociedade civil. Privilegiávamos a criação de redes atreladas a categorias sociais, evitando as generalizações totalizantes. Afinal, o Brasil era muito diversificado.

O Cedi acolhia iniciativas religiosas, programas de educação popular, projetos para o campesinato e ações para o movimento operário. Aos poucos, fui plantando a ideia de assessorar o movimento indígena com informações em defesa dos direitos humanos, o futuro Programa Índios no Brasil. Havia uma turma que achava o recorte bacana. Outra, achava folclórico. Os indígenas estavam à margem das "prioridades" do momento.

Sob a liderança de Carlos Brandão, o Cedi se engajou no plano da pastoral de Goiás Velho, liderada pelo bispo dom Tomás Balduíno, que seria presidente do Cimi (1980-4) e presidente da Comissão Pastoral da Terra (1999-2000). Dom Tomás era um assíduo usuário dos nossos serviços. Passei um tempo em Goiás. Eu assessorava o Cimi informalmente em assuntos antropológicos. A questão indígena era complexa e o Cedi indicava antropólogos capacitados para as demandas da Igreja.

Em São Félix do Araguaia conheci o bispo dom Pedro Casaldáliga, catalão naturalizado brasileiro, uma figura carismática contrastante com o reservado dom Tomás. Dom Pedro andava pela rua e era parado pelas pessoas, que puxavam conversa, davam abraços, apertos de mão e o tratavam com intimidade. Escrevia cartas sem parar, várias horas por dia, numa máquina de escrever portátil. Era pequeno e frágil, mas um dínamo de energia.

Em 1976, nosso guru Darcy Ribeiro voltou do exílio renovando minha atenção sobre a questão indígena.

Quando era diretor da Seção de Estudos do SPI, em 1957, Darcy servira-se dos arquivos da instituição, das inspetorias regionais, dos postos de ação e das observações de campo de colegas e funcionários para produzir um levantamento minucioso sobre a situação dos índios. Os dados publicados posteriormente em *Os índios e a civilização* indicavam que, só na primeira metade do século XX, 83 povos haviam sumido do mapa. O declínio demográfico iniciado em 1500 apontava para a extinção genérica dos índios. Em 1976, a pesquisa precisava ser atualizada.

A perspectiva da extinção induzira o indigenismo estatal a apoiar um controvertido convênio de cooperação com os missionários do Summer Institute of Linguistics (SIL), a maior organização indigenista do mundo, sediada nos Estados Unidos e dedicada à sistematização das línguas nativas, à tradução da Bíblia e à catequese. Em 1975, esse instituto operava em 21 países e trabalhava com 675 povos — sendo 63 no Brasil —, promovendo também a educação e a escolarização indígenas.

A influência dos "missionários da linguagem" sobre a política indigenista gerou controvérsias no México, no Peru, no Equador, na Colômbia, na Guatemala, em Honduras, no Panamá, no Suriname, bem como na Ásia e na África. No Brasil, sob os auspícios de Darcy Ribeiro e do professor Luís de Castro Faria, que pretendiam registrar línguas ameaçadas e plantar uma primeira geração de linguistas indígenas, o Summer celebrou acordos de cooperação científica com o Museu Nacional/ Universidade Federal do Rio de Janeiro (UFRJ), em 1959, e, em 1963, com a UnB.

Ao longo de décadas de experiência na América Latina, o SIL desenvolveu estratégias de adaptação flexíveis às circunstâncias, arregimentando apoio de padrinhos e patronos entre intelectuais e políticos, tais como Lázaro Cárdenas no México e Mario Vargas Llosa no Peru.

Depois do golpe de 1964, o SIL assinou um convênio com o Ministério do Interior e com a Funai, em 1969, expandindo sua atuação em áreas indígenas e instalando bases regionais na Amazônia, em Porto Velho, Cuiabá, Belém e Manaus. A intensificação do trabalho de campo gerou tensões com os setores que defendiam a prerrogativa constitucional do Estado de assumir integralmente a assistência ao índio, sem delegá-la a missões religiosas ou instituições privadas. Herdeiros da tradição do positivismo republicano, os militares olhavam com desconfiança o proselitismo cristão na Amazônia.

Em 1975 as tensões se agravaram. A Funai pediu para o SIL ampliar sua atuação na frente de expansão da Perimetral Norte, no Amazonas, enquanto revogava suas demais permissões de trabalho de campo. Na sequência, em 1977, o governo determinou a retirada de todos os missionários do Summer das áreas indígenas, permitindo pesquisas linguísticas apenas com os dados já coletados.

Em 1982, o próprio Museu Nacional rompeu o convênio de cooperação assinado em 1959. Linguistas e antropólogos do Museu denunciaram a ação missionária do SIL como perniciosa para a preservação cultural e a autonomia dos povos indígenas. Darcy estava envolvido na controvérsia.

O autor de *Os índios e a civilização* voltara ao Brasil disposto a atualizar sua pesquisa histórica. Por indicação de Carmen Junqueira, nossa amiga em comum, em 1977 eu e Fany fomos visitá-lo em seu apartamento, em Copacabana. Na ocasião, ele reiterou a ideia de refazer o trabalho e me propôs colaborar como seu assistente.

Respondi que a causa era nobre e que estava disposto a colaborar, mas não com a metodologia proposta. Disse que acionar a rede de funcionários governamentais e das missões, na ditadura, não era viável, não daria bons frutos. Convocar a colaboração dos órgãos púbicos era fácil quando ele era diretor de pesquisa do SPI, mas agora estávamos rompidos com o Estado. Além disso, as agências governamentais não eram confiáveis.

Eu imaginava a construção de uma rede de informantes na sociedade civil, com outra capilaridade, contando com antropólogos, a Igreja, os agentes de saúde, o pessoal de assistência aos índios e os funcionários públicos. Porém, me recusar a trabalhar com Darcy era uma opção aflitiva. Eu o admirava muito. Quando voltei a São Paulo, a Carmen Junqueira me ligou perguntando: "O que você falou que ele ficou furioso?". "Nada", respondi. "Disse que topava, que é fundamental atualizar a pesquisa, mas que do jeito que ele quer, não vai dar."

Pensei que, na Unicamp, poderia conquistar colaboradores entre os estudantes, mas havia poucos interessados em trabalhar com povos indígenas. Obtive mais sucesso com o curso Memória Oral do Movimento Estudantil, com depoimentos escritos de ex-líderes como o José Serra e o Herbert de Souza, o Betinho, irmão do Henfil.

Nos meus três anos em Campinas fiz e consolidei amizades com cientistas como Peter Fry, Mariza Corrêa, Aracy Lopes da Silva, Mauro Almeida, Manuela Carneiro da Cunha e Rubem César Fernandes. Meu maior aliado era o Rubem César, que dava um curso crítico admirável sobre a história do Partido Comunista da União Soviética.

Em 1978, o antropólogo carioca Eduardo Viveiros de Castro prestou concurso para professor de etnologia na Unicamp, em substituição à Aracy, que estava em transferência para a USP. A banca de professores, entre os quais eu me incluía, preteriu o Eduardo, escolhendo para a vaga o antropólogo Mércio Gomes, que seria presidente da Funai de 2003 a 2007. Porém, os nossos santos cruzaram, o meu e o do Eduardo. A afinidade foi imediata. Convidei-o a visitar minha casa em São Paulo e expus o projeto de realizar um levantamento da situação das populações indígenas. Ele topou na hora.

Nasceu aí uma amizade duradoura. O Eduardo é da turma dos antropólogos, com um perfil complementar ao meu. Sou um ativista, ele é um estudioso. Embora fôssemos uma dupla estranha, talvez improvável de dar certo, criamos uma união produtiva. Ele ajudou a redigir a proposta do projeto do "Levantamento" e acompanhou, durante décadas, como uma espécie de mentor de luxo, a trajetória editorial do que viria a ser a coleção *Povos indígenas no Brasil*.

Logo de saída definimos povos indígenas *no* Brasil e não *do* Brasil, ou seja, anteriores à democracia ateniense, ao Estado, a Pedro Álvares Cabral e à ONU.

Em julho de 1978, tive um segundo encontro com o Darcy. Participamos da XXX Reunião Anual da SBPC, em São Paulo, numa mesa proposta e moderada por mim sobre a "Questão indígena". Batemos forte no governo, junto com Carmen Junqueira, a antropóloga Lux Vidal, dom Tomás Balduíno e o antropólogo Shelton Davis, da Universidade Harvard, autor do prestigiado *Vítimas do milagre*.

O livro rompera a invisibilidade dos atores sociais na expansão da fronteira econômica interna, oferecendo um exame profundo sobre os efeitos sociais da euforia do crescimento de 14% do produto interno bruto em 1973. Mostrava que as terras devolutas, apropriadas como meio de produção nos "espaços vazios" da Amazônia, produziam novas classes de trabalhadores sem terra, convertendo índios em vítimas imediatas da acumulação primitiva. Foi o primeiro grande panfleto sobre os impactos socioambientais do desenvolvimento.

Eu não conhecia "Sandy" Davis, mas arrisquei convidá-lo para a reunião da SBPC. Apareceu um sujeito desengonçado, com óculos pesados, um penteado estranho e cara de Forrest Gump. Ele se surpreendeu com o clima de agitação estudantil frenética no auditório da Faculdade de Arquitetura da USP. A ditadura caminhava para seu fim e nós tínhamos dobrado o cabo da Boa Esperança. Sandy era uma autoridade acadêmica, diretor do Centro de Pesquisa Antropológica de Harvard, e ainda assim deu um apoio firme à produção crítica dos jovens antropólogos brasileiros.

Meu terceiro encontro com Darcy Ribeiro foi mais tenso. Convidei-o a participar de um curso sobre antropologia e política indigenista organizado pelo Cedi, em 1978, no centro de formação dos salesianos, em Manaus, no bairro do Aleixo. O Darcy era um crítico feroz da desagregação cultural indígena produzida pela catequese salesiana no rio Negro. Eu estava curioso sobre esse encontro.

No dia da abertura do seminário, nada de o Darcy aparecer. No dia marcado para a palestra, ele chegou atrasado, acompanhado pelo poeta amazonense Thiago de Mello. Fiz as formalidades de praxe apresentando-o à plateia, mas, no intervalo, ele me chamou e disse: "Não gostei da sua apresentação". Não entendi, e ele explicou: "Não bateram palmas. Se não baterem palmas para mim eu não falo".

Quando voltamos para a mesa despejei uma catarata de elogios. "Com vocês o professor Darcy Ribeiro, o maior antropólogo brasileiro, recém-retornado do exílio, autor de um livro fundamental, *Os índios e a civilização*." Em seguida, puxei uma salva de palmas, e o auditório acompanhou. Aí ele se dignou a falar.

A campanha pela anistia estava chegando ao auge e a distensão "lenta, gradual e segura" avançava, apesar de atentados terroristas da extrema direita inconformada contra bancas de jornais, diretórios acadêmicos e religiosos como dom Adriano Hipólito. Bispo de Nova Iguaçu, dom Adriano foi sequestrado, torturado e abandonado nu e pintado de vermelho numa estrada deserta, de madrugada.

Em novembro de 1978, junto com a então recém-fundada Comissão Pró-Índio de São Paulo, o Cedi ajudou a puxar uma manifestação de repúdio na puc-sp contra o novo decreto de Ernesto Geisel de "emancipação dos índios". A intenção do governo era emancipar da tutela estatal os índios "aculturados", enfraquecendo a propriedade coletiva da terra, que poderia ser liberada para o comércio e a espoliação. Reunimos 2 mil pessoas no teatro da puc, o Tuca, lotado. Montamos uma mesa quilométrica no palco para acomodar as lideranças indígenas e indigenistas. Foi um sucesso retumbante.

A manifestação marcou a convergência entre o movimento indígena nascente e os intelectuais engajados na resistência à ditadura. Estavam todos lá, índios, indigenistas, antropólogos e missionários: Daniel Cabixi (Pareci), Nelson Xangrê (Kaingang), Maurício Pedro (Terena), Megaron Txucarramãe (Kayapó), Orlando Villas-Bôas, Darcy Ribeiro, Lux Vidal, Carmen Junqueira, Manuela Carneiro da Cunha, Eduardo Viveiros de Castro, Anthony Seeger, Claudia Andujar, Carlo Zacquini, Antônio Iasi, dom Pedro Casaldáliga, Dalmo Dallari e outros. A emancipação virou um ímã de críticas aos militares, inclusive no exterior, e o projeto do governo foi arquivado.

Em meio à ascensão democrática surgiu outra iniciativa importante em Roraima e no Amazonas. Para deter o projeto de desmembrar o território yanomami em dezenove ilhas cercadas por corredores de terras destinadas à colonização, foi fundada, ainda em 1978, a Comissão pela Criação do Parque Yanomami (ccpy), animada pela fotógrafa Claudia Andujar, o missionário católico Carlo Zacquini e os antropólogos Alcida Ramos e Bruce Albert. Seu objetivo era lutar pela demarcação de uma reserva contínua para os Yanomami, o maior povo indígena de contato recente no país.

Nascida na Suíça, criada numa família judia da Transilvânia romena e sobrevivente de perseguições nazistas, Claudia largara uma carreira de sucesso em fotojornalismo, com uma passagem pela revista *Realidade*, entre 1966 e 1971, para se dedicar a um ensaio fotográfico autoral sobre os Yanomami. Em 1977 o projeto fora interrompido e ela, expulsa da área indígena, enquadrada na Lei de Segurança Nacional, mas a amizade com os Yanomami prosperou. Com a volta da democracia, sua luta e o ensaio avançaram, lastreados pela intimidade e pela sensibilidade com a cultura indígena. Seu trabalho resultou numa obra transcendental sobre a interpretação do mundo espiritual dos xamãs, revelando um uso magistral da luz.

Graças aos apoios eclesiásticos do Cedi, também em 1978 Eduardo e eu apresentamos à fundação protestante alemã Pão para o Mundo um pedido de financiamento para um projeto coletivo de pesquisa sobre a situação dos povos indígenas no Brasil.

Propusemos um levantamento a ser elaborado por um movimento cooperativo de antropólogos, índios, indigenistas, linguistas, biólogos, jornalistas, fotógrafos, médicos, agentes de saúde, missionários católicos e protestantes e outros — uma pesquisa-movimento de baixo para cima, da raiz às folhas.

O que não sabíamos é que o projeto concorria com outro, similar, apresentado pelo Darcy Ribeiro à mesma fundação. Vencemos nós, apesar de o Cimi ter se recusado a fornecer uma carta de recomendação. Nossas diferenças estavam se acentuando: uma antropologia laica valorizadora da autonomia indígena não combina com a inspiração religiosa das pastorais indígenas. Mantive colaborações eventuais com o jornal *Porantim*, do Cimi, até setembro de 1980, quando o meu nome foi retirado do expediente.

A aprovação do projeto pela fundação Pão para o Mundo estressou a relação com o Darcy e me jogou num dilema: "Largo a Unicamp?". A pesquisa demandava dedicação integral. Os exilados estavam voltando, e fui conversar com alguns, sobretudo com o designer Claudius Ceccon, que me aconselhou a botar a conta real na mesa e apresentar um orçamento compatível com o tamanho do projeto, de maneira a evitar encrenca no futuro. Eu ouvia os conselhos e pensava que a conta real era alta... Estávamos acostumados a viver com um troquinho.

Os amigos diziam que eu era maluco. Como pensar em trocar uma carreira estável de professor universitário pelas incertezas de uma instituição jovem e insegura como o Cedi? Minha situação familiar permitia algum risco, mas a dúvida era pertinente. Propus-me, então, uma meta: saí avisando que o projeto custava "xis", mas se conseguisse metade do valor para decolar, eu sairia da universidade.

Conseguimos 400 mil dólares da Pão para o Mundo e da Icco. Dava para ligar a máquina e engatar uma primeira.

Portanto, larguei a Unicamp.

4. Afinidades eletivas (1983 a 1987)

> Não vê que me lembrei que lá no Norte, meu Deus! muito longe de mim
> Na escuridão ativa da noite que caiu
> Um homem pálido, magro, de cabelo escorrendo nos olhos,
> Depois de fazer uma pele com borracha do dia,
> faz pouco se deitou, está dormindo.
> Esse homem é brasileiro que nem eu.
>
> MÁRIO DE ANDRADE, "Descobrimento"

NOS ANOS 1980 a causa indígena pegou fogo de tal maneira, assumiu tal proporção, que não havia dia em que não houvesse um acontecimento importante. Estávamos sempre às voltas com problemas complexos e com implicações políticas delicadas. Eu me acostumei a jogar na defesa, na retranca, ajudando a viabilizar ações. Sempre trabalhei nos bastidores. Acabei induzido a uma atitude permanente de discrição, de controle de protagonismo e de favorecimento dos outros atores em cena, com uma certa aversão às vaidades oportunistas.

Porém, o Tom Jobim advertiu que chega uma hora em que não dá para negar a sua história aos que vão ficar; você não é o único dono dela.

Com o reconhecimento do esforço de *Povos indígenas no Brasil*, a rede do Cedi se expandiu, agregando apoios. As relações acumuladas pela convergência de interesses aproximaram pessoas e instituições, facilitando projetos em comum e estendendo pontes entre movimentos distantes e distintos. Gradualmente, o intercâmbio se sofisticou, ampliado pela informação eletrônica e pelos computadores. Abrimos atalhos na globalização estabelecendo conexões entre organizações civis brasileiras e organizações de cooperação no exterior.

Meu pai dizia que é importante ultrapassar a barreira das formalidades e cultivar os vínculos pessoais e as afinidades eletivas, criando experiências de convivência e comunhão de ideias e de valores. Esse tipo de aproximação, fácil para os brasileiros, não é usual no mundo anglo-saxão. Fiz o possível para alimentá-la. Muitas vezes os parceiros externos do Cedi desembarcavam em Guarulhos, ligavam para acertar a agenda e eu convidava: "Venha aqui em casa tomar café da manhã". Essas atenções abrem caminhos. Os relatórios e as exigências a discutir não saem de foco, mas as experiências compartilhadas é que nunca são esquecidas.

Em 1978, enquanto o *PIB* engatinhava, o governo brasileiro solicitou apoio técnico e financeiro ao Banco Mundial para pavimentar a estrada Cuiabá-Porto Velho e acelerar a colonização de Rondônia. Técnicos do banco, como Robert Goodland e David Price, advertiram sobre os previsíveis impactos socioambientais, mas foram marginalizados internamente. Ainda assim, no contrato assinado em 1980 o governo assumiu o compromisso de demarcar terras indígenas e unidades de conservação ao longo da rodovia.

As ações de apoio aos índios e ao meio ambiente incluídas no Programa Polonoroeste mais tarde seriam convertidas em diretrizes na política institucional Tribal People in Bank-Financed Projects. Em 1980, a instituição também exigiu a criação de programas de preservação ambiental e defesa das culturas indígenas para financiar o Projeto Ferro-Carajás, no Pará e Maranhão, da então estatal Companhia Vale do Rio Doce.

Bancos multilaterais, como o Banco Internacional para Reconstrução e Desenvolvimento (Bird), mais conhecido como Banco Mundial, o Banco Interamericano de Desenvolvimento (BID), o Banco Asiático de Desenvolvimento (ADB) e o Banco Africano de Desenvolvimento (ADF), são agências públicas globais de desenvolvimento. Vendem títulos no mercado e emprestam dinheiro a juros baixos para a construção de estradas, represas, hidrelétricas etc. Seus quadros são recrutados internacionalmente, mas as decisões são tomadas por um corpo de governadores cujos poderes de voto correspondem à contribuição financeira de cada país-membro.

Na década de 1990, os norte-americanos controlavam 17,5% do capital do Bird, seguidos por Japão (8%), Alemanha (6,1%), Reino Unido (5,9%) e França (5,9%). No BID, os Estados Unidos chegaram a controlar 34,5% do capital. Como instituições públicas, os bancos possuem responsabilidades sociais e exercem considerável influência sobre o planejamento das decisões dos países tomadores de empréstimos, que não raro carecem de quadros, de legislação e até de estatísticas sobre si mesmos.

Surgiu, assim, uma nova arena. Nos anos 1980, ativistas brasileiros passaram a recorrer aos canais democráticos da sociedade americana para pressionar o Congresso dos Estados Unidos, o Banco Mundial e o BID a adotarem providências sobre os impactos negativos dos projetos de desenvolvimento. O Brasil virou um caso proeminente na campanha global Bankrolling Disasters.

Após a anistia de 1979 e a volta dos exilados, a campanha sobre os bancos multilaterais contribuiu para o surgimento de uma nova trama política. Aos poucos, a luta pelos direitos humanos indígenas, que era o nosso foco no Cedi, ganhou sustentação e reforço com as campanhas de defesa das florestas e do meio ambiente. As notícias recolhidas na Amazônia eram aflitivas. As frentes de desenvolvimento multiplicavam choques com os povos tradicionais. Ao mesmo tempo, o avanço democrático desembaraçava a circulação de informações. Duas visões diferentes, a defesa de direitos humanos e a defesa do meio ambiente, caminhavam para uma convergência de interesses.

Em meio à turbulência, ganhei alento com o nascimento de meu filho André, em 1984, um dia antes de a emenda constitucional Dante de Oliveira ser derrotada no Congresso.

A emenda que restauraria as eleições diretas para presidente da República obteve 298 votos a favor, 65 contra e 113 lamentáveis ausências ao plenário. Não conseguiu os dois terços de votos necessários para a aprovação, mas a vitória moral rachou a base governista, levando, no ano seguinte, à eleição indireta do presidente Tancredo Neves, oposicionista do PMDB. A ditadura estava se esvaindo.

Aos poucos, com o apoio de antropólogos e ambientalistas norte-americanos — como Steve Schwartzman (Environmental Defense Fund), Barbara Bramble (National Wildlife Federation) e Jason Clay (Cultural Survival) —, líderes indígenas e ambientalistas brasileiros — como José Lutzenberger, Ailton Krenak, Mary Allegretti, Chico Mendes e Paulo Paiakan — começaram a ir aos Estados Unidos para participar de conferências e audiências no Congresso.

Entre 1983 e 1986, foram realizadas dezessete audiências no Comitê de Apropriações da Câmara e no Comitê de Apropriações no Senado sobre os projetos financiados pelos bancos multilaterais. Em setembro de 1984, por exemplo, o cineasta britânico Adrian Cowell exibiu no Congresso americano o documentário *A década da destruição*, sobre os impactos dramáticos do Polonoroeste em Rondônia. O ecólogo José Lutzenberger, personagem do filme, denunciou no plenário a devastação em curso na Amazônia.

Meses depois, o Banco Mundial suspendeu os desembolsos para o Polonoroeste, só retomados quando o governo brasileiro providenciou a demarcação da reserva dos Uru-Eu-Wau-Wau, em Rondônia. As pressões multilaterais não pararam aí. Em 1985, o BID condicionou o financiamento da expansão do setor elétrico à elaboração de um Plano Diretor de Meio Ambiente do Setor Elétrico pela Eletrobras, o primeiro em noventa anos de hidroeletricidade.

Em 1986, o Bird exigiu da Companhia Hidrelétrica do São Francisco um acordo com o Polo Sindical de Itaparica, em Pernambuco, para um plano de reassentamento das 26 mil pessoas atingidas pela subida das águas com a construção da barragem do mesmo nome. Em 1990, o Banco emprestou 117 milhões de dólares para o governo federal consolidar o Instituto Brasileiro de Meio Ambiente e Recursos Naturais Renováveis (Ibama).

A pressão sobre o financiamento externo levou a sucessivas revisões do planejamento governamental. Quinze embates decisivos para a evolução das políticas públicas e a criação da autoridade ambiental foram examinados em detalhe por Ricardo Arnt e Steve Schwartzman no livro *Um artifício orgânico*.[1] A influência externa contribuiu para a implantação de departamentos ambientais nas empresas estatais e secretarias do Meio

Ambiente nos estados, mas não bastou para alterar a realidade brutal da expansão da fronteira econômica na Amazônia, distante dos gabinetes.

Nos anos 1980, o avanço da pecuária, das madeireiras, do garimpo e dos projetos de infraestrutura estabeleceu um "arco de desmatamento" nas bordas da Amazônia — cingindo o leste e o sudeste do Pará, o norte do Mato Grosso, Rondônia e Acre — no qual milhares de quilômetros de florestas foram removidos pelo fogo das queimadas. De 1970 a 2020 — meio século, um átimo de história —, o desmatamento converteu 800 mil quilômetros quadrados de florestas em capim e pastagens, uma área maior do que a da França. Em 1970, 1% da Amazônia havia sido desmatado; em 2020, 19%.

A colisão com as frentes de expansão econômica e a velocidade das mudanças transfiguraram territórios e culturas num ritmo desconcertante, dissolvendo o sentido e o valor atribuídos às pessoas e às coisas para convertê-las em mercadorias. A desterritorialização que impulsiona o desmatamento até hoje é a realização profética do que José Bonifácio de Andrada e Silva e Euclides da Cunha vislumbraram em momentos diferentes: marcha turbulenta para oeste, "degradando sertões abusivamente sesmados, enormíssimos campos, compáscuos, sem divisas", queimando terras abertas pelo fogo "livremente aceso, sem aceiros, avassalando largos espaços", como se lê em *Os sertões*. Segundo Euclides da Cunha, o homem, "fazedor de desertos, tornou-se um componente nefasto entre as forças do clima demolidor".[2]

Provenientes do Nordeste e do Sul, os fluxos migratórios dilataram a ocupação, multiplicando conflitos com índios, ribeirinhos e seringueiros. Entre os censos de 1970 e 1980 a população brasileira cresceu 2,4%, enquanto a da Amazônia cresceu 4,9%. Em Rondônia, o crescimento no período foi de 14%. No Mato Grosso, entre 1976 e 1986 surgiram 25 novas cidades nos quinhentos quilômetros iniciais da estrada Cuiabá-Santarém. Rondônia perdeu 17% das florestas entre 1970 e 1988. As fotos de satélite estampadas nos jornais popularizaram um desmatamento em "espinha de peixe", induzido pela teia de estradas vicinais aberta ao longo das rodovias principais.

Na vastidão amazônica, longe dos mercados e carente de infraestrutura, um Estado "raquítico para a defesa do cidadão", como notou Fernando Henrique Cardoso em *Amazônia: Expansão do capitalismo*,[3] liberou as atividades econômicas mais toscas, fáceis e primitivas: mineração, extração madeireira e pecuária. Cerca de 600 mil garimpeiros espalharam-se pela região na década de 1980, por sua própria conta e risco, alheios às redes assistenciais, fiscais e legais. As estradas abriram os caminhos para a extração das madeiras valiosas e a queima de florestas. A pecuária extensiva expandiu-se, uma vez que os animais podiam ir para o mercado "mesmo se as pontes caíssem".

A cada edição, as páginas do *PIB* acumulavam más notícias. Em 1985, um caso exemplar agitou o Cedi e os antropólogos. A corrida pelo ouro nas terras kayapós do Pará levou à instalação de centenas de garimpeiros nas áreas em troca de uma porcentagem para os índios na exploração do mineral. Com os recursos, as lideranças indígenas dominantes adquiriram bens de consumo, veículos e imóveis. Só quando o rio Fresco foi contaminado a aldeia Gorotire reagiu, liderada por Paulinho Paiakan. Os Kayapó ocuparam o garimpo de Maria Bonita, mas os chefes que concentravam os lucros negociaram um acordo com a Funai e os garimpeiros não saíram.

Nos três anos seguintes, 3 mil garimpeiros ocuparam a terra kayapó, operando três garimpos. Maria Bonita ganhou cinco farmácias, três cinemas, um posto de saúde, uma padaria e lojas de peças e máquinas. Três vezes por semana, o frenesi da escavação era pontuado pela organização de filas de garimpeiros aguardando a vez para vender ouro às empresas credenciadas para atuar na área. Os índios ganhavam 12% em cada transação. Guerreiros kayapós armados cuidavam da vigilância e da fiscalização.

Terça-feira era dia de festa. A bordo de uma frota própria de doze caminhões e caminhonetes dirigidas por motoristas contratados, os Kayapó invadiam a vizinha cidade de Redenção. Para a alegria dos comerciantes, faziam compras em lojas, supermercados e postos de combustível, adquirindo roupas, remédios, armas, utensílios, alimentos, cerveja e entretenimentos eróticos. A ganância induziu os Kayapó a vender o mogno de suas aldeias, entre 1987 e 1989, com a assistência da Funai. Em 1987, cinco aldeias kayapós — A'Ukre, Gorotire, Kikretum, Kokraimoro e Kuben-Kran-Kren — forneceram 69% de todo o mogno exportado pelo Brasil.

Em 1985, o descalabro econômico provocou uma reação mais consequente. No I Encontro Nacional de Seringueiros, em Brasília, o CNS, representante de doze sindicatos rurais da Amazônia, e a UNI propuseram uma Aliança dos Povos da Floresta para defender as populações tradicionais. A assembleia consagrou o conceito das Reservas Extrativistas como proposta de reforma agrária seringueira inspirada no modelo das reservas indígenas, pressupondo a propriedade coletiva da terra e a conservação da floresta em pé. Direitos humanos, sindicalismo rural, indigenismo e ambientalismo convergiam cada vez mais.

Na verdade, a Aliança propunha uma torção histórica problemática ao reunir sindicatos extrativistas, ribeirinhos, quilombolas e indígenas para defender as florestas. Havia questões não resolvidas. No século XIX, após aprenderem a explorar as seringas com os índios, os seringueiros serviram como tropa de choque da expansão dos seringais nas terras indígenas, promovendo inúmeros massacres em florestas remotas. Os conflitos recentes ainda estavam na memória. Havia vários grupos indígenas cujos velhos haviam guerreado contra seringueiros e castanheiros até a morte.

Além disso, a base social do extrativismo demandava modernização e tecnologia, embora valorizasse os conhecimentos tradicionais. A demanda parecia convergir para a intenção oficial do governo de integração e aculturação dos indígenas. A afinidade entre os grupos dependia fortemente da base essencialmente acriana do CNS. A UNI, por sua vez, estava se organizando e era pouco representativa. A aliança precisava ser mais bem trabalhada. Seu apelo, contudo, era poderoso.

Com o apoio da faixa ilustrada da classe média urbana e a adesão de ONGS e do PV, fundado em 1986 no Rio de Janeiro, em 1987 o CNS, o Sindicato dos Trabalhadores Rurais de Xapuri e a UNI propuseram oficialmente ao Instituto Nacional de Colonização e Reforma Agrária (Incra) a regularização fundiária dos seringais da Amazônia pelas Reservas Extrativistas.

Nesse mesmo ano, os seringueiros intensificaram a mobilização e a pressão sobre o BID para prevenir os impactos sociais e ambientais da pavimentação da BR-364, de Porto Velho até Rio Branco. Queriam impedir a repetição, no Acre, da tragédia de desmatamento em Rondônia.

Em setembro, o líder seringueiro Chico Mendes, que havia conquistado o prêmio Global 500 da ONU, viajou a Washington para protestar e exigir providências na reunião anual do BID. Sua viagem teria consequências imprevistas.

A matéria do futuro

Quem melhor ampliou o horizonte da Aliança dos Povos da Floresta foi o líder da UNI, Ailton Krenak, do povo Krenak de Itabirinha, em Minas Gerais. Ailton deixou as margens do rio Doce aos dezessete anos, mudando-se com a família para o Paraná, onde estudou e virou jornalista. Visionário, ajudou a fundar a UNI em 1979, participou de manifestações antinucleares do Coletivo Hiroxima Nunca Mais, em 1982, em Angra dos Reis, criou o Núcleo de Cultura Indígena em 1985, ajudou a organizar a Aliança dos Povos da Floresta e liderou a campanha pela defesa dos direitos indígenas na Assembleia Constituinte de 1988. Em 2023 tornou-se o primeiro escritor indígena eleito para a Academia Brasileira de Letras.

Quando o Cedi lançou, em 1989, a campanha nacional da Aliança dos Povos da Floresta, fizemos uma entrevista, em São Paulo, com Ailton e Osmarino Amâncio, do CNS. Na ocasião, André Villas-Bôas e eu questionamos as contradições da Aliança. Recebemos respostas inspiradoras de Ailton:

> Somos 180 tribos [povos] indígenas em que, em alguns casos, os velhos de uma tribo foram os algozes dos velhos da outra. [Mas] agora compõem a Aliança dos Povos da Floresta ou a União das Nações Indígenas. Quando eu estava dentro da aldeia Suruí, conversando com o chefe sobre a UNI, [...] ele falou assim: "Poxa, então agora eu não posso mais matar os Zoró?". [...] Então, [a] restrição [dos indígenas] aos seringueiros, se você fosse mais generoso

um pouquinho, você tinha que estender ela a 180 tribos indígenas, [porque] nós somos todos inimigos tradicionais.

Não [propomos] uma solidariedade gratuita, não é essa coisa de "vamos ficar juntos", tipo "unidos jamais seremos vencidos". [...] É no sentido de que essas populações podem estabelecer formas de cooperação efetiva. Os seringueiros lá do Juruá, por exemplo, [...] só produzem borracha. [...] Os índios vizinhos deles produzem farinha, arroz, têm uma grande produção de alimentos. Por que essa comunidade indígena e essa comunidade seringueira não estabelecem um mercado de troca regional? [...] Os Suruí de Rondônia [...], quando sua terra foi demarcada pelo governo, eles herdaram, nesse processo de demarcação, lavouras de café, áreas de pastagem e plantios [que devastaram] mais ou menos 10% do território. [...] O conhecimento tradicional dos Suruí para recuperar área que está doente implicaria abandonar aquela região, deixar a terra descansar por um período, por duzentos, trezentos anos para ela se recompor.

[Acontece que] os Suruí não vão poder ficar duzentos, trezentos anos em outro lugar, porque toda a região de Rondônia, o cinturão em torno deles está devastado. A área deles é uma ilha. Eles precisam ter tecnologia que consiga aplicar com intensidade o conhecimento tradicional na recuperação daquela área [...]. Têm que induzir e acelerar a recuperação. Vão ter que distribuir mudas, vão ter que ter viveiros, estufas e uma série de engenhocas; e, em alguns momentos, a cooperação de biólogos e engenheiros florestais.

Essa atualização é afirmativa da tradição, não negativa, porque quem dá o segredo de como curar a terra são exatamente os velhos, mas ele é feito com atualização tecnológica, com uma espécie de aproveitamento seletivo de técnicas e práticas que a ciência e os brancos inventaram.

O projeto de futuro dessas populações [indígenas] não é aquilo que eles estão vivendo hoje ou viveram no passado. É uma equação entre o que viveram no passado, o que vivem hoje e o que vão viver no futuro. Não suprime, de maneira nenhuma, a sua experiência de contato com os brancos. Quando [o ministro do Exército, general] Leônidas Pires fica nervoso com índios estarem usando Panasonic, Seiko e calça jeans, ele está se esquecendo que esses elementos vão ser a matéria-prima para essas populações construírem seu projeto de futuro.[4]

Síndrome de beijoqueiro

Em maio de 1987, o arcebispo anglicano Desmond Tutu, prêmio Nobel da paz de 1984 pela luta contra o apartheid na África do Sul, visitou o Rio de Janeiro e a sede do Cedi, no Colégio Sion, em Laranjeiras, para prestigiar a vocação ecumênica da instituição.

Chegou de limusine, acompanhado por batedores em motocicletas, e foi recebido na frente do colégio por ativistas negros portando faixas contra o racismo.

Quando Tutu entrou no auditório percebi que o Beijoqueiro estava lá, aproximando-se sorrateiramente do palco. O português José Alves de Moura, conhecido como Beijoqueiro, é um personagem carioca folclórico, que se notabilizou por tentar beijar celebridades onde quer que estivessem.

Quando estava próximo do bispo, ele se lançou em sua direção. O público presente, que já tinha visto o Beijoqueiro em ação, começou a gritar: "Beija, beija!".

Em inglês, Desmond Tutu perguntou ao bispo metodista negro Paulo Aires Matos, presidente do Cedi: "O que ele quer?". "Ele quer te beijar", foi a resposta.

Acostumado a ser ameaçado de morte, Tutu abriu os braços para o céu e contemporizou: "Deixa beijar". E retribuiu o beijo, para delírio da galera.

5. Direitos conquistados (1988)

> A liberdade não é nem uma invenção jurídica nem um tesouro filosófico, propriedade cara de civilizações mais dignas do que outras por terem sabido produzi-la ou preservá-la. Resulta, sim, de uma relação objetiva entre o indivíduo e o espaço que ocupa, entre o consumidor e os recursos de que dispõe.
>
> CLAUDE LÉVI-STRAUSS, *Tristes trópicos*

O ANO DE 1988 veio saturado de expectativas. O movimento democrático vencera a ditadura em 1985 com a eleição indireta de Tancredo Neves, cuja morte súbita levou à posse do vice-presidente José Sarney. Cumprindo os compromissos assumidos, o novo presidente convocou a Assembleia Nacional Constituinte, eleita em 1986, para elaborar a sétima Constituição do país. Eram 559 constituintes: 72 senadores e 487 deputados federais.

O Cedi possuía uma informação importante. Havíamos recolhido evidência suficiente para colocar a questão indígena sob novo paradigma, avesso à visão de que os índios estavam se extinguindo. Não estavam. Eles se multiplicavam, e novas identidades se sobrepunham à identidade coletiva genérica. A informação precisava ganhar visibilidade, já que não se concedem direitos permanentes a uma categoria em extinção. Precisávamos achar os atores certos para institucionalizar essa virada e defender os índios.

Márcio Santilli foi o homem-chave desse processo, o nosso centroavante na Constituinte. Filósofo de formação, filho de José Santilli Sobrinho — prefeito de Assis (SP) e fundador do PMDB —, aos 28 anos era um dos parlamentares mais jovens do país. Eleito deputado federal (1983-6), era membro da Comissão do Índio da Câmara e parceiro do seu presidente, Mário Juruna. Mas em 1986 os dois não se reelegeram.

Márcio conhecia o movimento indigenista e o funcionamento do Congresso. Conjugava a vantagem de ser de dentro e de fora. Além do mais, uma vez deputado, sempre deputado. As secretárias da Câmara passavam por ele e o cumprimentavam: "Bom dia, dr. Márcio, tudo bem?".

No início dos debates da Constituinte, os direitos indígenas desfrutavam de um consenso favorável. Mas logo começou um jogo pesado. O jornal *O Estado de S. Paulo* passou a denunciar uma suposta conspiração da Igreja contra a "soberania nacional", que estaria tentando inviabilizar a exploração de minérios do subsolo sob o pretexto de defender os direitos indígenas.

Na emenda popular apresentada pelo Cimi à Assembleia o termo "nações indígenas" foi interpretado como um atentado ao interesse nacional. Documentos falsos chegaram a ser forjados. Uma comissão parlamentar de inquérito (CPI) instaurada para apurar os fatos desvendou as falsificações, mas as coisas não pararam por aí.

Na reta final do processo, o deputado Bernardo Cabral (PMDB), relator da Comissão de Sistematização, alterou o anteprojeto da emenda popular alternativa, acordada por numerosos colegas e atores sociais, introduzindo os conceitos de "aculturação" — que previa a hipótese de os índios deixarem de ser índios — e de "posse permanente" — que, no fundo, restringia os direitos territoriais originários. Na prática, as mudanças facilitavam a exploração mineral das terras indígenas, o real ponto de discórdia.

Os índios reagiram, liderados pela mobilização dos Kayapó. Mas o movimento indígena ainda era prematuro. A maioria das lideranças sequer falava português. Havia uma única organização indígena no processo, a UNI, que liderou a proposição e a coleta de assinaturas para a emenda popular alternativa.

No dia da defesa da emenda no Congresso, eu e o Ailton Krenak ligamos cedo para o Márcio, combinando a viagem a Brasília e a possibilidade de protagonizar uma cena no plenário. O Ailton queria subir na tribuna e pintar o rosto em protesto contra a supressão dos direitos indígenas.

Para tanto, capturou minha gravata de crochê e um paletó branco do Márcio, que contrastava com a pintura do rosto. Na falta de jenipapo ou urucum, conseguiu tintura de cílios e sobrancelhas com as secretárias parlamentares e acondicionou-a num potinho aberto no bolso do paletó, sem derramar. Foi um show. A cena da cara pintada de preto, diante da nação, foi captada por jornalistas e cinegrafistas e correu o mundo, denunciando o desrespeito aos direitos dos índios. O paletó, infelizmente, dançou. Ficou todo manchado de preto.

Marcamos outro gol com o apoio da Coordenação Nacional de Geólogos (Conage). Cruzamos os mapas da Funai com os dados do Departamento Nacional de Produção Mineral (DNPM) e imprimimos um mapa gigante, de 4 × 6 metros, que foi aberto no plenário, revelando a incidência de 1732 requerimentos de pesquisa de mineração em terras indígenas. O impacto ajudou a vencer a votação contra as propostas das mineradoras.

Outra vitória marcante foi a adesão à causa indígena do coronel e senador Jarbas Passarinho (PDS), ex-ministro da ditadura militar. Passarinho percebeu o jogo baixo da CPI. No Senado, defendeu a preservação do artigo da Constituição outorgada pelos militares em 1967 que estabelecia a nulidade dos títulos de propriedade incidentes sobre terras indígenas. Também foi o responsável pela adoção, na nova Carta, do conceito de "terras tradicionalmente ocupadas pelos índios".

Havia um embate entre as expressões "terras ocupadas", preferida pelos indigenistas, e "terras permanentemente ocupadas", defendida pelos favoráveis a um conceito mais restritivo. A ambiguidade do advérbio "tradicionalmente" admitia tanto uma leitura antropológica ("conforme a tradição") quanto a cronológica ("por tempo suficiente para serem tradicionais"). O senador apresentou a proposta, defendeu-a e destravou o impasse. O advérbio respeitou a realidade da ocupação territorial, acalmou os ânimos e desarmou a paranoia de que os indigenistas queriam impedir o aproveitamento dos minerais no subsolo.

Na prática, Passarinho pôs o ovo de colombo em pé. Se os direitos fossem originários, o raciocínio dos deputados conduziria ao temido efeito "devolução de Copacabana", uma tese despropositada, já que a imemorialidade não tem sujeito político. Vão entregar Copacabana para quem?

Márcio ressaltou que, ao contrário do que pensam certos porta-vozes políticos atuais, "o texto constitucional sobre direitos indígenas [...] emanou mais [do] campo ideológico [da direita] do que da esquerda".[1] A bem da verdade, a doutrina militar brasileira, herdeira do positivismo republicano do marechal Rondon, aceita a convivência com os indígenas que o patrimonialismo racista prefere ignorar.

Nos tempos atuais vemos que a direita não só perdeu a memória como degenerou-se. Mas, em 1988, parlamentares de diversas tendências, de esquerda, de centro e de direita, contribuíram para as vitórias indígenas da Constituinte, como Jarbas Passarinho, Severo Gomes, José Carlos Saboia, Fabio Feldmann, Sandra Cavalcanti, Plínio de Arruda Sampaio, Alceni Guerra, Mário Juruna, Artur da Távola, Mário Covas, Haroldo Lima, Benedita da Silva, Domingos Leonelli, Jorge Viana e outros.

Nos últimos dias dos debates constituintes, a mobilização indígena dramatizou o processo. Em maio, 120 índios de cinquenta povos permaneceram três semanas em vigília, em Brasília, interpelando os parlamentares enquanto aguardavam a votação do capítulo "Dos índios". Em 1º de junho, por 497 votos contra cinco, e dez abstenções, o anteprojeto foi finalmente aprovado. Ainda assim, Bernardo Cabral voltou à carga e tentou alterar os textos já aprovados e restabelecer os termos da sua própria redação anterior. Porém as lideranças partidárias suprimiram integralmente o seu proposto artigo nº 231, que excluía os índios "aculturados" de todos os direitos do texto — um retrocesso digno dos tempos do outro Cabral.

Em 5 de outubro de 1988 a Constituição foi afinal promulgada, consolidando uma conquista histórica dos direitos indígenas. Avançamos em relação ao passado. Pela primeira vez, reconheceu-se para os índios o direito à diferença. Rompemos com a tradição integracionista que prevalecia nas Constituições anteriores, que tratava o índio como uma "categoria transitória", destinada a desaparecer no tempo com a "integração" à nacionalidade. Também foram estabelecidas as condições mínimas para a superação da tutela estatal da Funai.

Assim, o capítulo VIII da Constituição, intitulado "Dos índios", afirma no artigo nº 231: "São reconhecidos aos índios sua organização social, costumes, línguas, crenças e tradições, e os direitos originários sobre as terras que tradicionalmente ocupam, competindo à União demarcá-las, proteger e fazer respeitar todos os seus bens".[2]

O parágrafo 1 especifica:

> São terras tradicionalmente ocupadas pelos índios as por eles ocupadas em caráter permanente, as utilizadas para suas atividades produtivas, as imprescindíveis à preservação dos recursos ambientais necessários a seu bem-estar e as necessárias a sua reprodução física e cultural, segundo seus usos, costumes e tradições.

Já o artigo nº 67 do Ato das Disposições Constitucionais Transitórias definiu que a União "concluirá a demarcação das terras indígenas no prazo de cinco anos a partir da promulgação da Constituição" — determinação que ainda não foi integralmente cumprida.

No plano ambiental, o capítulo VI, "Do meio ambiente", estabeleceu, pelo artigo nº 225, que:

> A Floresta Amazônica Brasileira, a Mata Atlântica, a Serra do Mar, o Pantanal Mato-Grossense e a Zona Costeira são patrimônio nacional, e sua utilização far-se-á, na forma da lei, dentro de condições que assegurem a preservação do meio ambiente, inclusive quanto ao uso dos recursos naturais.

Tínhamos o que celebrar. Mas com a promulgação da Carta surgiram novos desafios. O grupo de referência formado para acompanhar as propostas e a tramitação dos processos da Constituinte percebeu que havia a demanda por uma instituição capaz de ajudar a gerar jurisprudência sobre os direitos recém-criados.

Para tanto, decidimos fundar, em Brasília, ainda em 1988, o Núcleo de Direitos Indígenas (NDI), com a participação de Ailton Krenak, Marcos Terena, Paulinho Paiakan, Manuela Carneiro da Cunha, Carlos Frederico

Marés, Márcio Santilli, André Villas-Bôas e José Carlos Libânio. O NDI era uma organização pequena, mas ousada. Seu objetivo era promover os direitos indígenas nos planos judicial, legislativo e executivo.

Carlos Frederico Marés, procurador do estado do Paraná e professor da PUC de Curitiba, era o diretor técnico e o "guru" jurídico. Márcio Santilli assumiu a secretaria-executiva. Ana Valéria Araújo (que trouxemos do Indian Law Resource Center, nos Estados Unidos) e Sergio Leitão foram os primeiros advogados contratados. Mais tarde, a Juliana Santilli se juntou à bancada.

Eram seis pessoas: um diretor, um secretário-executivo, três advogados e um funcionário de apoio. A parceria com o Cedi fornecia o backup para a montagem de evidências nos processos e ações judiciais. No nível geral, contemplava-se a atualização do Estatuto do Índio de acordo com as novas premissas constitucionais. O plano de voo era trabalhar com questões paradigmáticas e estratégicas para criar jurisprudência sobre direitos indígenas e mover ações de demarcação de terras para as comunidades.

O NDI atuou com sucesso durante seis anos. Numa conjuntura de estabilidade democrática, consolidou as demarcações das terras indígenas dos Tikuna, no Alto Solimões, Sete Cerros e Jaguapiré; dos Guarani-Kaiowá do Mato Grosso do Sul; e dos Panará, Xikrin do Cateté e Araweté no Pará. Ressalte-se que mover ações contra o Estado era algo inédito. Não havia sequer doutrina sobre "direito indígena". O Cimi dispunha de uma assistência jurídica que enviava advogados às aldeias para difundir direitos, mas não advogavam, não iam às cortes litigar. Talvez esperassem que a Constituição produzisse uma bondade social espontânea caída no colo dos índios.

Já o NDI queria impetrar ações, advogar em tribunais e converter demandas difusas em processos judiciais paradigmáticos capazes de serem replicados, estabelecendo jurisprudência. Tive a sorte de contribuir com um aporte para os primeiros passos da organização. Após a Constituinte, eu e o Ailton Krenak viajamos para a Noruega a convite do povo indígena Sámi, da Lapônia, a fim de conhecer os esforços para a criação do Parlamento Sámi. Fomos adotados por uma família em Kautokeino, andamos de *snowmobile*, vimos rebanhos de renas e vestimos roupas de couro de rena.

Antes de chegar a Oslo, participamos de um seminário com ambientalistas em Milão, onde encontrei o Carlos Marés e o pessoal da Quilombo Produções, que gerenciava a marca do compositor Milton Nascimento. Ali mesmo a Quilombo deu uma contribuição de 20 mil dólares ao NDI. Foi o que permitiu criar condições mínimas para a entidade começar a se organizar.

As coisas estavam andando. Na volta ao Brasil, fui convocado pela Fundação Ashoka para ir ao Rio de Janeiro participar do processo de avaliação de candidatos e concessão de bolsas de "empreendedores sociais". Nos bastidores, encontrei o Chico Mendes, presidente do Sindicato dos Trabalhadores Rurais de Xapuri, tomando um chá de cadeira. Defendi a aprovação da sua postulação. Não esqueci um comentário espontâneo do líder seringueiro: "Estou duro, Beto. Não tenho o suficiente para o leite das crianças".

Semanas depois, em dezembro, um telefonema terrível informava que Chico havia sido assassinado em Xapuri por pistoleiros contratados por fazendeiros.

A notícia abalou muita gente e pôs a mídia em órbita. De repente todos queriam saber quem era o desconhecido seringueiro acriano. Ondas de choque percorreram a opinião pública. O crime reverberou e a veemência do repúdio mundial surpreendeu o establishment do país. No Brasil, nos Estados Unidos e na Europa, as autoridades repeliram a violência e manifestaram apoio aos direitos humanos e à luta pela conservação da Amazônia.

Chico não teve tempo para usufruir a recém-adquirida bolsa da Ashoka, legada à sua viúva, Ilzamar Mendes. O impacto da tragédia, contudo, projetou a questão socioambiental na agenda política. O governo percebeu que precisava dar uma satisfação. Sob pressão interna e externa, em fevereiro de 1989 o presidente José Sarney extinguiu os órgãos ambientais existentes e instituiu o Programa Nossa Natureza.

A lei nº 7735 criou uma agência federal para o meio ambiente, o Ibama, e a lei nº 7797 instituiu o Fundo Nacional de Meio Ambiente para desenvolver projetos sustentáveis. Surgiu um arcabouço mais robusto de autoridade ambiental. Foram regulamentadas as leis sobre mineração e garimpagem, e também o Código Florestal. Suspenderam-se temporariamente os incentivos fiscais e os créditos para a Amazônia.

Em março de 1989, o Banco Mundial cessou as negociações de um segundo empréstimo setorial de 500 milhões de dólares para a recuperação do setor elétrico e a construção de hidrelétricas na Amazônia. Em contrapartida, aprovou 400 milhões de dólares de financiamento para se fortalecer a área ambiental no setor energético.

O assassinato de Chico Mendes mudou o jogo.

6. A cidade do mundo (1989)

> Quando o português chegou
> Debaixo duma bruta chuva
> Vestiu o índio
> Que pena!
> Fosse uma manhã de sol
> O índio tinha despido
> O português
>
> OSWALD DE ANDRADE, "Erro de português"

EM JANEIRO DE 1988, enquanto a Assembleia Constituinte ainda discutia a Carta Magna, os líderes kayapós Paulinho Paiakan e Kube-I foram autorizados pela Funai a viajar aos Estados Unidos, acompanhados pelo etnobiólogo norte-americano Darrel Posey, para participar de um simpósio sobre manejo de florestas tropicais na Universidade da Flórida.

Durante o encontro, os três foram convidados a ir a Washington para conversar com membros do Congresso, do Departamento de Estado e do Banco Mundial — seguindo a trilha aberta em 1984 —, onde denunciaram o plano de construção das hidrelétricas de Kararaô e Babaquara (mais tarde convertidas na Usina de Belo Monte), que inundariam terras indígenas no rio Xingu.

O governo federal reagiu. Na volta a Belém, a Funai, a Polícia Federal e a Procuradoria-Geral da República abriram processo contra Posey, que foi enquadrado no Estatuto do Estrangeiro por crime de interferência nos assuntos internos do país, passível de expulsão. Paiakan e Kube-I foram citados como coautores.

A desenvoltura de indígenas e ambientalistas, as conexões com aliados externos e as pressões sobre os financiamentos dos bancos multilaterais perturbavam o governo, repercutindo globalmente. Na Europa, os projetos apoiados pela Comunidade Econômica Europeia (CEE) também passaram a sofrer escrutínio rigoroso. A cidade dos índios ingressou na cidade do mundo.

Em outubro, Kube-I foi depor na 3ª Vara da Justiça Federal, em Belém, escoltado por quatrocentos guerreiros kayapós. O juiz rejeitou o depoimento por causa dos "trajes impróprios" do líder, no caso um calção. Nos bastidores, especulava-se sobre o confisco do passaporte de Paiakan. Porém, um advogado paraense acusou o juiz de racismo e pediu o arquivamento do processo.

Paiakan reagiu partindo para o ataque. Convocou uma entrevista coletiva de imprensa, realizada no Cedi, em São Paulo, convidando os jornalistas para a realização do Encontro das Nações Indígenas do Xingu, em Altamira. A ideia era convocar uma assembleia para mobilizar a oposição contra as hidrelétricas do Xingu. Apoiamos a mobilização com entusiasmo.

Um mês depois Paiakan me levou para Redenção, no Pará, a bordo de seu avião monomotor Cessna, doado pela empresa inglesa Body Shop, que mantinha um acordo de compra de óleo de castanha com os Kayapó. Na aldeia Gorotire, dezesseis líderes se reuniram na Casa dos Homens. O ambiente era de contestação. Os chefes relembravam confrontos, brigas e desavenças com os brancos e cultuavam bravatas e ameaças de guerra, como os Kayapó amam fazer. Paiakan interferia para aplacar os ânimos. Entre falas iradas, copeiras caboclas trajando avental doméstico serviam cafezinho aos patrões kayapós em bandejas com toalhinhas.

Afinal os líderes decidiram focar nas hidrelétricas e pedir esclarecimentos ao governo, dando um prazo para resposta. Fui convocado a redigir, numa máquina de escrever portátil e tendo um caixote como mesa, uma carta ao presidente da República, assinada com o dedão por alguns índios. A mensagem foi entregue e protocolada pelo Cedi no Ministério de Minas e Energia, em Brasília. O tom era respeitoso:

Aldeia Gorotire, 2/11/1988

Prezado senhor

Diante das notícias que temos escutado nos últimos meses de que o governo brasileiro está encaminhando estudos e pedidos de recursos financeiros para construir barragens no rio Xingu, reunimos lideranças de várias aldeias do povo Kayapó para conversar sobre o assunto. Nessa ocasião, ficamos com muitas dúvidas que precisam ser esclarecidas para que possamos pensar o nosso futuro. Por isso, estamos convidando V. Exa. para participar de uma reunião que estamos organizando no dia 24 de fevereiro de 1989, na cidade de Altamira, estado do Pará. Contamos com a presença e esclarecimentos de V. Exa., muito importantes para nós, Kayapó, e para os Arara, os Assurini, os Parakanã, os Araweté, os Kararaô, os Juruna, os Xipáia, os Kuruáia e os Xicrin do Bacajá, que também estarão presentes.

Atenciosamente, firmamos: Kanhón (aldeia Gorotire), Tátáy (aldeia Gorotire), Rop-Ni (aldeia Metuktire), Kremoro (aldeia Metuktire), Braire (aldeia Kôkraimoro), Kadjat-Nhoro (aldeia Kôkraimoro), Tuto (aldeia Kikretum), Niti (aldeia Kikretum), Tikiri (aldeia A'Ukre), Kupatá (aldeia A'Ukre), Ngapre (aldeia Kubekraken), Bádj (aldeia Katete), Kákáreti (aldeia Kubekákre), Bepkum (aldeia Kubekákre), Bekuiti (aldeia Pukanu), Ayo (aldeia Pukanu).[1]

A data do protesto foi marcada para fevereiro de 1989 a fim de coincidir com o período de chuvas e a Festa do Milho, cujo encerramento os índios pretendiam fazer em Altamira. A decisão enquadrava a manifestação como equivalente ao rito de caçada coletiva comum a todas as comunidades, de maneira a atrair muitas aldeias à cidade.

Ainda em novembro, Paiakan viajou de novo à Europa para liderar protestos contra as hidrelétricas do Xingu na Inglaterra, Holanda, Bélgica, Alemanha e Itália. Em Bruxelas e em Frankfurt, pediu à CEE o cancelamento do empréstimo de 500 milhões de dólares do Banco Mundial ao setor elétrico do Brasil.

O confronto estava armado. Em fevereiro, alugamos uma casa na periferia de Altamira, Márcio, André e eu. Os Kayapó chegaram de ônibus.

Vieram seiscentos índios, ambientalistas de vários países, celebridades como o cantor e compositor Sting, a empresária Anita Roddick, dona da Body Shop, a atriz Lucélia Santos e políticos como os deputados Fabio Feldmann, Benedita da Silva, Haroldo Lima e Fernando Gabeira.

Altamira foi um festival de mídia, sob o impacto da morte de Chico Mendes. Talvez houvesse mais jornalistas do que ambientalistas. O italiano Roberto Smeraldi, que era ambas as coisas e mais tarde foi naturalizado brasileiro, ficou encarregado de negociar o frete de dois aviões da companhia Transbrasil para o voo Belém-Altamira. Foram dois voos, com oitenta passageiros cada, lotados de jornalistas e ambientalistas.

Havia cerca de sessenta ou setenta veículos da mídia estrangeira presentes, entre americanos, britânicos, italianos, franceses, alemães, japoneses, canadenses e belgas. Alguns com equipes de TV de cinco pessoas. Além deles, dezenas de jornalistas e fotógrafos brasileiros lotaram os hotéis da cidade, aumentando a excitação geral. Em Altamira, jovens fãs de celebridades se comprimiam diante dos hotéis em busca de autógrafos.

Para a minha surpresa, o bispo dom Erwin Kräutler decidiu sair da cidade, entregando a um padre a chave da chácara Bethânia, da Igreja, que hospedaria os índios. O religioso entrou em paranoia. Achava que tinham envenenado a água potável do sítio. Via inimigos por toda parte.

Para reforçar a segurança, os Kayapó mandaram limpar o campo em frente ao ginásio de esportes de Altamira, onde a assembleia seria realizada. Márcio Santilli achou melhor visitar o ex-prefeito e deputado federal, Domingos Juvenil (PMDB), seu ex-colega. Convenceu-o de que a cidade ganharia projeção e lucraria com os dólares trazidos pelos ambientalistas.

Para evitar confrontos, concordaram com a realização de duas manifestações independentes, uma contra e outra a favor das hidrelétricas. Os fazendeiros da UDR, favorável às usinas, foram convidados para a assembleia indígena e os índios foram convidados para uma passeata a favor das hidrelétricas. Ninguém foi à manifestação do outro e deu tudo certo.

Para piorar o clima, na véspera de embarcar para Altamira Paiakan teve uma crise de apendicite e foi internado para uma cirurgia em Belém. Recebemos a notícia de que ele não conseguiria se restabelecer a tempo.

Além disso, ocorre também que a maior parte dos recursos para o evento fora captada pelo zoólogo e ambientalista nipo-canadense David Suzuki, apresentador do programa *A Natureza das Coisas*, exibido em quarenta países pela rede de televisão CBC. O dinheiro, depositado na conta de Paiakan, no Bradesco, bancaria o custeio do pessoal que chegava à cidade. Sem acesso ao banco, ficamos numa situação difícil.

Mandamos um recado ao hospital em Belém pedindo a Paiakan que enviasse um talão de cheques assinado para pagarmos as despesas e cumprirmos os compromissos assumidos. No entanto, ele mandou apenas um único cheque assinado.

Fomos obrigados a fazer um saque vultoso. Era época de inflação, o dinheiro valia pouco e o montante era alto. O André e eu fomos à agência e saímos de lá com duas grotescas malas cheias de dinheiro, que foram escondidas debaixo da cama na chácara Bethânia. Aquilo só aumentou a tensão. Passamos a gerenciar saques de maços de dinheiro para efetuar pagamentos.

Em meio à agitação, os Juruna da Área Indígena Paquiçamba, perto de Altamira, ofereceram uma partida de jabutis para os Kayapó comerem na chácara Bethânia. Quando fomos conferir, a quantidade era grande, dezenas de jabutis. Os ambientalistas estrangeiros foram visitar a chácara e viram as mulheres matando os animais com terçados (facões) à maneira kayapó: viravam os jabutis sobre as costas, talhavam as laterais da barriga, arrancavam o casco e jogavam os bichos no fogo, vivos. Alguns eram decapitados.

Foi um horror. Os ambientalistas ficaram indignados. Escândalo absoluto. Vi gente passando mal. Alguns vomitaram. Os Kayapó, entretanto, riam. Como os fotógrafos pediam para tirar fotos, eles passaram a soltar jabutis do cativeiro e simular expedições coreográficas de caça. Achavam graça da sensibilidade ofendida dos brancos.

Um dia antes da assembleia, lideranças nervosas cochichavam sobre a operação de apendicite de Paiakan, que afinal chegara. "Quem furou o nosso amigo?" Fui ao hotel conversar e Paiakan me disse: "Estão dizendo que vão me matar". Expliquei que um atentado não interessava a ninguém, muito menos à Eletronorte, estatal responsável pelos projetos no Xingu, e dei outro conselho: "Acho melhor você tomar cuidado com os Kayapó. Atenção com a fofoca. Você possui avião, viaja pelo mundo, tem cartaz e muitas fãs, acaba provocando inveja entre os índios".

Não por acaso, David Suzuki cismou que Paiakan corria perigo de vida. Foi à casa do Cedi e nos acusou de tratar o líder como objeto — *"a piece of meat"* —, insensíveis ao jogo de bastidores que estava acontecendo. Logo nós...

Felizmente, a assembleia no ginásio de esportes acabou sendo um sucesso. Em meio a discursos exaltados, a índia Tuíra encostou um facão no rosto do representante da Eletronorte, José Muniz Lopes. A imagem, estampada na primeira página do *Jornal do Brasil*, correu o mundo. Era uma advertência, não uma agressão — as mulheres kayapós reagem ao machismo ameaçando passar o facão no topete dos guerreiros —, mas ninguém sabia disso.

A assembleia foi encerrada com o lançamento da Campanha Nacional em Defesa dos Povos Indígenas e da Floresta Amazônica. As questões indígenas e ambientais estavam sob o foco da mídia. No mesmo ano, em outubro, Paiakan recebeu a Medalha do Meio Ambiente da Better World Society, dos Estados Unidos.

Altamira foi um primeiro ensaio de articulação socioambiental. Indígenas, ativistas dos direitos humanos e ambientalistas se aproximaram, superando preconceitos. A experiência comum seria replicada, mais tarde, no Fórum Global de ONGs da Eco-92. Os dois eventos cozinharam um caldo de cultura que ferveria até consolidar um dos alicerces da fundação do Instituto Socioambiental, em 1994.

Havia uma estrada andando sobre nós, diria o poeta Jorge de Lima.

7. Beco da mata (1989)

> Antes eu tinha medo de que as pessoas não acreditassem no que tenho para contar. Não tenho mais esse medo, não. Quando você encosta num barranco, naquela procissão de canoas — aí você descobre o Brasil, descobre você mesmo, descobre tudo.
>
> Milton Nascimento

Em 1982, Milton Nascimento fez uma ponta como ator no filme *Fitzcarraldo*, o clássico do cineasta alemão Werner Herzog gravado na Amazônia, sobre um empresário desequilibrado que transporta um barco por terra, de um rio para outro, a fim de erguer um teatro de ópera em plena selva. Com a ajuda dos índios Ashaninka, e ao lado de Klaus Kinski, Claudia Cardinale, José Lewgoy e Grande Otelo, Bituca fez o papel de porteiro do teatro delirante.

O compositor já havia demonstrado interesse pelos índios em 1978, quando gravou a música "Canoa, canoa", de Nelson Angelo e Fernando Brant, no álbum *Clube da Esquina 2*, uma canção melancólica sobre os peixes do rio Araguaia e os índios avá-canoeiros que viviam nas suas margens. Em 1989, planejava gravar um disco inspirado no movimento dos rios.

Em maio, o artista abriu espaço num show, em São Paulo, para a UNI e o CNS anunciarem o lançamento da campanha da Aliança dos Povos da Floresta, ocorrido no Acre. Dizia o manifesto da Aliança:

> As populações tradicionais que hoje marcam no céu da Amazônia o arco da Aliança dos Povos da Floresta proclamam sua vontade de permanecer com

suas regiões preservadas. [...] Esta Aliança dos Povos da Floresta, reunindo índios, seringueiros e ribeirinhos, iniciada aqui nesta região do Acre, estende os braços para acolher todo esforço de proteção e preservação deste imenso, porém frágil, sistema de vida que envolve nossas florestas, lagos, rios e mananciais, fonte de nossas riquezas e base de nossas culturas e tradições.[1]

Eu tinha boas relações com o Márcio Ferreira, diretor da Quilombo, a produtora que gerenciava o trabalho do Milton e tinha contribuído para a fundação do NDI. Propus ao Márcio e ao Bituca uma viagem de imersão à Amazônia para conhecer a Aliança, e eles toparam na hora.

Com o apoio da UNI e do CNS, planejamos um roteiro pelo rio Juruá, no extremo oeste do Acre, onde a Aliança tinha uma base. Foram dezessete dias de viagem em setembro de 1989, partindo de Cruzeiro do Sul, subindo o Juruá e enveredando pelo rio Amônia até a fronteira com o Peru. Juntamos uma turma boa para documentar a jornada, Milton, eu, Márcio, o seringueiro Antônio Macedo, o líder Marcos Terena, da UNI, os antropólogos Terri Vale de Aquino e Mauro Almeida, o artista plástico Rubens Matuck e o cineasta Charles Vincent.

Antes de viajar, Milton ficou horas ouvindo seleções de músicas indígenas e conversando com índios e seringueiros que passaram por São Paulo, Brasília e Rio.

Dessa viagem resultou o disco *Txai*, lançado em maio de 1990, como parte da campanha de apoio à Aliança. *Txai* é um vocativo da língua kaxinawá, adotado por índios, seringueiros e ribeirinhos, que significa "companheiro, metade de mim". Os amigos tratam-se por *txai*. Milton adotou o termo.

Disposto a "ver de perto para saber de perto", Bituca trocou o tradicional boné por um chapéu de palha. Nos dezessete dias de navegação no Juruá, em meio a paisagens ermas e espichadas, tivemos muitas conversas e alguns momentos de iluminação. Descobri uma pessoa intuitiva, minimalista, captadora do essencial e dona de um ouvido fora do comum. Um bando de bugios passava no horizonte e ele dizia: "Pera aí, ó, ouve!". Ele falava pouco mas reparava em tudo. Ficava ouvindo os ruídos da floresta, deitado na rede e tomando água de coco.

Descemos o Amônia e, ao chegarmos na aldeia dos Ashaninka — conhecidos também como Kampa —, fomos recebidos pela aparição da jovem inglesa Tanya Schwarz, filha de Walter Schwarz, o jornalista do *Guardian*, ex-correspondente britânico na Nigéria, em Israel, Índia, França, Alemanha e cunhado do historiador Eric Hobsbawm.

A moça de dezoito anos, da alta classe média, procurara o CNS do Acre para viver na Amazônia um ano sabático de viagens e aventuras antes de entrar no College, disposta a conhecer a Aliança dos Povos da Floresta. Em Londres, Tanya entrara em contato com Antônio Macedo e captara 30 mil libras para o CNS e a Reserva Extrativista do Alto Juruá, criada em 1990. Antes de viajar para Cruzeiro do Sul, estivera comigo no Cedi, se informando sobre o movimento dos seringueiros. Com o apoio de Terri e Mauro Almeida, planejamos sua viagem aos Ashaninka.

Ficou dois meses na floresta. No cais da aldeia do Amônia, apareceu vestida com um *kusma*, o manto de algodão ashaninka, enfeitada com pinturas rituais e descalça. Havia sido ferroada por uma arraia no pé. Seu pai ligava sem parar para saber notícias. Achei que estava na hora de levá-la de volta a São Paulo. O mais interessante foi que, quinze anos depois, em 2015, Tanya reapareceu em São Paulo com dois filhos, disposta a apresentar a família britânica aos amigos ashaninkas. Voltou ao Acre e, no regresso a São Paulo, passou no ISA para se despedir. Fiquei comovido quando chorou ao confessar uma decepção: constatara que alguns seringueiros eram violentos com as mulheres.

Milton também se emocionou com os Ashaninka, naquela viagem de 1989. Encantou-se com o menino Benki, e se aproximou de sua família. Mais tarde revelaria à revista digital *Continente* uma impressão duradoura:

> Fui ao Acre conhecer os Ashaninka. Aquilo foi uma coisa tão forte, que não tenho nem jeito de falar. Fiquei na casa do cacique. A gente estava indo pelo rio Juruá. Quando vê, vem um menino, pula no rio e atravessa o rio [a nado]. Eu falei: "Meu Deus! Como pode uma coisa dessas? Um menininho!". Fui para a casa do cacique. [De repente], uma mão [toca] aqui atrás, [no ombro]. Era o mesmo menino com um coco na mão. Ele perguntou: "Quer?". Eu

falei: "Quero". Era Benki. Fiz uma música para ele. Quando a gente falou com ele mais tarde, ele disse que o beija-flor é o pássaro que o rege. Hoje ele é o cacique.[2]

Milton cismou de levar o menino para o Rio de Janeiro, mas eu me opus, e ele ficou brabo. No álbum *Txai* gravou a canção "Benke" (com "e"), dedicada ao curumim ashaninka.

Apesar do encantamento da viagem, o batelão da Associação dos Seringueiros não passou da cachoeira do Gastão, próximo à vila Marechal Thaumaturgo. Era verão, com águas baixas e bancos de areia. Mesmo pilotado por especialistas em navegação, como o Zé das Águas, o barco encalhou dezenas de vezes. Milton ajudava a empurrar.

Era o momento Fitzcarraldo. Todos desciam, entravam no banco de areia, balançavam a proa atolada até ela se soltar e puxavam. Dez, quinze pessoas fazendo força. Quando afinal desatolava, a corrente levava o barco e tínhamos que nadar rapidamente para subir a bordo.

Pernoitamos em praias e em casas de ribeirinhos, assuntando as novidades de um cotidiano marcado pela abundância dos roçados de várzea, das piracemas do peixe mandi e da alegria das famílias kampas, veraneando em tapiris nas praias, bebendo caiçuma, tecendo *kusmas* de algodão e cantando cantigas nas miragens do cipó ayahuasca. Vimos cardumes de botos-cor-de-rosa no vapor matutino das águas mornas.

Ouvimos histórias de desmandos dos patrões seringalistas, da vida dura nesse beco da mata do Acre, do projeto da Reserva Extrativista do Rio Tejo e das mudanças dos Kampa do Peru para o Brasil, fugindo do recrutamento compulsório que o Exército peruano impunha às aldeias para combater o Sendero Luminoso. Milton prestava atenção a tudo. Ficou horrorizado quando viu os índios matarem uma vaca para comer.

Como "cantor famoso" anunciado pela rádio Verdes Florestas FM 95.7, mas não reconhecido pelos ribeirinhos, ganhou muitos peixes e frutas de presente. Soube aproveitar o anonimato. Sempre que alguém subia ao barco e começava a conversa com "Toca alguma coisa", dizia: "Só toco se for acompanhado". Aí, o Brasil profundo respondia e imediatamente aparecia uma sanfona, um triângulo e um atabaque para formar uma bandinha. Milton tocou muitas músicas suas e de outros autores, do "Hava nagila" até o "O gato da madame", do Moacyr Franco.

Na volta ao Rio, conversou com o Ailton Krenak, transmitiu as impressões e as energias da viagem aos parceiros letristas e começou a compor. Enquanto isso, uma equipe com membros da Quilombo, do Núcleo de Cultura Indígena da UNI e do Cedi viajou para registrar músicas e imagens dos Waiãpi, no Amapá, dos Kayapó, na aldeia A'ukre, no Pará, e dos Paiter de Rondônia, incluídas no álbum. Em fevereiro de 1990, Milton reencontrou a cantora Marlui Miranda, que trabalhava com música indígena havia anos. Muitas horas de estúdios depois, o disco ficou pronto.

Em maio de 1990, foi ao seringal Cachoeira, em Xapuri, conhecer os companheiros de Chico Mendes. Nessa ocasião, em Rio Branco, no Teatro Plácido de Castro, cantou pela primeira vez em público as canções do *Txai*.

No Brasil, o que não passa por música é alma penada.

8. Florestas e montanhas (1989 a 1992)

> Seu ideal será colher o fruto sem plantar a árvore.
>
> SÉRGIO BUARQUE DE HOLANDA, sobre a ética aventureira, em *Raízes do Brasil*

DURANTE A TRANSIÇÃO PARA A DEMOCRACIA o governo Sarney cedeu aos militares, em 1985, um programa de revitalização da faixa de fronteira ao longo dos 6500 quilômetros de divisa com Guiana, Guiana Francesa, Suriname, Venezuela e Colômbia — o Projeto Calha Norte. O projeto buscava intensificar a presença brasileira na margem norte do Amazonas com a instalação de uma rede de quartéis, aeroportos e polos de desenvolvimento.

Na década de 1970, o Projeto Radam, do Ministério de Minas e Energia, colhera imagens de radar de diversas regiões da Amazônia, realizando um inventário geológico dos recursos que pôs em evidência o potencial mineral das terras altas de Roraima. A publicidade sobre as riquezas do subsolo atraiu garimpeiros e aventureiros para o território. Em 1987, uma corrida do ouro ganhou impulso em Boa Vista, provocando a invasão das terras dos Yanomami, o maior grupo étnico de contato recente no país, com 29 mil indígenas falantes de seis línguas, além de 11 mil na Venezuela.

Em pouco tempo, noventa pistas clandestinas foram abertas ao longo dos rios Uraricoera, Parima, Mucajaí e Catrimani, afluentes do rio Branco. Atraídos pela febre da fortuna, 40 mil garimpeiros se instalaram na região, derrubando florestas, escavando rios, afugentando a caça e privando os índios de parte da sua subsistência. As relações de convivência e de conflito daí decorrentes geraram epidemias de malária e doenças respiratórias, provocando uma calamidade sanitária e muitas mortes.

A Funai não fez nada para retirar os garimpeiros das montanhas. Ao contrário: seu presidente, o economista pernambucano Romero Jucá, alinhado ao governo federal e indicado para o cargo pelo senador Marco Maciel (PFL-PE), defendeu a legalização da mineração e das cooperativas garimpeiras nas áreas protegidas das florestas nacionais recortadas das terras dos Yanomami.

Em janeiro de 1987, o senador Severo Gomes (PMDB-SP) reencaminhou ao Congresso o projeto elaborado pela CCPY para a implantação de uma reserva de 94 mil quilômetros quadrados em terras contínuas nos estados do Amazonas e de Roraima.

A Funai reagiu suspendendo as ações de saúde da CCPY para os índios. Os integrantes das missões católicas de Catrimani e Mucajaí, que apoiavam o projeto, foram retirados da área. Em agosto, os conflitos recrudesceram. Quatro Yanomami morreram em choques com garimpeiros no Posto Indígena Paapiú, provocando uma onda de protestos no país e no exterior. Na Itália, 197 deputados denunciaram a invasão. Em Londres, a Survival International organizou manifestações. No Japão, a União das Nações Indígenas pediu a suspensão de empréstimos ao Brasil até a remoção dos invasores.

Em Brasília, os senadores Severo Gomes, Fernando Henrique Cardoso, Jarbas Passarinho, Virgílio Távora, Mário Covas, Luís Viana e Nelson Wedekin denunciaram um genocídio de "proporções inéditas" em Roraima. Dados posteriores do Ministério da Saúde revelaram que as epidemias mataram 13% da população yanomami entre 1987 e 1990.

Contudo, a luta contra o garimpo também levou ao surgimento de novas lideranças. Atraído pela proposta de criação do parque, Davi Kopenawa Yanomami, intérprete da Funai e posteriormente chefe do Posto Indígena Demini, aproximou-se da CCPY e da UNI, em Boa Vista, participando de assembleias com lideranças macuxis, wapixanas e yanomamis. A catástrofe desencadeada pelo garimpo convenceu-o da ameaça iminente de desaparecimento do seu povo.

Ao mesmo tempo que se preparava para tornar-se xamã na aldeia Watoriki, instruído pelo sogro, Davi viajou para São Paulo, Brasília, Europa e Estados Unidos, com apoio da CCPY, denunciando a invasão garimpeira. Em reconhecimento pela sua militância, em agosto de 1988 recebeu o prêmio Global 500 do Programa das Nações Unidas para o Meio Ambiente (Pnuma) e, em 2019, ganharia o Right Livelihood.

Decidido a implantar um programa emergencial de saúde para os Yanomami, Davi pediu ajuda ao antropólogo francês Bruce Albert, estudioso do povo indígena. Nasceu aí uma amizade que resultaria, mais tarde, em parceria literária no livro *A queda do céu: Palavras de um xamã yanomami*, uma compilação de entrevistas do xamã de Watoriki transcritas por Albert.

No auge da crise garimpeira de 1988, Kopenawa foi ao Cedi, em São Paulo, onde deu uma longa entrevista para o *Povos indígenas no Brasil, 1987-90*, revelando sua perplexidade com a devastação provocada pelas epidemias geradas pelos garimpeiros — a *xawara* — e antecipando as consequências da morte dos espíritos *xapiri*.

> No começo, nós pensávamos que ela se propagava sozinha, sem causa. Agora, está crescendo muito e se alastrando em toda parte. *Omama* mantinha a *xawara* escondida [...] nas profundezas da terra. [...] Mas os *nabëbë*, os brancos, depois de terem descoberto nossa floresta, foram tomados por um desejo frenético de tirar essa *xawara* do fundo da terra [...]. *Xawara* é também o nome do que chamamos *booshikë*, a substância do metal que vocês chamam de "minério". [...] A *xawara* do minério é inimiga dos Yanomami [e] de vocês também. Ela quer nos matar.
>
> Quando o ouro fica no frio das profundezas da terra, aí tudo está bem. [...] Quando os brancos tiram o ouro da terra, eles o queimam, mexem com ele em cima do fogo, como se fosse farinha. Isso faz sair fumaça dele. Assim se cria a *xawara*, que é essa fumaça do ouro. [...] Quando essa fumaça chega ao peito do céu, ele começa também a ficar doente, atingido pela *xawara*. A terra também fica doente. E mesmo os *herukabë*, os espíritos auxiliares dos pajés [xamãs], ficam doentes.
>
> Nós, Yanomami, temos pajés que inalam o pó de *yãkoana* [...], e assim soubemos da *xawara* e ficamos muito inquietos. [...] A *xawara* cresceu. Ela

está muito alta no céu [...]. Quando a fumaça encher o peito do céu, ele vai ficar também morrendo, como um Yanomami. Por isso, quando ficar doente, o trovão vai se fazer ouvir sem parar e gritar de raiva, sob o efeito do calor. Assim o céu vai acabar rachando. [...] Os *hekurabë* vão querer se vingar, vão querer cortar o céu em pedaços para que ele desabe em cima da terra.

Quando o Sol cair, tudo vai escurecer. Quando as estrelas e a Lua também caírem, vai ficar escuro. Nós queremos contar tudo isso para os brancos, mas eles não escutam. Eles são outra gente. [...] Eles pensam: "Essa gente está simplesmente mentindo". [...] Mas nós não mentimos.

Nós, os pajés, também trabalhamos para vocês, os brancos. Por isso, se os pajés todos estiverem mortos, vocês não conseguirão se livrar dos perigos que eles sabem repelir... Vocês ficarão sozinhos na terra e acabarão morrendo também. Quando o céu ficar realmente muito doente, não terá mais pajés para segurá-lo [...]. Quando não houver mais Yanomami, aí o céu vai cair de vez.[1]

Apesar dos protestos, em setembro de 1988, o presidente José Sarney ignorou as reivindicações yanomami e nomeou Romero Jucá governador do Território Federal de Roraima. No mesmo mês, a portaria interministerial nº 160 estabeleceu a Terra Indígena Yanomami com 82 mil quilômetros quadrados — 13% a menos do que o território reconhecido como de ocupação tradicional pela Funai em 1985. Porém, dois meses depois, uma nova portaria, a nº 250, anulou a anterior e fragmentou a terra dos Yanomami em dezenove áreas indígenas descontínuas em Roraima e no Amazonas, implantando ainda duas florestas nacionais. Na exposição de motivos, o governo apresentou as portarias como uma resposta à campanha pela defesa do povo Yanomami.

Em janeiro de 1989 a invasão garimpeira recrudesceu. O afluxo de garimpeiros abriu escavações em oito rios das bacias do rio Negro e do rio Branco. A intensificação do movimento congestionou o aeroporto de Boa Vista. Cerca de 450 teco-tecos mantinham uma ponte aérea permanente para os mineradores isolados na floresta, levando toneladas de equipamentos, alimentos, redes e armas.

Em abril, em Brasília, o presidente Sarney prometeu a Davi Kopenawa e a Macsuara Kadiwéu expulsar os garimpeiros das terras indígenas. Mas o general Rubens Bayma Denys, ministro-chefe do Gabinete Militar da Presidência, admitiu à imprensa ser "impossível" retirar os invasores das montanhas sem estradas.

Em resposta à omissão do governo surgiu o movimento Ação pela Cidadania, reunindo entidades como CNBB, Ordem dos Advogados do Brasil (OAB), Associação Brasileira de Imprensa (ABI), SBPC, Central Única dos Trabalhadores (CUT) e Central Geral dos Trabalhadores (CGT).

Em junho o Cedi ajudou a montar uma comitiva para viajar a Roraima. A ideia era sobrevoar os garimpos e verificar a situação no local. Parlamentares, jornalistas, antropólogos e missionários integrantes da comitiva pretendiam colher evidências e depoimentos de índios e autoridades.

Em Boa Vista, falamos com lideranças e autoridades, tomamos depoimentos e participamos de reuniões na Casa do Índio. Num avião da Força Aérea Brasileira (FAB), sobrevoamos o rio Uraricoera. O quadro entrevisto era desolador: igarapés cobertos de lama ao longo dos rios Couto de Magalhães e Uraricoera; florestas rasgadas e desmatamento ao longo do alto Mucajaí; no Paapiú, uma maloca de índios doentes ao lado de uma pista clandestina. Vimos doença, desamparo e fome.

Foi um voo tenso. O deputado Plínio de Arruda Sampaio e o senador Severo Gomes ficaram chocados. Durante o voo, um dos pilotos saiu da cabine, perguntou se queríamos um lanche e estendeu uma bandeja com caixinhas de papelão. Dentro havia ovos cozidos, brancos, perfeitos, surreais. Ninguém encarou. O militar perguntou se queríamos beber alguma coisa. O Severo olhou, levantou o dedo e pediu em vão: "Uma dose de uísque".

Em Boa Vista, no mês de outubro, as associações de garimpeiros e as entidades empresariais, trabalhistas e comerciais, preocupadas com a visita da Ação pela Cidadania, lançaram um manifesto exortando o governo a regularizar a atividade mineradora para consolidar a economia do território — "com respeito ao índio, à sua cultura e ao meio ambiente", segundo o documento.

Em Brasília, um juiz federal determinou a retirada dos invasores da área dos Yanomami. A Funai respondeu declarando que não tinha recursos para remover 42 mil garimpeiros das montanhas. A Justiça Federal insistiu e mandou a Aeronáutica interditar 82 pistas clandestinas. Criou-se um impasse.

Em dezembro, o presidente Sarney assinou um decreto estabelecendo um Plano de Defesa das Áreas Indígenas Yanomami e da Floresta Nacional de Roraima, determinando a retirada dos garimpeiros em noventa dias e a criação de um sistema emergencial de atendimento à saúde yanomami.

O diretor da Polícia Federal, Romeu Tuma, foi enviado a Boa Vista para negociar uma saída pacífica oferecendo apoio à criação de reservas garimpeiras. Em protesto, o sertanista Sydney Possuelo, coordenador da retirada garimpeira, e o chefe local da Funai pediram desligamento da operação.

O sindicato dos garimpeiros organizou uma passeata em Boa Vista contra o fechamento dos garimpos, com o apoio de empresários e do comércio. O cabo de guerra estava estressado, mas a força pendia para os índios.

Em fevereiro de 1990, o recém-eleito presidente da República Fernando Collor embarcou para a Europa em viagem diplomática. Em Londres, ouviu do então príncipe Charles críticas contra o tratamento dado aos Yanomami e a exploração irracional da Amazônia. Em Madri, recebeu um abaixo-assinado de milhares de espanhóis pedindo providências para acabar com "o genocídio dos índios yanomamis".

Em fevereiro de 1990, Sarney, num dos últimos atos de seu governo, criara as reservas garimpeiras de Uraricoera e Catrimani-Couto de Magalhães em território yanomami, atendendo à demanda do governo de Roraima. Não funcionou. Em março, Collor vestiu uniforme militar e viajou para Roraima visitando o Pelotão Especial do Exército em Surucucus. Cercado por militares e índios, mandou o diretor da Polícia Federal dinamitar 110 pistas ilegais. "Exploda as pistas, Tuma" — sua ordem ecoou nos jornais.

Enviamos uma carta ao secretário nacional do Meio Ambiente, José Lutzenberger, solicitando a retirada imediata dos garimpeiros; a anulação das dezenove áreas indígenas, das florestas nacionais e das reservas garimpeiras; e a demarcação contínua de uma reserva para os Yanomami.

Em maio, o governo federal enviou setenta soldados do Exército, Polícia Federal, Ibama e Funai para explodir a primeira pista clandestina em terra dos Yanomami, a Baiano Formiga. Na sequência, onze pistas foram dinamitadas.

O governo estadual reagiu com mais um abaixo-assinado de cinquenta associações civis e prefeituras advertindo que o fechamento do garimpo provocaria caos social e econômico. "O garimpeiro é o bandeirante moderno, que vem prestando relevantes serviços ao Brasil, com a ocupação de suas fronteiras, em Roraima", dizia o documento.

Em outubro, Lutzenberger levou a Collor a minuta de revogação das reservas garimpeiras e devolução das áreas à Funai para a criação do Parque Indígena Yanomami.

O ministro da Justiça, Jarbas Passarinho, deu mais uma contribuição decisiva formulando o decreto nº 22/1991, que destravou a demarcação das terras indígenas, lançando as bases de uma política indigenista pós-tutelar. Passarinho ajudou a superar a objeção militar e a viabilizar a demarcação na faixa de fronteira, enfrentando colegas de farda.

Por fim, nas vésperas da Eco-92, no Rio de Janeiro, sob a atenção da mídia global e diante de chefes de Estado e representantes de 179 países, Collor homologou a Terra Indígena Yanomami, com área contínua de 94 mil quilômetros quadrados — maior do que Portugal — abrangendo territórios do Amazonas e de Roraima.

Mesmo assim, a oposição ao parque não desistiu.

Em 2001, o ministro da Defesa, Geraldo Quintão, do governo Fernando Henrique Cardoso, classificou o parque como "um erro" e "péssimo exemplo". Passarinho respondeu com um artigo no *Jornal do Commercio* rechaçando a suposta ameaça yanomami à segurança nacional e lembrando que a localização da reserva em faixa de fronteira garantia duplamente os direitos da União, já que exercia soberania sobre os índios e dispunha das Forças Armadas para garantir a integridade territorial.

O ex-ministro ratificou a autoridade da antropologia, sustentando que a demarcação de um arquipélago de ilhas territoriais fragmentadas "impediria as relações intertribais, pertinentes aos seus usos e costumes [dos Yanomami]". De quebra, mandou um recado aos políticos de Roraima.

Não me surpreende a leviandade dos políticos de Roraima ao dizerem que "não observamos nenhum critério na demarcação, feita só olhando o mapa". É que os políticos sabem que os índios não votam, mas os garimpeiros elegem... Ameaça à Amazônia, se vier a existir, não é a de uma nação yanomami, mas do pretexto de devastação da floresta [...]. Manda a verdade que se diga que, em nenhum momento, [o presidente Collor] fez sequer uma sugestão a respeito da demarcação. Homologou [a portaria estando] presentes todos os ministros militares, sem discrepância expressada. Ainda assim, há quem o acuse de ter cumprido ordens do presidente americano George Bush.[2]

A criação do Parque Yanomami afrontou interesses econômicos poderosos, acirrando a oposição contra indigenistas e ambientalistas, fomentando teorias conspiratórias e antecipando o advento das fake news. Uma expressão dos discursos que atribuem à defesa dos direitos indígenas a intenção de enfraquecer a soberania brasileira pode ser lida em *A farsa yanomami*, livro do coronel paraquedista Carlos Alberto Lima Menna Barreto, secretário de Segurança de Roraima de 1985 a 1988.

Inflamada de indignação nacionalista, a obra acusava a CCPY de fraudar o número de indígenas existentes (que seriam apenas 3,5 mil) e fomentar a "criação de um país yanomami independente do Brasil", por meio da criação de uma reserva "exageradamente vasta". Também denunciava o bispo do Cimi, dom Aldo Mogiano, por pretender implantar uma "guerrilha" no território roraimense; desqualificava "celebridades do Primeiro Mundo" por pregar a "intervenção das grandes potências" para salvar os índios sob a "égide da ONU"; e atribuía ao Conselho Mundial de Igrejas, em Genebra, uma recomendação às organizações missionárias para "preservar o território da Amazônia e de seus habitantes aborígenes, para o seu desfrute pelas grandes civilizações europeias cujas áreas naturais estejam reduzidas a um limite crítico".[3]

O Cedi sofreu várias campanhas de difamação similares na imprensa. No Brasil, a desinformação e a mentira exercem um papel preponderante nos embates políticos. Mas às vezes o nível das distorções adquire caráter cômico.

9. Narcisismo e feitiçaria (1992)

> Eu não espero pelo dia em que todos os homens concordem
> Apenas sei de diversas harmonias bonitas possíveis sem juízo final.
> Alguma coisa está fora da ordem
> Fora da nova ordem mundial.
>
> CAETANO VELOSO, "Fora da ordem"

QUINZE MINUTOS DE FAMA. Em 1992, após duas décadas de atuação discreta nos bastidores, fui guindado ao palco pelo prêmio Goldman de Meio Ambiente, em San Francisco, na Califórnia — *"the world's largest prize for grassroots environmentalists"*, o maior prêmio mundial para ativistas ambientais.

Sabe aqueles momentos em que você reluta, mas acaba aderindo à efusão?

O prêmio era uma distinção atribuída pela Goldman Environmental Foundation, animada pelos filantropos Richard e Rhoda Goldman. Mr. Goldman vinha do mercado financeiro, era riquíssimo, fundara os Serviços de Seguros Goldman, tinha a chave de San Francisco na mão, amava a pesca de salmão selvagem e fora o articulador de um bem-sucedido projeto de despoluição da baía da cidade. Mrs. Goldman era herdeira da indústria de roupa para trabalhadores e mineiros, sobrinha do teuto-americano Levi Strauss, fundador da empresa global de blue jeans. A saga do capitalismo americano. Era uma coisa meio louca. O staff da Goldman parecia egresso de Woodstock.

Os prêmios contemplavam seis regiões do globo: África, Ásia, Europa, Ilhas do Pacífico, América do Norte e Américas Central e do Sul. O processo de seleção e premiação incluía uma consulta a uma rede ampla de organizações e ativistas. Os premiados eram anunciados no Dia da Terra, 22 abril.

Senti que estava entre boas companhias e aceitei. Além disso havia um prêmio em dinheiro de 60 mil dólares. O nosso pessoal do Centro Ecumênico de Documentação e Informação queria muito que eu aceitasse. Apenas quatro brasileiros já foram agraciados: eu (1992), a então senadora Marina Silva (1996), o professor Tarcísio Feitosa (2006), da Comissão Pastoral da Terra que atua na Terra do Meio, no Pará, e a ativista indígena Alessandra Munduruku (2023).

Na noite de 22 de abril, na San Francisco Opera House lotada por 6 mil pessoas, meu amigo antropólogo Steve Schwartzman olhou para a plateia e comentou: "Os maiores cartões de crédito dos Estados Unidos estão aqui". Para mim, o que alentava era a presença dos amigos: o Steve, a Barbara Bramble, o Jason Clay e o francês Bernard Fonteneau, meu colega de intercâmbio na remota estadia de 1968 em Pleasant Ridge, Detroit. Ele lera a notícia do prêmio no *Washington Post* e viajara para San Francisco para me prestigiar. Imagine!

Meus pais também estavam lá. Aliás, usei um paletó emprestado da minha mãe. Subi ao palco por quinze minutos, recebi um troféu e desci passando pela frente deles, sentados nas cadeiras da primeira fila. Sorriam, orgulhosos. No dia seguinte, meu pai me deu um par de sapatos chique.

Fui o primeiro da turma a receber o prêmio, das mãos de Rhoda Goldman. O Steve ajudou a traduzir o meu discurso de agradecimento, que terminava citando a música "Fora da ordem", do álbum *Circuladô*, do Caetano Veloso: "Alguma coisa está fora da ordem/ Fora da nova ordem mundial".

Não sei se entenderam. O que eu sei é que com os americanos não tem papo-furado. Eles vão fundo. No fim da cerimônia formou-se uma fila para cumprimentos com europeus, asiáticos, africanos e sul-americanos. Veio uma senhorinha idosa, que provavelmente nunca ouvira falar de Caetano Veloso, e elogiou o meu discurso: *"Very inspiring"*, muito inspirador.

Após a premiação, fomos a Nova York e Washington para cumprir uma agenda de mídia e ter um encontro no Salão Oval da Casa Branca com o presidente George Bush, pai. Quase que o encontro é cancelado. Um violento conflito racista incendiou o país, houve seis dias de distúrbios em Los Angeles, com 63 mortos e 2400 feridos, por causa da absolvição dos policiais que haviam espancado o jovem negro Rodney King, em março de 1991.

Porém, Mr. Goldman bateu o pé, lembrou ao presidente Bush que era um dos grandes contribuintes do Partido Republicano e insistiu na reunião em Washington. Para tentar acalmar o movimento negro, Bush mandou convidar o Michael Jackson para a cerimônia, que chegou à Casa Branca no helicóptero oficial.

Os premiados combinaram que eu faria uma pergunta ao presidente. Quando entramos no Salão Oval, o Arnold Schwarzenegger, o ator, estava lá. Fiz cara de paisagem e perguntei a Bush se iria à Eco-92, em junho: "Ontem, falei com o seu presidente Collor", respondeu, "mas estou em dúvida".

Bush pareceu dar pouca importância à conferência, mencionando-a de passagem. Confessou estar preocupado com a economia, o desemprego e as eleições. No final, deram uma lembrancinha para todos: um alfinete de gravata. Como os índios recusam presentes com alma ruim, joguei o meu fora na primeira lixeira que apareceu.

O prêmio não teve repercussão na imprensa brasileira. Quando voltei, comecei a me sentir mal. Fiquei doente. Era uma amebíase grave, diagnosticada, após muitas dificuldades, pelo médico paulista Vicente Amato Neto. Em meio à crise, uma médica jovem comentou: "Rasgo meu diploma se for câncer", e logo encafifei que estava com câncer.

A infecção cresceu até o Amato entrar na parada. Aparentemente, a amebíase teria sido contraída numa viagem anterior, durante as articulações para a Eco-92. Talvez na Tailândia, onde cedi à tentação antropológica de comer a comida de rua de Bangcoc. O fato é que não pude receber os colegas premiados do Goldman na Eco-92. Passei a conferência internado no Hospital Oswaldo Cruz. Perdi catorze quilos.

Cinco anos depois, em 1997, os premiados de 1992 voltaram à Califórnia para responder a uma pergunta cerimonial: "Como o prêmio mudou a sua vida?". No dia do encontro, dormi demais e perdi o início da reunião. Entrei na sala atrasado, quando todos já tinham falado. O diretor da fundação notou a minha chegada e fez a pergunta à queima-roupa.

Respondi pensando na amebíase: "Fiquei doente. Quase morri. Os índios da Amazônia dizem que quem aparece demais atrai feitiçaria". Os africanos e os asiáticos entenderam e riram. Os americanos boiaram.

10. Socioambiental se escreve junto (1992 a 1996)

> A Natureza fez tudo a nosso favor; nós porém pouco ou nada temos feito a favor da Natureza. Nossas terras estão ermas, e as poucas que temos roteado são mal cultivadas, porque o são por braços indolentes e forçados; nossas numerosas minas, por falta de trabalhadores ativos e instruídos, estão desconhecidas, ou mal aproveitadas; nossas preciosas matas vão desaparecendo, vítimas do fogo e do machado destruidor da ignorância e do egoísmo; nossos montes e encostas vão-se escalvando diariamente, e com o andar do tempo faltarão as chuvas fecundantes, que favoreçam a vegetação e alimentem nossas fontes e rios, sem o quê o nosso belo Brasil, em menos de dois séculos, ficará reduzido aos páramos e desertos áridos da Líbia. Virá então este dia (dia terrível e fatal) em que a ultrajada natureza se ache vingada de tantos erros e crimes cometidos.
>
> José Bonifácio de Andrada e Silva, "Necessidade de uma Academia de Agricultura no Brasil"

Não fui à Eco-92. Vi um pouco pela TV do Hospital Oswaldo Cruz. O presidente Collor converteu o Rio em capital federal provisória para receber os 178 chefes de Estado e de governo que convergiram para a cidade. Foi a maior reunião do gênero até hoje. A política é um teatro, os atores cumprem papéis: havia uma expectativa crescente sobre modelos de desenvolvimento capazes de preservar o equilíbrio do planeta.

Em todo lugar as pressões se acumulavam. Em 1968, o Clube de Roma abrira a discussão sobre o futuro da condição humana e os limites do crescimento. Em 1972, a Conferência das Nações Unidas sobre o Ambiente Humano, em Estocolmo, anunciara a emergência das questões ecológicas. Na década de 1980, uma sucessão de desastres ambientais sugeria a recorrência de males irreparáveis — como em Bhopal, na Índia, em 1984; em Tchernóbil, na Ucrânia, em 1986; e no Alasca, em 1989, com o vazamento do petroleiro *Exxon Valdez*. Em 1987, a Comissão Brundtland, da ONU, sugerira a proposta de desenvolvimento sustentável para "atender às necessidades atuais sem comprometer a capacidade das futuras gerações de atender às suas próprias necessidades".

Em 1992, centenas de diplomatas se reuniram no Centro de Convenções do Riocentro, na Barra da Tijuca, para discutir ações e enfrentar a escalada de degradação planetária. Em paralelo, centenas de ONGs e movimentos sociais se reuniram nas tendas do Fórum Global, no Aterro do Flamengo, para debater as mudanças. O Exército mandou tropas e tanques para as ruas para garantir a segurança dos eventos. O Rio fervilhava.

A Eco-92 consagrou propostas arrojadas e discursos genéricos. Abriu às assinaturas a Convenção-Quadro das Nações Unidas sobre Mudanças Climáticas, ratificada atualmente por 198 "partes" (197 países e a União Europeia), que reconheceu o aquecimento do planeta pelo efeito estufa e propôs medidas para mitigar as mudanças climáticas. A convenção estabeleceu a realização anual de Conferências de Partes (COPs), facilitou a participação de observadores da sociedade civil (como sindicatos, academia, bancos multilaterais, agências governamentais e ONGs) para avaliar a implantação dos compromissos e lançou os alicerces da arquitetura do Protocolo de Kyoto, em 1997, e do Acordo Climático de Paris, de 2015.

Foram promovidas a Convenção de Combate à Desertificação, reivindicada pelos países africanos (aprovada em 1994), e a Convenção sobre Diversidade Biológica, importante para o Brasil e a Amazônia, atualmente ratificada por 168 "partes". A questão da conservação da biodiversidade ganhou relevância mundial. Foi estabelecido o direito dos povos tradicionais de participarem dos benefícios oriundos da utilização dos seus conhecimentos sobre os recursos naturais.

O principal documento da conferência, a Agenda 21, compilou quarenta capítulos com centenas de propostas genéricas — um arcabouço ambicioso de reformas para a orientação de países, bancos multilaterais e agências de cooperação — que induziram à criação da Comissão para o Desenvolvimento Sustentável da ONU. Já a Conferência Mundial dos Povos Indígenas, promovida em paralelo à Eco-92, na aldeia Kari-Oca, resultou irrelevante. Montada no campus da Fiocruz, permaneceu isolada no bairro de Jacarepaguá. A falta de organização do movimento indígena prejudicou sua influência sobre a Eco-92.

Já o Fórum Global aprovou a Carta da Terra, uma declaração de princípios éticos para a construção de uma sociedade global justa, sustentável e pacífica. O Cedi apoiou o movimento civil indicando para a coordenação do Fórum o antropólogo e cientista político britânico Tony Gross, seu funcionário e ex-representante no Brasil da Oxfam, uma confederação de ONGs focada no alívio da fome. Tony trabalhou duro para montar debates, exposições e seminários no Aterro do Flamengo que mobilizaram milhares de ativistas de direitos humanos, ONGs, jovens, feministas, ambientalistas, indígenas e artistas.

O mais importante, contudo, foi o banho de informações. A Eco-92 deu projeção às teses da "Hipótese Gaia", do cientista britânico James Lovelock, que sugeriu que a floresta tropical, assim como os oceanos, atua como um termostato regulador da temperatura do planeta. Dados importantes sobre os ecossistemas foram consolidados. Vários estudos destacaram a importância da absorção do carbono pela fotossíntese e pelo crescimento das árvores, que convertem as florestas em sorvedouros naturais de carbono.

As emissões de gases de efeito estufa pelas queimadas na Amazônia ganharam dramaticidade pela contribuição para a elevação da temperatura regional e para o desequilíbrio climático. O reconhecimento da capacidade da floresta de reciclar nuvens de chuva pela evapotranspiração foi revelado pelo agrônomo Enéas Salati, ex-diretor do Instituto Nacional de Pesquisas da Amazônia (Inpa).

Salati lançou as bases da investigação sobre os "rios voadores", as correntes aéreas de vapor d'água reciclado devolvido à atmosfera pela transpiração da floresta, que precipitam chuvas conduzidas pelos ventos até a barreira dos Andes, onde infletem para o sul, descendo para o Centro-Oeste, abastecendo os reservatórios das hidrelétricas e irrigando o agronegócio. Boa parte da economia brasileira é sustentada pela Amazônia. Cerca de 30% da chuva do país é gerada na região.

Contudo, a conferência também ensejou golpes baixos. Enquanto os delegados discutiam propostas e soluções, a revista *Veja* lançou a edição de 10 de junho, com foto de Paulinho Paiakan na capa sob o título "O selvagem". A reportagem, assinada pelos jornalistas Laurentino Gomes e Paulo Siber, expôs o desgosto racista da elite jornalística com a preeminência de índios e seringueiros, acusando o líder kayapó de, com a ajuda de sua mulher, Irekran, estuprar e torturar, com "atos de canibalismo" e "ritual demoníaco", uma jovem de Redenção.

Foi uma pancada. A intenção era demolir o que estávamos construindo. A malícia embrulhava os fatos. "O cacique-símbolo da pureza ecológica tortura e estupra uma estudante branca e foge em seguida para a sua tribo", dizia a capa. "Paiakan encarnava como ninguém o índio hollywoodiano moderno, criado em filmes como *Dança com lobos*, de Kevin Costner", fulminava a revista. "Infelizmente, há aí apenas uma reinvenção do índio, tão falsa quanto o selvagem retratado nos filmes de John Wayne, o pele-vermelha cruel, sempre pronto a tirar escalpos dos louros."

Versões não comprovadas sugerem que o delegado José Barbosa de Souza, autor do boletim de ocorrência registrado na delegacia de Redenção, telefonou para o governador do Pará, Jader Barbalho, comunicando o acontecimento. O governador teria ligado para a *Veja*, em São Paulo, para oferecer um prato cheio, de bandeja, para a Eco-92.

Meses após o escândalo, um juiz da comarca de Redenção absolveu Paiakan e Irekran, mas o Ministério Público recorreu. Em 1998, o Tribunal de Justiça do Pará condenou o líder a seis anos de prisão por estupro; Irekran recebeu pena de seis anos em regime semiaberto. Em 1999, o Superior Tribunal de Justiça (STJ) e o Supremo Tribunal Federal (STF) confirmaram as sentenças. Paiakan refugiou-se na aldeia A'Ukre, onde ficou durante anos, apesar das condenações. Reapareceu só nos anos 2010, em reuniões indígenas em Brasília. Faleceu de covid-19 em 2020.

Não tivemos tempo para decantar tudo o que a Eco-92 revelou. A realidade reservava golpes maiores. O movimento indigenista sofreu um abalo quando confrontos entre garimpeiros e índios voltaram a convulsionar Roraima. Em 1993, um conflito matou dezesseis Yanomami em Haximu, na fronteira com a Venezuela, entre os rios Catrimani e Orinoco. Os garimpeiros haviam voltado à região em 1991 e aberto pistas de pouso clandestinas com sugestivos nomes como Saddam Hussein.

A dinâmica dos conflitos voltou a se repetir como Bruce Albert já tinha descrito em artigo para o *Povos indígenas no Brasil*:[1] ao se instalar em um sítio na floresta, os garimpeiros chegam em pequenos grupos, vulneráveis à reação indígena. Para evitá-la, compram anuência com a distribuição de bens e comida. Tendo pouca experiência com os brancos, os indígenas interpretam a atitude como generosidade, ainda sem sentir o impacto epidemiológico do garimpo. Para eles, o trabalho de escavação parece enigmático e irrelevante. Com ironia, chamam os garimpeiros de "comedores de terra", comparando-os aos queixadas que fuçam a lama.

Num segundo momento, o número de invasores aumenta e já não é preciso manter a boa vontade. Os índios passam de ameaça a estorvo, demandando insistentemente os bens que antes recebiam. Os garimpeiros se irritam e tentam afastá-los com atitudes agressivas e promessas de presentes futuros. Nessa altura, os Yanomami já sentem a deterioração da saúde e da subsistência, com muitos morrendo em epidemias de malária e gripe, os rios poluídos e a caça fugindo. À medida que a comida garimpeira é negada, aflora uma situação de hostilidade explícita. E um dia a violência se precipita.

Em 15 de junho de 1993, seis Yanomami chegaram a um barracão para pedir comida e foram despachados para outro abrigo, onde receberam mantimentos e roupas. Quando voltavam para casa foram atacados por um bando de garimpeiros, que mataram quatro índios; dois fugiram.

No dia 26, os Yanomami se vingaram matando um homem e ferindo outro num barracão. Enfurecidos, os mineradores decidiram pôr fim ao assédio indígena. Catorze homens armados, incentivados pelos empresários dos garimpos, atravessaram a floresta e atacaram uma maloca em

Haximu, habitada por 85 pessoas. Incendiaram duas malocas e partiram ao encalço dos indígenas acampados no mato.

Por volta do meio-dia, os dois grupos se encontraram. No choque, morreram doze índios, jovens, velhos, mulheres e crianças, assassinados a tiros e golpes de facão. Vários conseguiram fugir. Percebendo que não haviam exterminado todos, os criminosos confiscaram as espingardas que acharam na aldeia e voltaram ao garimpo temendo uma retaliação. Semanas depois, ao ouvir a notícia do massacre pela Rádio Nacional, rumaram para a pista clandestina Raimundo Nenê, ameaçaram de morte quem os delatasse, e retornaram a Boa Vista, onde se dispersaram.

Em meio à onda de protestos no Brasil e no exterior, o presidente Itamar Franco mandou o ministro da Justiça, Maurício Correia, "limpar" a reserva yanomami e apurar o massacre. Em outubro, a Polícia Federal determinou a prisão preventiva de 23 suspeitos acusados de participação no crime. Cinco foram julgados e condenados a um total de 98 anos de prisão, mas só dois foram encarcerados. Foi a primeira, e até hoje a única, condenação da Justiça brasileira por crime de genocídio.

Precisávamos de uma resposta eficiente à repetição dos ataques.

Em outubro de 1992, uma concorrida assembleia do Cedi ensejou um forte confronto de opiniões sobre o presente e o futuro da instituição. Para muitos era necessária uma nova síntese, uma nova estratégia, capaz de dinamizar e atualizar nossas práticas diante de recentes desafios. Dali surgiu um processo interno de avaliação, concluído meses depois com uma proposta surpreendente: encerramento com multiplicação.

Decidimos extinguir o Cedi, dispostos a fundar instituições mais ágeis e atuantes. Só então compreendi o significado da experiência à qual me dediquei com paixão durante vinte anos, como uma vertigem. Carecíamos de uma nova equação, talvez improvável, para continuarmos sonhando o mundo dissonante que tentávamos inventar. Mas tudo bem, chega de saudade.

Naquela altura, até a sigla Cedi suscitava múltiplas leituras: "i" de "indígena" ou de "igreja"; "e" de "econômico", ou "educação", ou "ecológico", ou *environmental*... A convergência de interesses diversos e vinte anos de agregação de parceiros, colaboradores, equipes e instituições indicavam que havia mesmo uma estrada andando sobre nós. Mas o caminho era incógnito.

Em 1994, o Cedi se dividiu em quatro instituições: Ação Educativa, dedicada à educação, à cultura e à juventude, na perspectiva dos direitos humanos; Koinonia Presença Ecumênica e Serviço, organização de inspiração religiosa prestadora de serviços aos movimentos sociais; Instituto Socioambiental, associação não governamental defensora dos bens e direitos dos povos tradicionais e indígenas; e Núcleo de Estudos Trabalho e Sociedade, voltado para o movimento operário. Mas só as três primeiras vingaram.

Queimamos neurônios procurando um nome criativo para nossa nova identidade, até que se impôs o consenso óbvio de juntar o "social" com o "ambiental", a fusão de duas visões que precisavam ser integradas. Discutimos muito a grafia do nome, com ou sem hífen, dado que a gramática anterior ao Acordo Ortográfico da Língua Portuguesa, adotado em 2009, mandava empregar "sócio-ambiental".

Venceu o voluntarismo de subverter a gramática pela disposição de escrever "socioambiental" junto. Nossa licença poética foi abolir o hífen; queríamos a síntese, não a justaposição. Já a sigla nos deu um tombo. Originalmente pretendíamos "IS", e não "ISA", que sugeria um contrassenso com a discussão acumulada sobre o caráter sintético do conceito "socioambiental". Mas a língua viva falou mais alto e subverteu a subversão. Como observou o Márcio Santilli mais tarde, "viramos uma instituição bissexual ou hermafrodita". Até hoje alguns parceiros indígenas dizem "a ISA".

Assim, em 22 de abril de 1994, em Itatiaia, a meio caminho entre São Paulo e Rio de Janeiro, no Hotel Fazenda da Serra, onde o Cedi realizava as suas assembleias, reunimos 33 sócios-fundadores — antropólogos, indigenistas, advogados, biólogos, geógrafos, filósofos, professores e jornalistas — para constituir "o" ISA. Integramos parceiros oriundos de três organizações, o Cedi, o NDI e a SOS Mata Atlântica, mais tarde enriquecidas com a incorporação da Fundação Mata Virgem, em 1996, e da CCPY, em 2009.

O grupo original era heterogêneo. Do Cedi vieram a cartógrafa Alicia Rolla, o indigenista André Villas-Bôas, eu, a Fany, os antropólogos Geraldo Andrello, Isabelle Vidal Giannini, Marina Khan e Neide Esterci, os engenheiros José Otávio Soares e Sérgio Mauro de Souza Santos e o administrador Nilto Tatto. Do NDI agregamos os advogados Carlos Frederico Marés, Raimundo Sérgio Leitão, Ana Valéria Leitão e Juliana Ferraz Santilli, o antropólogo José Carlos Libânio e o filósofo Márcio Santilli.

Do SOS Mata Atlântica vieram o arquiteto Clayton Ferreira Lino, o geógrafo Edmar Moretti, o administrador Enrique Svirsky, o biólogo João Paulo Capobianco, o geógrafo Mário Mantovani, a professora Minka Bojadsen Capobianco e o engenheiro florestal Rubens Mendonça. Havia ainda um grupo de independentes, formado pelo Eduardo Viveiros de Castro, o jornalista Ricardo Arnt e o biólogo Willem Peter Groeneveld, e outro de representantes das organizações de cooperação internacional: o antropólogo Anthony Gross, o biólogo Anthony Anderson, a advogada Barbara Bramble, a professora Brunhilde Haas de Saneaux e os antropólogos Jason Clay e Steve Schwartzman.

Fundamos uma sociedade civil brasileira de direito privado, sem fins lucrativos, "sem vinculação político-partidária nem distinção de credo, raça, etnia, classe, orientação sexual e gênero". A assembleia na Fazenda da Serra elegeu um triunvirato de secretários-executivos: eu, o Márcio Santilli e o João Paulo Capobianco, o Capô.

Os objetivos eram promover a defesa de bens e direitos sociais, coletivos e difusos relativos ao meio ambiente, ao patrimônio cultural e aos direitos humanos e dos povos; estimular o desenvolvimento socioeconômico democrático e ecologicamente sustentável dos recursos naturais; e promover projetos aplicados à defesa do meio ambiente, do patrimônio cultural e dos direitos humanos, especialmente dos povos indígenas e populações tradicionais.

Entramos numa nova história decididos a intervir na realidade, a ampliar alianças e a multiplicar parceiros. Assim como José Belo Chipenda, do Conselho Mundial de Igrejas, e Jan van Bentum, da ICCO, deram um apoio importante à decolagem do Cedi, a cooperação global deu mais um empurrão decisivo para o voo do ISA.

Anthony Anderson, da Fundação Ford, definiu o primeiro aporte de recursos financeiros para a transição Cedi-ISA. Ao longo dos anos foram parceiros duradouros: Lars Løvold, diretor-executivo da Rainforest Foundation da Noruega, Georg Grünberg, gerente do Programa Latino-Americano do Centro Intercomunitário Internacional (IIZ) da Áustria, Martín von Hildebrand, diretor da Fundación Gaia Amazonas da Colômbia, e Steve Schwartzman, da Environmental Defense Fund (EDF) dos Estados Unidos. Sem o apoio deles tudo teria sido mais difícil.

Alguns companheiros cresceram junto conosco. Conheci Lars Løvold e sua mulher, Elisabeth, em 1979, quando faziam pesquisa para um doutorado de antropologia com os Gavião, de Rondônia. Colaboradores de primeira hora da coleção *Povos indígenas no Brasil,* me levaram a Oslo, em 1988, para negociar o apoio da Agência Norueguesa de Cooperação para o Desenvolvimento (Norad), do Ministério de Relações Exteriores.

Em 1989, Lars e Elisabeth estabeleceram a Rainforest Foundation Norway, ligada à Rainforest Foundation International, criada por Sting e o cacique Raoni. Em 1992, lançaram uma bem-sucedida campanha sobre as florestas tropicais no movimento estudantil norueguês. A Associação de Estudantes do Ensino Médio elegeu a educação indígena no Parque do Xingu como objetivo da Operasjon Dagsverk (OD), a "Operação Dia de Trabalho". Nesse dia, jovens de todo o país faltam à escola para dedicar um dia de serviço remunerado a causas internacionais. Em 1997, a OD escolheu de novo a Rainforest para apoiar a luta yanomami e as organizações indígenas do rio Negro. Evoluímos juntos há quarenta anos. Somos parceiros que compartilham de objetivos comuns.

Fundado o ISA, saímos atrás das alianças estratégicas no Brasil. O Capô havia sido um dos fundadores, em 1986, da SOS Mata Atlântica, que lançara uma campanha de defesa das florestas sob o mote "Estão tirando o verde da nossa bandeira". A organização atraía filiação de membros, apoio de artistas e celebridades, como a Rita Lee, e patrocínio de empresas privadas, atributos que invejávamos. A SOS se alavancara com a convivência dos brasileiros com a Mata Atlântica, as praias da infância, os parques urbanos e os sítios da classe média. O ISA defendia os índios e a Amazônia distante. Convenhamos que é mais fácil defender o verde do que defender índios num país impregnado de ranço colonial racista.

Em 1993, a SOS lançara com sucesso o cartão de crédito Bradesco SOS Mata Atlântica, cuja face vistosa era a bandeira nacional com o verde corroído. Um percentual da receita era destinado aos projetos de conservação da entidade. A operação montada pelo sociólogo Enrique Svirsky Sompolinsky, brasileiro nascido no Uruguai e sócio fundador do ISA, aumentou a popularidade da organização. Entre 1993 e 2003, a base de usuários do cartão pulou de 2 mil para 96 mil pessoas. Em 2010, a maioria dos 100 mil membros da SOS Mata Atlântica provinha da parceria que garantia parte do orçamento da instituição.

Pedimos autorização à Assembleia do ISA para abrir uma conversa com a SOS Mata Atlântica. Não pensávamos em "fusão", mas em algum tipo de pacto para ampliar a capacidade de intervenção, uma parceria capaz de mobilizar a sociedade para os temas ecológicos e socioambientais. O Capô sugeria o modelo das companhias áreas Star Alliance, que cooperavam entre si sem perder a identidade. Uma relação orgânica entre as instituições poderia alavancar o terceiro setor.

Fui conversar com o Rodrigo Mesquita, fundador da SOS e herdeiro da família proprietária do jornal *O Estado de S. Paulo*. Ele havia se afastado da organização antes da Eco-92 e estava cético quanto ao futuro. Não se entusiasmou.

Capô, Enrique e eu fomos então encontrar com o Roberto Klabin, presidente da SOS e herdeiro da tradicional empresa de papel e celulose. Dissemos a ele que as nossas duas organizações poderiam se fortalecer juntas: "Vocês têm a melhor campanha, nós temos a melhor instituição". Não colou. O Roberto argumentou que estávamos chegando tarde. Ele havia acabado de assinar um convênio com a Conservation International justamente para reestruturar a SOS. Tivemos que tocar o barco sozinhos.

Na prática, os quadros do ISA se integraram a novos programas de acordo com as competências acumuladas. A equipe do Programa Povos Indígenas no Brasil do Cedi — Alicia, Sérgio Mauro, Fany, Edmar Moretti — convergiu para o Programa de Monitoramento de Áreas Protegidas. Eu e o Geraldo Andrello fomos para o Programa Rio Negro. A Leila Monteiro da Silva e a Ângela Galvão assumiram o trabalho de documentação. O pessoal do NDI desenvolveu, em Brasília, o Programa de Política e Direito Socioambiental. O André Villas-Bôas, que, com a Marina Khan, era o único com experiência no Xingu, virou coordenador do Programa Xingu. O Capô aproveitou a familiaridade com a Mata Atlântica para impulsionar o Programa Vale do Ribeira. O Nilto, administrador do Cedi, assumiu a gestão do ISA.

Uma das primeiras decisões foi investir na vitrine do indigenismo brasileiro, o PIX, visitado frequentemente por reis, nobres, presidentes, primeiros-ministros e celebridades estrangeiras interessadas nos povos indígenas. Criado em 1961 pelo presidente Jânio Quadros, coroando o esforço histórico dos irmãos Villas-Bôas, de Darcy Ribeiro e do marechal Rondon, o PIX inspirou o primeiro projeto estruturante do ISA.

Ainda no Cedi, o Programa Povos Indígenas no Brasil investira no desenvolvimento de um laboratório de geoprocessamento e cartografia com informações de sensoriamento remoto via satélite. Com o apoio da Rainforest Foundation e do Ministério das Relações Exteriores da Noruega, além de doações de empresas de hardware e software, como a Sun e a Esri, adquirimos estações de trabalho turbinadas com o sistema ArcInfo, capaz de sincronizar as informações cartográficas das terras indígenas com as notícias acumuladas no nosso banco de dados. Fomos pioneiros em cartografia temática entre as ONGS.

O projeto Fronteiras do Parque Indígena do Xingu já havia desenvolvido tecnologia de geoprocessamento aplicada à proteção dos territórios focando etnias, terras indígenas e unidades de conservação. Ao migrar do Cedi para o ISA, ampliamos o monitoramento dos vetores de ocupação na fronteira oeste do Parque do Xingu para todo o entorno do PIX. Abriu-se, assim, uma vertente que cresceria e se multiplicaria pelos demais programas do ISA, consolidando competência em geoprocessamento cartográfico. Criamos um extenso Sistema Geográfico de Informações e Sensoriamento Remoto.

Por decisão dos indígenas do Xingu, o PIX mudou de nome, em 2016, para Território Indígena do Xingu. Atualmente, abriga cerca de 5500 índios de dezesseis etnias vivendo em harmonia numa área de 26 400 quilômetros quadrados no norte do Mato Grosso. Porém, nos anos 1970 e 1980, a escalada de desmatamento cingira as nascentes da bacia do rio Xingu — erroneamente excluídas do perímetro do parque em 1961 — com um "abraço de morte". Em 1994, a reserva já estava cercada por madeireiros, trezentas serrarias, caçadores ilegais, pescadores profissionais, estradas vicinais, fazendas e cidades em expansão, como Marcelândia, Cláudia, Vera e Santa Clara.

Graças ao apoio da Rainforest Foundation, o Programa Xingu implantou o Projeto Educacional do PIX, proposto originalmente pela Associação Vida e Ambiente (AVA), sucessora da Fundação Mata Virgem, parceira da Rainforest Foundation International. Mobilizamos linguistas e antropólogos da UFRJ, da Unicamp e da UnB — como Bruna Franchetto, Lucy Seki e Vanessa Lea — para capacitar jovens índios com experiência de escrita e matemática, lançando cursos de formação de professores indígenas em 27 aldeias.

Introduzir a escrita em dezesseis línguas desprovidas de alfabeto deu trabalho. Criamos material didático de português, matemática, línguas indígenas, ciências e estudos sociais, envolvendo os monitores de saúde e os técnicos da Escola Paulista de Medicina que prestavam assistência médica ao PIX, formando uma vanguarda indígena.

O ISA também apoiou a fundação da Atix, iniciativa dos índios do médio e baixo Xingu, visando a proteção territorial e ambiental do parque, promovendo ações de saúde, educação e criação de alternativas econômicas. Mais tarde, em 1996, assumimos a incorporação da AVA ao Programa Xingu, incrementando os projetos de sustentabilidade econômica, comercialização de excedentes e formação de professores indígenas. Posteriormente, expandimos a atuação para as unidades de conservação e os territórios indígenas da chamada Terra do Meio, no Pará, ao norte do PIX.

Enquanto o ISA lutava para se consolidar, em Brasília uma comissão especial da Câmara dos Deputados aprovara um projeto de lei para substituir o Estatuto do Índio, incorporando contribuições elaboradas anteriormente pelo NDI. A nova lei eliminava o estatuto jurídico da "tutela", definindo direitos e bens coletivos para sociedades diferenciadas detentoras de direitos especiais. Após muitos debates, consolidara-se uma versão consensual.

Contudo, em 1995, o ministro da Justiça, Nelson Jobim, travou a tramitação da lei no Congresso, juntamente com todos os processos de demarcação de terras, até a promulgação do decreto nº 1775, que abria um prazo para contestação de todas as terras indígenas não registradas — o chamado "contraditório". O retrocesso era uma ameaça surpreendente do governo Fernando Henrique Cardoso quanto ao movimento indígena. Não por acaso, nossas relações se estressaram.

Em agosto fomos chamados ao Palácio da Alvorada. O presidente e o ministro Jobim queriam discutir o decreto nº 1775. Fizemos chegar às mãos de dona Ruth Cardoso, antecipadamente, um dossiê crítico sobre a atuação do ministro Jobim, acompanhado por um estudo cartográfico sobre os impactos da aplicação retroativa do princípio do contraditório sobre as terras indígenas.

O presidente nos instalou numa mesa ampla do Alvorada, onde nos sentamos, Betty Mindlin, Eunice Durham, Alcida Ramos, Carlos Marés, eu — de cara amarrada —, José Gregori, o ministro Jobim, Márcio Santilli, Manuela Carneiro da Cunha e João Pacheco. Aberta a discussão, o Marés despejou uma crítica arrasadora ao 1775. Eu fui atrás e endossei. FHC ouviu, avaliou os prós e os contras, e no fim declarou: "Apesar das críticas de vocês, acho a proposta democrática. Vou aprová-la".

Minutos mais tarde, voltou-se para mim e disse: "Os seus índios não abalam a República, Beto". Saí de lá furioso.

Apesar das divergências, ele acolheu sugestões para atenuar os termos da minuta do decreto nº 1775 e concordou em assinar dezessete decretos de homologação de terras indígenas que estavam na gaveta desde o governo anterior, do presidente Itamar Franco. Dessa reunião também surgiu um convite para o Santilli assumir a presidência da Funai — um vespeiro de problemas —, que ele chefiou de setembro de 1995 a março de 1996.

Meses após a reunião de Brasília, eu e o Marés assinamos um artigo duro no boletim *Parabólicas*, do ISA ("FHC reacende estopim anti-indígena"), denunciando a ameaça de redução das terras indígenas e o neoliberalismo do governo tucano.

Na verdade, estávamos errados. Exageramos. O decreto nº 1775 não reduziu nenhuma terra indígena e acabou dando consistência às demarcações posteriores. O Estado falhou ao não demarcar os territórios indígenas dentro do prazo de cinco anos após a promulgação da Constituição. Mas o presidente tinha razão quanto à tramitação do processo legal.

O direito ao contraditório deu legitimidade às demarcações. As pessoas afetadas por uma ação do Estado devem ter o direito de recorrer. Essa é a postura constitucional correta, que remete, por exemplo, ao caso dos presos políticos, tão caro à esquerda. A nossa visão era antidemocrática. Não houve retrocesso histórico.

Fernando Henrique ganhou motivos mais graves de preocupação quando saiu o índice de desmatamento de 1995. Nada menos do que 29 059 quilômetros quadrados devastados! Um recorde histórico jamais igualado, efeito colateral da expansão gerada pela estabilidade do Plano Real. Um ano traumático para a Amazônia.

O governo reagiu alterando o Código Florestal Brasileiro por meio de uma medida forte: estabeleceu a preservação obrigatória, como reserva legal, de 80% da área dos imóveis rurais na Amazônia, limitando seu uso a apenas 20%. Um pouco mais tarde, a administração FHC também apoiou a criação do Sistema Nacional de Unidades de Conservação da Natureza (Snuc), apresentada pelo deputado Fabio Feldmann no Congresso, que instituía a rede nacional de unidades de "proteção integral" e de "uso sustentável". Entre as primeiras figuram as estações ecológicas, as reservas biológicas, os parques nacionais e os monumentos naturais, e entre as sustentáveis, as florestas nacionais, as reservas extrativistas e as reservas particulares de patrimônio natural (RPPN). As unidades de conservação só podem ser anuladas por meio de lei.

Apesar das restrições ao desmatamento, o cerco ao Parque do Xingu apertou, ao mesmo tempo que o crescimento da população indígena começou a exercer uma pressão maior sobre os recursos naturais. O ISA passou a se empenhar na busca de alternativas sustentáveis para a economia florestal.

No fim da década, a situação piorou. Os nossos mapas georreferenciados mostravam que o Xingu estava sendo sufocado, já com comprometimento da oferta de água. Em 2002, começamos a discutir uma campanha ampla de divulgação e de defesa do PIX junto à população regional, não só entre índios, mas envolvendo ribeirinhos, colonos e fazendeiros. Tiramos o Márcio Santilli do Programa de Política e Direito Socioambiental do ISA para que ele coordenasse a articulação, e o enviamos para Canarana, no Mato Grosso, onde o ISA mantinha uma casa para acolher as equipes que iam trabalhar no Xingu.

Em outubro de 2004, promovemos, na cidade, o Encontro Nascentes do Xingu, que reuniu 340 indígenas, fazendeiros, colonos, ribeirinhos, prefeituras e organizações de vinte municípios empenhados na recuperação das matas ciliares do Xingu num amplo arco de alianças. Lançamos a campanha Y Ikatu Xingu (Água Boa do Xingu), prestigiada pela supermodelo Gisele Bündchen, que emprestou sua imagem para a divulgação. A dupla sertaneja Renato e Eduardo compôs uma música-tema para a campanha.

Em 2006, inauguramos uma subsede do ISA em Canarana. A Rede de Sementes do Xingu, criada em 2007, reuniu centenas de coletores de sementes nativas empenhados na recuperação das matas nas nascentes do rio. Atualmente, a Rede mobiliza 560 coletores (60% mulheres) que atuam em 26 aldeias de três terras indígenas, 21 municípios e dezesseis assentamentos de agricultura familiar e reforma agrária. Criamos uma alternativa de renda regional. A expansão do Programa Xingu induziu, em 2008, a abertura de uma segunda sede regional do ISA, em Altamira.

Em 2014, a Rede virou a Associação Rede de Sementes do Xingu, organização independente, sem fins lucrativos, focada na comercialização de sementes. Em quinze anos de atuação foram coletadas 292 toneladas de sementes e plantados 25 milhões de árvores por semeadura direta, recuperando 7400 hectares com plantios e parcerias, que geraram 5,5 milhões de reais para os coletores.

Sob a coordenação do engenheiro agrônomo Rodrigo Junqueira, um dos idealizadores da Rede, o Programa Xingu ampliou o reflorestamento para as bacias do Araguaia e do Teles Pires, lançou a campanha Fazedores de Floresta e levou o programa da rede para os quilombolas do Vale do Ribeira, em São Paulo. Em 2020, a Rede de Sementes ganhou o prêmio Ashden para soluções climáticas, do Reino Unido, e, em 2022, o prêmio Equatorial do Programa das Nações Unidas para o Desenvolvimento.

Em 2021, as iniciativas de restauração florestal levaram à articulação do movimento Redário de Sementes, que trabalha para unir a demanda e a oferta de sementes nativas de dezoito redes de sementes de sete estados (Pará, Mato Grosso, Goiás, Minas Gerais, São Paulo, Bahia e Espírito Santo) mais o Distrito Federal, mobilizando indígenas e agricultores familiares. Há quinze anos a Rede de Sementes impulsiona a recomposição de biomas na Amazônia, na Mata Atlântica e no Cerrado. A trilha indígena para a restauração florestal abriu uma avenida para o futuro do Brasil.

Saga de gigantes

O reconhecimento dos direitos dos Panará foi um caso especial para o ISA.

Transferidos compulsoriamente para o Parque do Xingu em 1975, os temidos "índios gigantes" conhecidos como Kreen-Akarore mudaram de aldeia sete vezes, inadaptados à nova geografia e à realidade do parque. Um dia, em 1991, quando o André Villas-Bôas descansava na rede numa noite estrelada no Xingu, os Panará o interpelaram: "Disseram que os brancos comeram a nossa terra, queremos ver".

Com o apoio do Steve Schwartzman, que estudara os Panará para sua tese de doutorado e falava a língua, seis indígenas foram de ônibus do Xingu até Matupá. Na viagem, viram como os garimpos e as fazendas haviam destruído a mata e os rios. Em Matupá, o grupo alugou um avião, sobrevoou as terras e constatou que ainda havia um trecho de território original, na cabeceira do rio Iriri, coberto de mata e com rios conservados.

O ISA fez um levantamento cartográfico por satélite da área mostrando em detalhes o que havia sido "comido" pelos brancos e o que ainda existia. Surgiu então a ideia épica de reivindicar uma indenização e retornar à região original. Em 1994, os Panará impetraram duas ações contra a União, representados pelos advogados do NDI. Reivindicaram a reintegração de posse da parte preservada do território tradicional e uma indenização pelos efeitos da virulência do contato em 1975.

Com a ajuda da antropóloga Ana Gita de Oliveira, da UnB, o NDI venceu a ação provando a tradicionalidade da ocupação panará no rio Iriri. Já a ação indenizatória pedia dois tipos de reparação: o NDI ganhou a primeira e fez um acordo com o governo, negociado com o ministro Gilmar Mendes, da Advocacia-Geral da União, pelo qual os Panará abriam mão da segunda, após a sentença em primeira instância garantir o pagamento da indenização conquistada.

Pela primeira vez no Brasil o Estado foi condenado a pagar indenização aos índios, criando uma jurisprudência inédita. O ISA cuidou das ações até a vitória e ajudou na mudança para o Iriri, com o apoio da Funai.

Em São Paulo comemoramos lançando o livro *A volta dos índios gigantes*, com textos de Lúcio Flávio Pito, Raimundo Pinto e Ricardo Arnt, e fotos de Pedro Martinelli. Produzimos um filme documentário do cineasta Aurélio Michiles e montamos uma exposição sobre a saga panará no Museu de Arte de São Paulo, com a presença de Orlando Villas-Bôas. Os índios impactaram a audiência ensaiando golpes de borduna.

Em 1996, a Terra Indígena Panará foi estabelecida, com 4900 quilômetros quadrados em Guarantã do Norte (MT) e Altamira (PA). Em março de 1997, os índios se mudaram para a nova aldeia de Nacypotire, no Iriri, em duas viagens. Na primeira, metade da aldeia montou uma estrutura mínima de casas e roças para receber o resto da população, chegada na segunda leva.

Convidei o Pedro Martinelli, ex-editor de fotografia da *Veja* e ex-diretor do Estúdio Abril, outro ás da fotografia, para documentar o retorno dos Panará ao seu território. Entre 1970 e 1973, quando tinha vinte anos, Pedro participara da frente de atração dos gigantes Kreen-Akarore liderada pelos irmãos Villas-Bôas, uma aventura jornalística e tanto. Quando o localizei, perguntei se topava voltar à região para documentar o retorno dos índios. Respondeu de bate-pronto: "É tudo o que eu quero". Sugeri levar as fotos tiradas na frente de atração e fotografar os mesmos índios décadas depois exibindo as fotos antigas. Deu supercerto.

Pé no chão

O Cedi fazia campanhas políticas, produzia informações e montava estratégias. Não imaginávamos que um dia seríamos convocados a atuar como topógrafos, realizando a demarcação física de terras indígenas no chão da floresta.

Em outubro de 1991, preparamos o lançamento de uma campanha pela demarcação da Terra Indígena Ipixuna, dos Araweté do Pará, povo tupi-guarani formado por duzentas pessoas de pele branca, olhos claros e roupas vermelhas tingidas de urucum, que Eduardo Viveiros de Castro estudara em sua tese de doutorado.

Fomos à casa do ainda senador Fernando Henrique Cardoso, em Higienópolis, São Paulo, visitar a professora Ruth Cardoso e pedir seu apoio. Dona Ruth sempre argumentava a nosso favor. Outro passo importante foi conseguir o apoio do bispo de Altamira, dom Erwin Kräutler.

A Funai vinha padecendo de cortes orçamentários e de atraso nos repasses de recursos para a demarcação de terras; o governo Collor distribuíra várias das suas funções a outros ministérios. Mas a escolha do sertanista Sydney Possuelo para a presidência do órgão permitiu uma nova política de cooperação com as entidades de apoio aos índios.

Em 1991, Possuelo estabeleceu uma parceria Funai-ONGS assinando convênio com o NDI para assessorar a demarcação da Área Indígena Kampa do rio Amônia, no Acre. No mesmo ano, autorizou a Fundação Mata Virgem a coordenar a demarcação física da Área Indígena Mekrãgnoti, dos Kayapó, no Pará, com 49 mil quilômetros quadrados, usando recursos da Rainforest Foundation International reunidos pelo cantor e compositor Sting.

Enquanto isso, montamos uma equipe, incorporando o cineasta Murilo Santos e o artista plástico Rubens Matuck, para fazer uma primeira viagem de documentação à aldeia dos Araweté durante a estação seca no Pará.

Realizamos uma minuciosa pesquisa georreferenciada com imagens de satélite e detectamos uma invasão madeireira na terra indígena. Denunciamos a exploração ilegal do mogno e, no Dia do Índio, Leão Serva fez uma matéria de capa na *Folha de S.Paulo*.

Em maio, o Ministério da Justiça publicou decreto no *Diário Oficial* declarando a posse permanente dos Araweté sobre uma área de 9850 quilômetros quadrados. Celebramos a vitória em outubro de 1992 com uma exposição multimeios sobre o povo indígena no Centro Cultural São Paulo, prestigiada por 15 mil pessoas.

Em julho a Funai também assinou convênios com o Centro Maguita, do alto Solimões, para a demarcação física de seis áreas tikuna (AM), e com a UNI-Acre para a demarcação da Área Indígena Kulina (AM).

Em 1994, o novo presidente do órgão, Claudio Romero, assinou convênio com o Cedi para a demarcação física da área araweté. Seu sucessor, Dinarte Nobre de Madeiro, assinou convênio com o CTI para a delimitação física da Área Indígena Waiãpi, no Amapá.

Historicamente, a demarcação física das áreas indígenas, determinada pelo Ministério da Justiça, era de responsabilidade da União, realizada mediante a instalação de marcos e fixação de limites nos territórios. Os trabalhos de campo eram executados por técnicos da Funai, pelo Exército, por contrato de prestação de serviços, ainda, ou por empresas especializadas.

A decisão mudou as relações Estado-ONGs conferindo-lhes um atestado de idoneidade e constatando, indiretamente, o estado falimentar da Funai. Por outro lado, delegou às ONGs a tarefa de buscar recursos financeiros para financiar o trabalho. Abriu, assim, a possibilidade de envolver os índios nas tarefas demarcatórias, permitindo melhor reconhecimento e controle dos territórios.

A demarcação física da Terra Indígena Araweté foi feita com o apoio da agência austríaca IIZ e da empresa paulista Geovector Engenharia Geomática. Consumiu dois anos de trabalho árduo, em 1994 e 1995. Aprendemos muito com a experiência no chão da floresta, que seria replicada mais tarde em outras regiões.

Coitada, precisa comer mais

"Muito simpática, mas magrinha, coitada, precisa comer mais" — foi a impressão dos Kisêdjê, do Xingu, sobre Gisele Bündchen quando ela chegou à aldeia Ngojhwêrê, no PIX.

Em agosto de 2006, a empresa gaúcha de calçados Grendene contratou a produtora carioca Conspiração Filmes para gravar um comercial da sandália Ipanema GB, baseada em estampas de grafismos indígenas Kisêdjê (antes conhecidos como Suyá), motivada pela campanha Y Ikatu Xingu, do ISA, de recuperação das nascentes do Xingu. A Grendene negociou os diretos autorais e dividiu a remuneração entre os índios e o ISA.

A visita causou sensação em Canarana. Cerca de oitenta técnicos, assistentes, fotógrafos e eletricistas se instalaram na aldeia Ngojhwêrê durante duas semanas, com máquinas, geradores, equipamentos, um caminhão-pipa e uma enorme grua. Uma sósia contratada da modelo causou alvoroço ao chegar na rodoviária. O prefeito de Querência, Fernando Gorgen, e a esposa fizeram questão de visitar o set de filmagem.

No parque, foi montada uma barraca para abrigar a equipe junto à sede da Associação Indígena Kisêdjê. A cozinha foi instalada na escola comunitária. Gisele ganhou quarto, banheiro, cama e camarim exclusivos.

Durante duas semanas a equipe testou atores indígenas e maquiagens, estudou locações e ensaiou coreografias. Só quando os ensaios acabaram as celebridades apareceram: o diretor do filme, o cineasta Andrucha Waddington, e a supermodelo. Ambos ficaram dois dias na aldeia.

Gisele encantou a todos com sua simpatia. A gaúcha de Horizontina, uma das modelos mais bem pagas do mundo, é ativa na defesa de causas sociais e ambientais, contribuindo regularmente para organizações como Save the Children, Cruz Vermelha e Médicos Sem Fronteiras. Também é embaixadora do Pnuma.

Antes da viagem ao Xingu, em São Paulo, percebi nela um temperamento forte. Mostrei um mapa do PIX cercado por desmatamento e fazendas, e ela perguntou: "Mas quem está fazendo isso?". Respondi em tom de provocação: "Seus parentes, os migrantes gaúchos". "Meus parentes? Qual é? Não tenho nada com isso!" — retrucou, brava. "Não mexemos com terra, minha mãe é bancária e meu pai, professor."

Também houve incidentes, menores. A Grendene negociou um contrato de direitos autorais pelos grafismos e pela figuração indígena no filme. No roteiro aprovado, Gisele enfeitava-se como índia numa maloca, buscava um espelho e acabava usando uma cuia com água de chuva para ver seu reflexo. Para tanto, os índios encenavam uma dança da chuva, produzida pela grua e pelo caminhão-pipa. Porém dança pressupõe música, e os direitos autorais não a haviam contemplado. A Grendene concordou em pagar um adicional e resolveu a pendência.

Levei da minha casa um cocar de penas de arara-azul para Gisele usar. Ela adorou, mas os índios implicaram porque usam penas de periquito-verde. A modelo insistiu e pediu para o ISA intermediar: "Combina com os meus olhos". Contudo, o presidente da Associação Terra Indígena do Xingu foi irredutível na defesa da tradição. Ela acabou usando o verde.

O filme ficou lindo e turbinou a venda das sandálias. Meses após o lançamento do produto, Fernando Matias, ex-advogado do ISA, viu casualmente em Oslo o lançamento da campanha na Noruega e nos telefonou. O contrato só remunerava direitos autorais indígenas no Brasil, não levando em conta a venda do calçado no exterior. Acionada de novo, a Grendene topou pagar mais um adicional.

Os Yudjá (antigos Juruna) também reclamaram para si direitos autorais sobre um dos grafismos usados, em forma de espiral. Os Kawaiweté (antigos Kayabi) reivindicaram direitos sobre o cocar de contas vermelhas de urucum. Porém, os Kidsêdjê provaram o uso tradicional dos recursos, e que tinham autonomia para negociar os direitos. Os índios não dão mole a ninguém quando reivindicam vantagens econômicas.

11. Faroeste em Roraima (1996 a 2005)

> O Pico do Itabirito
> será moído e exportado
> mas ficará no infinito
> seu fantasma desolado.
> Tudo exportar bem depressa,
> suando as rotas camisas.
> Ficam buracos? Ora essa,
> o que vale são divisas
> que tapem outros "buracos"
> do Tesouro Nacional,
> deixando em redor os cacos
> de um país colonial.
> CARLOS DRUMMOND DE ANDRADE,
> "O Pico do Itabirito"

RORAIMA É UMA ARENA PERMANENTE de luta para os indígenas, que constituem 15,3% da população do estado — o maior percentual populacional ente os estados brasileiros. Há décadas os fluxos migratórios vindos de Manaus, Belém, Fortaleza e São Luís constrangem a população originária e acirram os conflitos por terras. Em 1980 o território possuía 79 mil habitantes; em 1990 passou a 217 mil; em 2023, segundo o Instituto Brasileiro de Geografia e Estatística (IBGE), eram 636 mil pessoas.

Depois da demarcação da Terra Indígena Yanomami, o reconhecimento da Terra Indígena Raposa Serra do Sol, em 1996, abriu um novo capítulo de disputa no estado, dessa vez pelos campos do lavrado habitados pelos Wapixana, Macuxi, Taurepang, Ingarikó e Patamona, criadores de gado. Em 1996, os rebanhos indígenas eram maiores do que os rebanhos de não índios.

Ao assinar o decreto nº 1775 em 1996, introduzindo o princípio do contraditório no processo de reconhecimento das terras indígenas, o ministro da Justiça, Nelson Jobim, permitiu a contestação de 46 apelações contra a Raposa Serra do Sol. Contudo, por meio do despacho nº 80, rejeitou todos os pedidos apresentados, ao mesmo tempo que propôs uma redução de 3 mil quilômetros quadrados da área definida pela Funai em 1993.

Foram excluídos da área centros populacionais consolidados, como o município de Uiramutã, as faixas de domínio de estradas, os vilarejos que serviam de base para os garimpos e algumas fazendas tituladas pelo Incra. Embora a terra indígena fosse reconhecida em área contínua, como reivindicado pelos povos, a redução afetou 15 mil índios de 152 aldeias.

Na sequência, em 1997, o Exército escolheu Uiramutã para a instalação de um destacamento de fronteira. No ano seguinte, o governador Neudo Campos rejeitou a demarcação contínua argumentando que o total das terras indígenas (46% da área do estado), somado ao das unidades de conservação (27% da área), inviabilizaria a economia regional.

Porém, em dezembro de 1998 o então ministro da Justiça, Renan Calheiros, reconheceu a posse permanente dos índios sobre a terra contínua. Imediatamente o governador Campos voltou à carga, sustentando que lideranças indígenas rejeitavam a proposta, sugerindo a "demarcação conciliatória" de nove ilhas numa área de 7 mil quilômetros quadrados. A polarização crescente acirraria a controvérsia entre a Justiça Federal, mais favorável aos índios, e a Justiça Estadual, desfavorável.

A maioria das lideranças indígenas apoiava a proposta de demarcação contínua, representadas pelo Conselho Indígena de Roraima (CIR), com o suporte do bispo católico dom Aparecido José Dias (ex-presidente do Cimi). O CIR contava com a maior base de respaldo indígena no estado.

O governo estadual dispunha da aprovação de associações indígenas evangélicas, como a Sociedade de Defesa dos Índios Unidos de Roraima (Sodiurr) e a Aliança de Integração e Desenvolvimento das Comunidades

Indígenas de Roraima (Alidcirr). A Associação Regional Indígena dos Rios Kinô, Cotingo e Monte Roraima (Arikom) também apoiava a demarcação em ilhas; a Associação dos Povos Indígenas do Estado de Roraima (Apirr) contestava a influência do CIR, e a Associação Taurepang, Wapixana e Macuxi estava mais focada em projetos econômicos.

O governador Campos ameaçou fechar 138 escolas indígenas na área se houvesse homologação contínua. As lideranças da oposição evangélica foram a Brasília protestar contra a demarcação na Funai, presidida então pelo advogado Carlos Marés, fundador e membro licenciado do ISA. Na sequência, o CIR também mandou delegação a Brasília pedindo o contrário: demarcação contínua e retirada de invasores não índios.

Em 2002, o STJ derrubou o mandado de segurança impetrado pelo governo de Roraima contra a homologação; e, em 2003, o presidente da República, Luiz Inácio Lula da Silva, comprometeu-se com a homologação contínua.

A decisão favorável só recrudesceu a guerra jurídica. Em 2004, o juiz da 1ª Vara Federal de Roraima suspendeu os efeitos da demarcação contínua. A desembargadora do Tribunal Regional Federal (TRF) da 1ª Região confirmou a liminar e ainda excluiu da terra indígena as áreas urbanas, rodovias e propriedades de arrozeiros. Uma manifestação de 15 mil pessoas em Boa Vista celebrou as decisões contra a homologação da Terra Indígena.

Em dezembro de 2004, em Brasília, o STF reagiu suspendendo as liminares contra a homologação. Na aldeia yanomami de Maturuca, a XXXIV Assembleia Geral dos Povos Indígenas de Roraima celebrou a decisão da Justiça Federal, em fevereiro de 2005, reunindo mil índios e 186 tuxauas.

Em 2005, o presidente Lula assinou o decreto de homologação de 17 430 quilômetros quadrados de terras contínuas da Terra Indígena Raposa Serra do Sol, excluindo da reserva o município de Uiramutã, o 6º Pelotão Especial de Fronteira do Exército, escolas, linhas de eletricidade e o leito das estradas estaduais e federais. O governo também deu o prazo de um ano para a retirada, sob indenização, dos não indígenas pecuaristas e rizicultores.

Contudo, em 2008, o STF decidiu suspender a retirada dos não indígenas. Cerca de 11 milhões de reais já haviam sido pagos como indenização aos ocupantes de trezentas fazendas, sítios e bases de garimpo. Mas meia dúzia de plantadores de arroz no sul da reserva se recusaram a sair. O governo estadual defendeu-os, reiterando que 73% do território seria inviabilizado economicamente. O ministro da Justiça, Nelson Jobim, e os militares também pressionavam contra a demarcação de mais uma grande reserva indígena na faixa de fronteira de Roraima, além da terra yanomami.

A suspensão da operação de retirada polarizou a disputa. Em Brasília, a advogada wapixana Joenia Batista de Carvalho — formada em 1997 pela Universidade Federal de Roraima (UFRR), então cursando o mestrado na Universidade do Arizona — destacou-se na defesa da demarcação no STF. Foi a primeira advogada indígena atuante na história do tribunal. Em 2018 seria eleita a primeira deputada federal indígena do Brasil, por Roraima.

Em dezembro de 2008, o STF novamente reiterou a homologação da Raposa Serra do Sol, alinhando-se "à era constitucional compensatória de desvantagens historicamente acumuladas", segundo o ministro relator Carlos Ayres Britto. Porém, numa virada surpreendente, estabeleceu dezenove condições ("salvaguardas") que restringiram, nacionalmente, os direitos originários sobre terras indígenas.

A decisão estabeleceu a Constituição de 1988 como "marco temporal" para as demarcações, exigindo a demonstração da ocupação indígena efetiva das terras pretendidas naquela data — ressalvando-se o direito de comunidades expulsas anteriormente por terceiros. Também foi proibida a ampliação ulterior de terras indígenas demarcadas de acordo com os princípios constitucionais.

O STF determinou ainda a isenção de cobrança de tarifas pelo ingresso, trânsito e permanência de não índios em estradas, linhas de energia e equipamentos públicos em áreas indígenas. Também autorizou as Forças Armadas a intervir em terra indígena sem consulta à Funai, inclusive para a realização de obras consideradas estratégicas, excluindo o princípio de consulta prévia preconizado pela Convenção nº 169 da Organização Internacional do Trabalho (OIT).

A controvérsia sobre o Marco Temporal e as áreas indígenas na faixa de fronteira continua a polarizar militares e indigenistas até hoje.

Uma prova disso foi a viagem do presidente Lula, em 2010, após cinco anos da homologação da reserva e trinta de luta indígena, para comemorar o reconhecimento da Raposa Serra do Sol. Ao sair do hotel, em Boa Vista, recebeu uma chuva de arroz, mas não era uma saudação carinhosa. Era uma vaia de protesto dos rizicultores.

Sob a graça de Omama

Em 2004 foi fundada a Hutukara Associação Indígena Yanomami, por 64 lideranças e representantes de onze regiões yanomami, em assembleia na aldeia Watoriki, no Posto Demini, em Roraima. Um passo decisivo para garantir os direitos indígenas no "faroeste" de Roraima.

Entre os convidados estavam o CIR — a organização campeã da luta pela Terra Indígena Raposa Serra do Sol —, a Coordenação das Organizações Indígenas da Amazônia Brasileira (Coiab), a CCPY, a Superintendência da Fundação Nacional de Saúde de Roraima, o ISA e a Rainforest Foundation da Noruega.

O objetivo da Hutukara é apoiar a sobrevivência dos Yanomami e defender os seus direitos, terras e modo de vida das ameaças de invasores, garimpeiros e colonos. Hutukara é o nome do céu original que o demiurgo Omama fez cair na terra dando origem à vida humana, aos rios e à floresta.

Durante três dias, a assembleia discutiu propostas de fortalecimento da entidade, ações de assistência de saúde contra malária e verminoses, a implantação do Distrito Sanitário e o estabelecimento de estações de radiofonia nas aldeias. A sede da associação foi assentada em Boa Vista graças a uma doação pessoal de Claudia Andujar. Davi Kopenawa, da comunidade Demini, foi eleito presidente, e Geraldo Kuesithëri, da comunidade Toototobi, assumiu a vice-presidência.

Segundo Kopenawa, a homologação da Terra Indígena Yanomami "segurou a queda do céu e garantiu o futuro das crianças". Na trilha aberta por outras associações indígenas, a Hutukara credenciou-se para desenvolver ações conjuntas com o governo, a Funai e parceiros privados.

Para um povo com 29 mil indivíduos, falantes de seis línguas diferentes, dispersos por 380 comunidades em território montanhoso, ermo, sem estradas, numa área maior do que a de Portugal, articular ações comuns contra as pressões da sociedade ao seu redor não é tarefa fácil.

Contudo, a mobilização indígena avançou. A primeira organização yanomami, a Associação Yanomami do Rio Cauaburis e Afluentes (Ayrca), foi fundada no estado do Amazonas, em 1998, antes da Hutukara. Em 2005, a Ayrca associou-se à Federação das Organizações Indígenas do Rio Negro (Foirn). Atualmente, os Yanomami do Amazonas mantêm um escritório na comunidade de Maturacá, fomentam programas de artesanato e desenvolvem um plano de ecoturismo e visitação ao pico da Neblina, a mais alta montanha do Brasil.

Depois de 2012, quando a Funai passou a exigir a elaboração de Planos de Gestão Territorial e Ambiental (PGTA) em todos os territórios indígenas, outras cinco organizações se estruturaram na Terra Indígena Yanomami: a Associação Yanomami Kurikama, a Associação das Mulheres Yanomami Kumirayoma, a Associação Wanasseduume Ye'kwana, a Associação Hwenama dos Povos Yanomami de Roraima e a Texoli Associação Ninam do Estado de Roraima. Outras com certeza virão.

12. Colar de aldeias (1998)

> Na Amazônia Central, o registro arqueológico do primeiro e do segundo milênios da Era Comum parece indicar um contraste interessante entre ocupações de sociedades frias, em que a estabilidade e a mudança muito lenta parecem ter sido a regra, e sociedades quentes, caracterizadas aparentemente por um impulso à mudança, agudo como uma flecha atirada rumo ao futuro.
>
> EDUARDO NEVES, *Sob os tempos do equinócio*

A BACIA DO RIO NEGRO é uma das regiões mais preservadas da Amazônia, com baixíssimo índice de desmatamento. Ocupada há mais de 3 mil anos, abriga 45 povos indígenas, ribeirinhos, quilombolas e populações urbanas, em uma rica diversidade sociocultural. São Gabriel da Cachoeira é o terceiro maior município em extensão do país e o maior em população indígena. São 52 mil habitantes, sendo 92% indígenas. É a única cidade do país com quatro línguas oficiais, conforme a lei municipal nº 145, de 2002: português, nheengatu, tukano e baniwa.

Tudo é singular, e a ecologia, caprichosa. Há 120 tipos de paisagens, as montanhas mais altas do país e dois vastos arquipélagos fluviais, Mariuá e Anavilhanas. As fronteiras nacionais desenham a figura de uma Cabeça do Cachorro no extremo noroeste, mas também há uma Cabeça da Anta superposta pela configuração sociocultural da bacia do rio Negro sobre territórios brasileiros, venezuelanos e colombianos.

As águas pretas, ácidas e pobres em nutrientes do rio Negro drenam solos pouco produtivos, arenosos e lixiviados pelo maior índice pluviométrico da Amazônia. Cerca de 550 espécies de peixes se alimentam da matéria orgânica caída no rio. Há poucas espécies de grande porte, como o pirarucu e o aruanã, e as espécies menores ocorrem em número limitado, prejudicando a produtividade. A pesca é parca. No passado, esses rios com poucos peixes eram chamados de "rios da fome".

Ainda assim, a vida corre por eles. São eles que movimentam as pessoas, as mercadorias, os recursos e sustentam os povoados que pontuam as margens como contas em um colar. A influência religiosa evangélica e católica é intensa. No interior entre rios, vastas extensões desabitadas conservam reservas de recursos naturais. Praticamente não há estradas.

São Gabriel também desafia a antropologia com um perturbador recorde nacional de suicídios, dez vezes maior do que a média brasileira, segundo um levantamento de 2014. Até hoje não há uma interpretação pertinente para isso.

Apesar das adversidades, as evidências arqueológicas comprovam milênios de ocupação humana, marcada por petróglifos ao longo dos rios e sustentada pelo manejo de saberes tradicionais sobre um mosaico de recursos e ambientes.

As florestas de terra firme não inundáveis concentram a agricultura e as roças de mandioca, a planta adaptada às limitações da região, disseminada e cultivada em 89 variedades. As florestas de igapó, inundadas de sete a dez meses por ano, alimentam a pesca durante as enchentes. As campinaranas de matas arbustivas e solos de areia branca fornecem palhas e palmeiras para as casas. As capoeiras de crescimento secundário, pobres de caça, abrigam plantas medicinais e frutos como pupunha, buriti, abacaxi e caju, cultivados em roçados replantados pelo fogo da coivara. Num território em que limitações ecológicas severas constrangem a densidade populacional, a sobrevivência depende de múltiplas estratégias.

Eu me apaixonei assim que cheguei lá. Fui a São Gabriel pela primeira vez em abril de 1987, documentar a II Assembleia dos Povos Indígenas do Rio Negro, que fundou a Foirn. O Projeto Calha Norte estava sendo implantado, e o líder Álvaro Tukano convidara o Cedi para apoiar a luta pelos direitos dos indígenas e pela demarcação de suas terras. Fiquei impressionado com a mobilização: mais de mil pessoas participaram da assembleia de fundação no ginásio de esportes do Colégio São Gabriel.

Havia uma conjunção de fatores favoráveis à reciclagem das organizações indígenas como instrumentos de representação diante de novos desafios. O Calha Norte adensara a presença do Exército. Grandes empresas de mineração atuavam na região, e a Pastoral Indigenista da Igreja católica abrira espaço para a linha "progressista" do Cimi. O rio Negro era uma fronteira peculiar, um complexo multicultural, transnacional e multilinguístico articulado, educado há gerações pela escolaridade salesiana. Uma espécie de "Brasil indígena aculturado", segundo os militares.

Decidi fincar uma base na cidade e comprei uma casinha caindo aos pedaços. O Cedi não gostou do investimento e resolvi bancar com a minha grana. Apostei. Percebi a novidade de um campo de atuação por bacias hidrográficas na Cabeça da Anta.

A realidade política da fronteira incentivava a interlocução entre índios, militares e mineradoras em busca de consenso para um ordenamento territorial que abarcasse a implantação de novas unidades militares, a demarcação das terras, o atendimento de reivindicações indígenas e a viabilização da exploração dos recursos naturais no subsolo. A Foirn nasceu com apoio dos índios e do governo e financiada pela Funai. A administração regional estava sob o controle dos Tukano, hegemônicos na região, sobretudo da família Machado, de Pari-Cachoeira, que dominava a associação da União das Comunidades Indígenas do Rio Tiquié, favorável ao Calha Norte.

Entretanto, a forma truncada e restritiva pela qual os militares cumpriam suas promessas abriu espaço para o descontentamento dos índios e o crescimento de dissidências amparadas pela Igreja católica, cujo poder local era questionado pela influência concorrente do Exército.

Em 1975, a Funai havia proposto a criação de um Território Federal Indígena do Alto Rio Negro, mas antes disso já havia manifestações indígenas contrárias à demarcação de "ilhas" territoriais isoladas. Várias organizações reivindicavam uma reserva unificada e contínua. Os militares se opunham, em nome da segurança nacional na faixa de fronteira, ao mesmo tempo que favoreciam mineradoras como a Paranapanema. A controvérsia se arrastava havia quase dez anos. Os índios se mobilizavam contra terras fragmentadas, às vezes derrubando marcos de fronteira.

Em 1986, o Conselho de Segurança Nacional propôs a alternativa da criação de colônias agrícolas indígenas para as famílias indígenas. Em 1988, reconheceu a posse permanente dos índios sobre a Terra Indígena Pari-Cachoeira, com 11 520 quilômetros quadrados, subdividida em três colônias agrícolas e duas florestas nacionais, oficializando um acordo entre a União das Comunidades Indígenas do Rio Tiquié e a Paranapanema. A serra do Traíra foi dividida entre os Tukano de Pari-Cachoeira e a Mineração Rio Marmelos, subsidiária da Paranapanema.

Durante o governo Sarney, várias portarias interministeriais e decretos presidenciais promoveram a homologação de catorze áreas indígenas descontínuas no alto rio Negro, num total de 26 mil quilômetros quadrados de terras — cerca de 32% das áreas tradicionalmente ocupadas pelos índios. As perdas com as demarcações "ilhadas" eram consideráveis.

As lideranças que intermediaram as negociações não escaparam do descrédito. A Paranapanema retirou-se da região, desativando o sistema de segurança e de benefícios com que os índios contavam para se livrar da ameaça constante de invasões garimpeiras. Os Tukano que dominavam a Funai e controlavam cargos locais e regionais foram demitidos, quando não convertidos em alvos de processos administrativos por questões financeiras.

A Foirn, portanto, surgiu em meio a uma crise de representação indígena. Meses após a sua fundação, em outubro de 1987, uma assembleia extraordinária de duzentos líderes-capitães dissolveu a diretoria encabeçada pelo presidente Edgar Fernandes, sob a acusação de defender os interesses das mineradoras. Com apoio do Cimi, foi escolhido como novo presidente o líder indígena Orlando Melgueiro Baré.

Desde então, as diretorias da Foirn posicionaram-se contra as colônias indígenas, as mineradoras e os militares. Em 1990, a eleição de outro Baré como presidente, o líder Brás de Oliveira França, reeleito em 1993, dinamizou a organização. Com apoio do Cimi, a federação alugou uma sede em São Gabriel, comprou uma voadeira para visitar as comunidades nos rios e lançou o boletim de notícias *Wayuri* — que significa "trabalho coletivo" na língua geral nheengatu.

A luta pelos direitos avançou com o decreto do governo Collor que mudou o processo de legalização de terras indígenas, abrindo caminho para a revisão das demarcações feitas sem aprovação dos grupos indígenas interessados. Em 1992, Sydney Possuelo, então presidente da Funai, aprovou um parecer antropológico favorável à reunificação das áreas indígenas descontínuas do alto rio Negro e à incorporação das áreas das florestas nacionais. As perspectivas mudaram para melhor.

Em 1993, o Cedi ajudou a organizar uma viagem da diretoria da Foirn ao Equador, para conhecer o trabalho da Fundação Shuar, na Amazônia. Em novembro do mesmo ano, com o apoio de Georg Grünberg, do IIZ, ciceroneamos a viagem de Brás de Oliveira França e Marcinda da Silva Desana a Viena e Amsterdam para participar de eventos e conhecer a Aliança pelo Clima, uma articulação de prefeituras europeias que arrecada fundos para projetos sociais e ambientais na Amazônia. Brás e Marcinda possuíam um trunfo valioso: 100 mil quilômetros quadrados de florestas conservadas na bacia do rio Negro.

A viagem à Áustria mudou o jogo. Em Viena, a Foirn assinou um convênio de assistência para projetos de comunicação, educação e transporte no rio Negro. Abriu-se um caminho pioneiro de aliança socioambiental global, articulando direitos indígenas com conservação de florestas para mitigar as mudanças climáticas. Foram plantadas as sementes de uma parceria que perdura até hoje.

No ano seguinte, quando o ISA foi fundado, estava tudo pronto para lançarmos um Programa Rio Negro de longo prazo. Assumi a coordenação e partimos para a instalação de uma base permanente em São Gabriel. Nossa primeira parceria estruturante com a Foirn foi realizar uma coleta ampla de dados, com GPS e coordenadas geográficas, para montar um mapa das comunidades, um levantamento prévio de todas as aldeias ao longo dos colares de rios, preparando o reconhecimento dos direitos. No total, foram marcados 750 pontos de referência, comunidades e sítios.

Colar de aldeias (1998)

A gente sabia que a demarcação iria demorar. O reconhecimento demandaria mais trabalho e tempo, por isso resolvemos reforçar a qualidade das informações sobre a ocupação tradicional de maneira a torná-la inequívoca. Com o auxílio do IIZ, em 1995 a Foirn inaugurou em São Gabriel uma nova sede, ampliada. A cooperação internacional permitiu à federação jogar uma âncora na cidade, consolidando uma infraestrutura vital para sua evolução.

O ISA colaborou fornecendo apoio, informação e assessoria jurídica. Ajudamos na captação de recursos e na elaboração de estatutos e convênios, garantindo transparência na gestão da Foirn. Orientamos a redação de relatórios e o atendimento a auditorias externas. Uma decisão feliz foi deslocar o nosso administrador Nilto Tatto para São Gabriel a fim de prestar assessoria periódica. Eu ia a São Gabriel quando podia. Falava com as lideranças quase diariamente, vivia no telefone. O ISA apoiou várias diretorias eleitas da Foirn e atuou como mediador em assembleias disputadas entre lideranças. Todos os dias surgiam situações inesperadas que demandavam pragmatismo e negociação.

Graças ao IIZ, a federação adquiriu barcos comunitários e botes com motor de popa (voadoras), encomendados a armadores do rio Negro, e começou a instalar estações de radiofonia nas comunidades — 21 entre 1994 e 1995. A radiofonia estreitou os laços entre as bases da organização, facilitando tremendamente a vida das aldeias, mais tarde incrementada pela internet. Em cinco anos, a rede montou cem estações.

O escritório regional do ISA em Manaus facilitava a importação de equipamentos e peças de manutenção para São Gabriel. No início, a rede era precária e dependia de horários de comunicação combinados usando as frequências do Exército e da Igreja. Tínhamos que "beijar a mão" do padre e do coronel. Além disso, todo mundo ouvia o que era dito no rádio, o que era um fator de inibição.

A Foirn desenvolveu com êxito a estratégia de associar a instalação de aparelhos de rádio a cada um dos diversos projetos de cooperação, educação, saúde e transporte. Possuía um mapa das comunidades ao longo dos rios e podia escolher exatamente onde instalar a radiofonia para ampliar a cobertura regional sem precisar de mediação. Aos poucos, a rede foi se espalhando e se consolidando.

Apesar dos desafios geográficos, a campanha pela demarcação do território avançou junto com o reconhecimento das comunidades. Havia aldeias a conhecer, distâncias a transpor, terrenos acidentados, rios de navegação difícil, cachoeiras, campinaranas, caatingas e florestas.

Convidei outra vez o Pedro Martinelli para explorar e fotografar o avanço do nosso levantamento. Fizemos várias viagens pelos afluentes do rio Negro. Ao mesmo tempo, avançamos com uma progressiva interlocução com os militares do 5º Comando de Fronteira Rio Negro e do 5º Batalhão Especial de Fronteira em São Gabriel.

Em 1995, a Foirn fez um acordo decisivo com as três Forças (Exército, Marinha e Aeronáutica), a Secretaria de Assuntos Estratégicos e a Funai. O Exército reclamava da demarcação contínua das terras indígenas, a Marinha temia que a navegação internacional pelo canal do rio Negro fosse afetada e a Aeronáutica queria instalar os radares do Projeto Sivam.

Nelson Jobim, então ministro da Justiça, e o Márcio Santilli, então presidente da Funai, pilotaram uma negociação complexa que garantiu a instalação de pelotões de fronteira do Exército, não afetou a navegação no rio Negro e cedeu uma parcela da Terra Indígena Médio Rio Negro II para a construção de uma pequena central hidrelétrica (PCH) no igarapé Miuá, a vinte quilômetros de São Gabriel. A energia destinava-se a abastecer a cidade e os radares do Sivam. Com isso, garantiu-se o apoio militar para a demarcação das terras. Jobim elogiou o entendimento com um comentário seco, bem ao seu estilo: "O acordo dos índios com a Aeronáutica vale mais do que muitos laudos antropológicos".

Referendado pelos pareceres dos antropólogos Márcio Meira e Ana Gita, do Museu Goeldi, entre dezembro de 1995 e maio de 1996 o ministro declarou a posse permanente dos índios e determinou a demarcação de cinco territórios indígenas contíguos no alto e médio rio Negro, nos municípios de São Gabriel, Japurá e Santa Isabel. Um total de 106 mil quilômetros quadrados de terras foi protegido, quatro vezes mais do que as "ilhas" demarcadas no governo Sarney. Foi uma grande vitória.

Na sequência, a demarcação física, topográfica, das áreas foi encomendada pelo Projeto Integrado de Proteção das às Populações e Terras Indígenas da Amazônia Legal (PPTAL), coordenado pelo Ministério do Meio Ambiente e financiado pelos países do G-7, sobretudo a Alemanha. Porém a Funai abriu mão da execução, e a Foirn começou a pressionar o ISA para o instituto assumir a tarefa.

Era um desafio e tanto. Com certa hesitação, começamos a pensar num modelo participativo de checagem das coordenadas e de instalação dos marcos topográficos contemplando a realização de reuniões nas comunidades, a produção de material informativo e o aproveitamento de mão de obra indígena na operação. Após a visita marcante do presidente Fernando Henrique Cardoso a São Gabriel, em agosto de 1996, prestigiando explicitamente a Foirn, a federação aumentou a pressão sobre nós. Insistia que o ISA fizesse logo a demarcação física, sem protelação. O Exército estava tecnologicamente desatualizado e sua operacionalização era cara. Havia uma máfia de empresas explorando as demarcações. A Funai não queria fazer o trabalho, mas protelava o repasse da tarefa. A insistência indígena nos induziu a entrar no jogo. Embarcamos numa aventura complicada.

A segunda demarcação física de terras feita pelo ISA, após a experiência na Terra Igarapé Ipixuna dos Araweté, em 1995, era bem mais complexa. Tudo era mais difícil, a começar pelas grandes distâncias. Havia limites que coincidiam com fronteiras internacionais, outros eram cursos hídricos, e alguns corriam por matas fechadas de florestas densas.

Criamos um kit de demarcação, referenciado nos protocolos da Funai, contemplando a participação das comunidades. Entre as ações preparatórias previam-se: contratação de empresa para colocação de marcos; preparação de voadeiras para visitar comunidades; formatação de equipes nos barcos (um diretor da Foirn, uma liderança local, um assessor do ISA); treinamento de equipes indígenas; e instalação de equipamentos móveis de radiofonia e antenas nas aldeias.

Elaboramos fichas-padrão para a realização de entrevistas coletivas nas comunidades, editamos boletins de notícias da Foirn e fizemos fac-símiles dos documentos oficiais da demarcação. Adquirimos ferramentas para a abertura de picadas e a instalação de marcos de concreto.

Também encomendamos bonés, camisetas e mapas impressos em lona plástica impermeável. Preparamos ranchos para as equipes demarcadoras (caixas de plástico rijo com fechadura, como as usadas pelo pessoal dos Correios). Compramos utensílios de cozinha, roupas e equipamentos. Tivemos que estocar combustível para ida e volta, depositado previamente nas aldeias com medidas de segurança contra furtos, como vigilância e cadeados.

Entramos na operação "demarcação zero" abrindo um almoxarifado em São Gabriel para acumular materiais e equipamentos. Redigimos as notícias do boletim *Wayuri*, contratamos fornecedores e treinamos equipes. Tudo era acompanhado de perto, com expectativa, pela população da cidade.

Afinal, em 1997, ficou pronto o *Mapa-livro dos povos indígenas do rio Negro*, identificando as comunidades, difundindo os direitos e promovendo a cultura indígena. Foram distribuídos 4 mil exemplares entre as comunidades e a Secretaria de Educação de São Gabriel, destinados a atividades escolares e multiplicadores indígenas, lideranças, professores e agentes de saúde. Implantamos um banco de dados com o mapeamento das comunidades.

O trabalho de demarcação, no chão da floresta, durou dois anos, ricos de histórias e incidentes. Concluída a tarefa, em 15 de abril de 1998 o então ministro da Justiça Renan Calheiros viajou a São Gabriel para comemorar a oficialização. No Centro Cultural da Foirn em São Gabriel o governo federal entregou os decretos de homologação da demarcação das cinco terras indígenas contínuas. Foram reconhecidos os direitos coletivos de 30 mil índios. Lançamos ao futuro a flecha da sociobiodiversidade do rio Negro.

Testemunho de pedra

Uma prova da ocupação indígena secular no alto rio Negro são os petróglifos com gravuras esculpidas em pedras na beira de cachoeiras e rios.

Em geral, esses "monumentos" exibem representações de animais, seres humanos e espíritos, além de sinais indefinidos. Não se sabe exatamente quem os fez nem quando. Mas a dispersão sobre a área e o fato de serem parecidos entre si indicam que muita gente vivia na região. Inúmeros povos desapareceram com a propagação das doenças europeias e das guerras coloniais contra indígenas nos séculos XVI e XVII.

Em 1994, o arqueólogo Eduardo Neves, da USP, revelou que havia índios em Marabitana no médio Uaupés há 3200 anos, 1200 anos antes do nascimento de Cristo. O povo dessa região deixou vestígios de uma cerâmica escura e de paredes finas, localizada a mais de um metro de profundidade. Também foram encontrados fragmentos de cerâmica vermelha de 2500 anos, diferentes das cerâmicas tradicionais tukano e baniwa.

Quem eram os povos antigos do rio Negro? Poderiam ser ancestrais dos atuais Tukano, Wanano, Tariana, Pira-Tapuya e Arapaso. Poderiam ser índios que desapareceram sem deixar descendentes. Supõe-se que os Tariana estejam entre os habitantes mais antigos do Uaupés, anteriores à chegada dos Tukano. Em Jurupari, uma pesquisa arqueológica desenterrou cacos de cerâmica de seiscentos anos, talvez da época em que os Tariana chegaram a Iauaretê.

Neves sustenta que a Amazônia é habitada há pelo menos 12 mil anos. O clima da região e as chuvas constantes degradam os materiais orgânicos indígenas depositados no solo, tais como madeira, ossos, palhas, cascas de árvore e penas, dificultando a arqueologia. Ainda assim, a Amazônia abriga as cerâmicas mais antigas do país: na ilha de Marajó, a cultura ananatuba produziu, em 980 a.C., vasos elaborados que estão no Museu Goeldi, em Belém. Em 1994, a caverna da Pedra Pintada, em Monte Alegre, perto de Santarém, revelou os mais antigos sinais de ocupação humana na região, com vestígios datados de 11200 anos.

Apesar das dificuldades, a arqueologia é uma ciência dinâmica, e novas descobertas e teorias se sucedem. Até a confirmação da descoberta da Pedra Pintada, o vestígio que se supunha o mais antigo do Brasil era o crânio de 11 mil anos de Luzia — encontrado em 1975, em Lagoa Santa, Minas Gerais, pela arqueóloga francesa Annette Laming-Emperaire e estudado pelo arqueólogo Walter Neves, no Museu Nacional do Rio de Janeiro, em 1995. É provável que o panorama arqueológico da Amazônia mude.

Emoção presidencial

Agosto de 1996. Tarde fria, fim de expediente no ISA, fui repescar notícias e artigos da *Folha de S.Paulo* e deparei com uma nota no "Painel" que anunciava a ida de FHC a São Gabriel, a convite do Exército. Redigi, no ato, um bilhete ao presidente, que seguiu por fax, solicitando que ele incluísse na agenda de São Gabriel uma visita à Foirn e ao ISA.

Para minha surpresa, no início de agosto atendemos a uma chamada telefônica da Casa Civil informando que Fernando Henrique aceitara incluir os dois contatos na agenda. Confirmada a visita para a última semana de agosto, uma comitiva preparatória viajou a São Gabriel para planejar providências de segurança, transporte, alimentação e visita às autoridades, especialmente ao Batalhão de Infantaria de Selva. A Polícia Federal fez uma vistoria para avaliar a segurança dos espaços sugeridos por nós, a sede da Foirn e a sede do ISA, mas não aprovou as condições.

Enquanto os agentes vistoriavam a casa do ISA e o entorno, houve um debate inesperado com um major da Casa Militar da Presidência sobre o papel do Exército diante das repetidas invasões garimpeiras ilegais.

No passado recente, o Exército havia reprimido o garimpo ao sul da calha do Amazonas, mas falhara ao ignorar a invasão garimpeira na Calha Norte, na terra dos Yanomami. A operação ilegal mobilizou centenas de aviões e transporte de garimpeiros, com insumos e equipamentos, combustível, motobomba, bico-jato etc. Como era possível que o Exército não soubesse?

O major da comitiva presidencial não gostou da minha ponderação e protestou de maneira veemente: "Nunca ouvi falar dessa versão absurda!". O tom da discussão subiu até que um servidor federal da equipe da Casa Civil interveio e pediu que o major se acalmasse, deixando claro que o presidente iria conversar comigo e com as lideranças.

Colar de aldeias (1998)

O protocolo para a visita no dia 23 de agosto permitia que o encontro fosse somente meu com o presidente ou com todos os integrantes da comitiva da Foirn. A liderança que acompanhava os trâmites optou pela audiência coletiva. Foi um encontro cordial. A diretoria, representada por Brás de Oliveira França, entregou publicações ao presidente da República e uma carta solicitando a agilização da demarcação das terras indígenas do rio Negro.

Um balanço da visita pode ser lido nos termos do próprio FHC, nos seus *Diários da Presidência*:

> Recebi o Beto [Carlos Alberto Ricardo], que foi aluno meu e da Ruth, foi do Cimi e hoje tem o Instituto Socioambiental. O Beto disse que trouxemos um progresso imenso para a região, [que] o entendimento entre Ibama, Exército, Reforma Agrária e indígenas era muito grande, ele estava muito contente. Me deu um relatório, que ainda vou ler, sobre o que está acontecendo.
>
> Enfim, clima bom. Depois os índios fizeram umas danças em minha homenagem, tirei fotografias com eles, vi exposições militares. [...] Depois fui ver um hospital, limpo, bonito, bem-feito, já ligado com o que eles chamam de telemedicina. [...] Eles podem atender assim à população, consultar outros médicos sem sair do local. Um major, médico, era o comandante do hospital, muito simpático. Moças aspirantes que são enfermeiras, até vacinei crianças índias, uma coisa comovedora, a população da cidade na rua, me aplaudindo, me beijando, me emocionei muito.[1]

A propósito, presidente: trabalhei para a Igreja, mas nunca fui do Cimi.

Jeitinho alemão

Para definir a demarcação física dos polígonos geodésicos das terras indígenas do rio Negro o ISA contratou a Geovector Engenharia Geomática, do engenheiro Régis Bueno, que nos ajudara a demarcar a Terra Indígena Igarapé Ipixuna, no Pará. O Régis trouxe o topógrafo alemão Herbert Johannes Erwes para pilotar a coordenação técnica.

Herbert era uma autoridade em teodolitos e taqueômetros eletrônicos medidores de ângulos, um expert em cálculos de distâncias. Ex-professor de topografia na Universidade Federal de Pernambuco (UFPE) e consultor de empresas de equipamentos geodésicos, trabalhara no Irã e na Antártida, e agora, aos setenta anos, encarava alegremente a Amazônia. Era o tipo alemão clássico, com currículo excepcional, racional e focado no trabalho, mas muito bem-humorado.

No fim da Segunda Guerra Mundial, em 1945, quando tinha dezesseis anos, fora convocado para lutar no Exército alemão nos últimos dias do conflito. Avaliou os riscos, conversou com os pais e decidiu fugir. Conseguiu escapar da guerra embrenhando-se numa floresta durante três meses, até a rendição da Alemanha.

Em São Gabriel, todo dia de manhã cedo a Coordenação Operacional formada pelas equipes da Foirn e do ISA se reunia para deliberar sobre as tarefas da demarcação. O Herbert entrava, batia a mão na mesa com força e exclamava com sotaque alemão misturado ao portunhol: "Senhorrrr Beto, o que temos hoje?". E completava: "Estoy listo para novas aventuras!". Adotei essa frase na assinatura do meu e-mail.

Organizamos 21 expedições. Antes da partida das equipes, as comunidades eram alertadas da visita pela radiofonia. Em cada aldeia o pessoal seguia o mesmo procedimento: era recebido pelos líderes e pelos "capitães"; explicava o que tinha vindo fazer; tirava dúvidas sobre a demarcação; e convocava uma reunião de toda a comunidade para o dia seguinte.

Durante a reunião eram repassadas as informações oficiais e coletadas as respostas coletivas àquele questionário-padrão de 59 questões sobre a situação atual da comunidade: como chamava, qual a localização, que língua falava, tamanho da população, ações de educação, de saúde, assistência religiosa, situação da terra e fontes de subsistência. Eram pelo menos duas horas de trabalho só para as respostas.

É claro que houve incidentes. O Exército pediu discretamente que uma equipe nossa achasse e removesse um marco de fronteira supostamente instalado em lugar errado pela Comissão Rondon, em 1935, dentro do território colombiano. Recusei na hora. "Não vamos nos meter em questões diplomáticas. Só falta o ISA se envolver com riscos internacionais", protestei.

Porém, o Herbert insistiu em que resolveria tudo. Garantiu que encontraria o marco e fez um plano para deslocar uma equipe até a área, de helicóptero. Era preciso descer de rapel, abrir uma clareira na floresta para o aparelho pousar, montar um acampamento, procurar e achar os marcos.

Ocorre que os marcos de fronteira são instalados em duplas: o marco principal, referenciado por astronomia, e o marco de azimute, estabelecido pelas coordenadas geodésicas. O Herbert pilotou uma equipe de campo e rapidamente achou o marco de azimute. Calculou, então, a direção provável do marco principal e abriu picadas cruzadas, em forma de espinha de peixe, fazendo uma varredura na área.

Não deu outra. Encontrou o marco da Comissão Rondon, um pequeno monumento de alvenaria com ares de obelisco egípcio, gravado com os brasões de bronze do Brasil e da Colômbia. Estava mesmo em lugar errado, dentro de território colombiano. Herbert ficou eufórico. Dava pulos de alegria. Brandia o cajado que usava como bengala e provocava: "Seu Beto, o senhorrrrr me deve um litro de uísque!".

Dias depois, a Coordenação Operacional foi surpreendida pela notícia de que um indígena membro de uma equipe demarcadora havia sido mordido por uma jararaca e precisava ser evacuado para o hospital antes que o veneno se espalhasse. A equipe já descia um rio, de bote, mas estava a centenas de quilômetros de distância de São Gabriel. Ficamos na maior agonia. O que fazer? Não ia dar tempo.

Foi quando ouvi o barulho de um helicóptero descendo no campo de futebol. Era o aparelho do Ministério da Saúde que fazia a cobertura vacinal de São Gabriel. Eu sabia o que eles iam fazer à noite, já que as opções eram limitadas na cidade: jantar no restaurante La Cave du Conde, o único razoável na época. Marquei com o Herbert um encontro no local, onde estava a tripulação, relaxando e bebendo.

O piloto era um japonês de São Bernardo numa jaqueta aberta sem camisa, falando alto e tomando caipirinhas. Levamos o rapaz para uma mesa, abrimos os mapas e pedimos algumas horas do aparelho para alcançar o companheiro picado. Ele concordou, mas ponderou que o helicóptero estava sob as ordens das enfermeiras da campanha de vacinação. Se elas liberassem, tudo bem.

Mudamos de foco e fomos falar com as enfermeiras, sentadas numa mesa só de mulheres, num canto do restaurante. Elas estavam alegres e foram simpáticas. Gastei todo o meu latim, e elas toparam emprestar o helicóptero.

Na manhã seguinte decolamos com as coordenadas da comunidade onde a equipe nos esperava. Voamos, voamos, mas, ao chegar ao destino, não achamos nada. Não havia comunidade nenhuma. Só floresta. Voamos mais, avistamos uma aldeia e pousamos. Na aterrissagem, o aparelho destelhou o teto de uma maloca! Perplexos, descobrimos que estávamos em terra yanomami, longe do ponto de destino. Tivemos que voltar para São Gabriel, gastando combustível.

Só então percebemos que as coordenadas haviam sido digitadas erradas. Como o Equador está na latitude zero, os graus, minutos e segundos das coordenadas geodésicas variam de zero a noventa graus, sendo positivas no hemisfério Norte e negativas no hemisfério Sul. O piloto digitara as coordenadas do hemisfério Sul sem o sinal negativo na frente dos números.

Foi um sufoco, mas não tinha jeito, tínhamos que decolar de novo. Voamos outra vez até o ponto redefinido e dessa vez achamos a equipe. Por sorte, a cobra mordera o calcanhar da bota do nosso homem. Só uma das presas arranhara o pé, que foi tratado imediatamente pelos companheiros com o que estava à mão. O veneno não se espalhou e ele sobreviveu.

13. Quinhentos anos de encobrimento (2000)

> Subdesenvolvimento não se improvisa. É obra de séculos.
> NELSON RODRIGUES

QUINHENTOS ANOS DO DESEMBARQUE EUROPEU no Brasil são um marco perturbador para os indígenas, e não poderia ser diferente. No aniversário festivo da chegada dos portugueses, em abril de 2000, lideranças indígenas lançaram um manifesto, em Manaus — "Brasil Outros 500" —, convocando para a mobilização em protesto contra as comemorações do descobrimento.

Como alguém pode *descobrir* um território onde viviam 3 milhões de pessoas?

Em Porto Seguro, na Bahia, os Pataxó protestaram contra a inauguração do Memorial da Epopeia do Descobrimento, na praia da Coroa Vermelha, em celebração coordenada pelo ministro do Esporte e Turismo, Rafael Greca. E começaram a erguer seu próprio monumento de protesto.

Os ânimos estavam acirrados desde o assassinato de Galdino Pataxó, em 1997, em Brasília. Galdino fora à capital federal reivindicar a demarcação da Terra Indígena Caramuru-Paraguaçu. Atrasou-se para voltar antes do fechamento da pensão em que se hospedava, adormeceu num ponto de ônibus e foi assassinado por jovens de classe média que jogaram álcool em seu corpo e atearam fogo enquanto ele dormia. Pretendiam "só fazer uma brincadeira". Foram condenados a catorze anos de prisão.

Desejoso de uma ação reparadora e desgastado pelas suspeitas sobre o decreto nº 1775, que abrira contestações às demarcações de terras indígenas em 1995, o governo Fernando Henrique Cardoso organizou em Brasília, em novembro de 1997, uma cerimônia para celebrar a assinatura de 22 decretos de homologação de terras.

Na ocasião, após o presidente evocar sua afinidade intelectual com a antropologia e a intimidade com expoentes do indigenismo brasileiro, o cerimonial palaciano protagonizou um vexame. Em vez de prestigiar os Pataxó Hã-Hã-Hãe de Galdino, entregou um documento equivocado aos Pataxó da Coroa Vermelha, outro povo. O índio Gerson Pataxó, primo de Galdino e destacado para receber o decreto, denunciou o erro no ato, expondo o constrangimento.

Para piorar, não havia nenhum representante dos 22 povos beneficiados pelos decretos, apenas alguns índios do Parque do Xingu, alguns xavantes e o cacique kayapó Raoni Metuktire. A cerimônia foi um fiasco e um emblema da manipulação política e da ignorância nacional sobre os povos indígenas, herdeira do desdém etnocêntrico. Houve um tempo em que confundir o nome do povo significava risco de vida. Em 1500 havia mais de mil povos e uma população nativa de 3 milhões para cima. Quem confundisse os "ferozes" Tupinambá com os "amáveis" Tupiniquim podia terminar esquartejado no moquém.

O Brasil de quinhentos anos desconhece a sociodiversidade nativa contemporânea. Ignora-a solenemente. Não sabe ao certo sequer quantos povos nem quantas línguas nativas existem. O (re)conhecimento, ainda que parcial, dessa diversidade não ultrapassa os restritos círculos acadêmicos especializados.

Em 4 de abril, às vésperas da efeméride do descobrimento e do ano 444 da deglutição do bispo Pedro Sardinha pelos Caeté de Alagoas, a Polícia Militar da Bahia, em ação fulminante, destruiu o monumento de protesto dos Pataxó na praia da Coroa Vermelha. A iniciativa piorou o cenário e armou um conflito.

Lideranças indígenas de 180 etnias do movimento Brasil Outros 500 divulgaram a "Carta de Monte Pascoal", pedindo o fim do genocídio indígena e a demarcação e regularização dos territórios, como determinava a Constituição de 1988.

No dia 21, os acessos a Porto Seguro foram bloqueados pela polícia para proibir a entrada de índios, estudantes e membros do Movimento dos Trabalhadores Rurais Sem Terra (MST) na cerimônia. O governo pretendia celebrar a confraternização dos brasileiros e dos descobridores com as presenças do presidente da República, do presidente português, Jorge Sampaio, do governador César Borges, da Bahia, do senador baiano Antônio Carlos Magalhães e outras autoridades — sem índios.

Às nove da manhã do dia 22, manifestantes que rumavam a pé pela BR-367, de Santa Cruz Cabrália até o local de uma pré-agendada Conferência dos Povos e Organizações Indígenas, em Porto Seguro, foram impedidos de prosseguir, entrando em conflito com a Polícia Militar. Às onze horas, uma passeata iniciada na Coroa Vermelha rumo ao Memorial do Descobrimento foi bloqueada pela polícia. Nos violentos confrontos, 141 pessoas foram presas e trinta, feridas. Ironicamente, o único jornalista da grande mídia presente era o correspondente da BBC britânica.

O presidente da Funai e sócio fundador do ISA, Carlos Frederico Marés, que estava com os índios, quase foi atingido por uma granada. Para piorar, uma réplica da nau capitânia da frota de Cabral apresentou problemas no mastro e nos motores e foi forçada a suspender a navegação planejada entre Salvador e Porto Seguro. No dia seguinte à batalha campal em Porto Seguro, o presidente da Funai fez um duro discurso contra o governo e pediu demissão em protesto contra a repressão aos índios.

Preocupado com a repercussão negativa, o ministro da Justiça, José Gregori, decidiu me chamar para uma conversa na sua casa no Alto de Pinheiros, em São Paulo. Eu fui. O ministro reclamou muito "desse tal de 'Marré', que fica me esculhambando", disse, supondo que o "Marés" que ouvia era o francês "Marais". E ofereceu a mim o cargo de presidente da Funai. "Não posso, ministro. Precisamos de outra agência para os índios", respondi.

"Acabar com a Funai? Nem pensar. Índio dá problema até na noite de Natal", descartou Gregori. Terminada a conversa, gritou para a filha, a antropóloga Maria Filomena Gregori, ex-aluna de dona Ruth Cardoso: "Ele não quer ser presidente".

Eu estava saindo quando Gregori me pediu um favor: "Já que você não aceita ser presidente, me indique alguém que me chame de senhor".

Meses após o encontro, o ministro foi a São Gabriel e eu organizei a sua visita. Enquanto a banda do Exército tocava o Hino Nacional, ele me fez um comentário ao pé do ouvido: "Como é longe isso aqui! Eu pensei que o Brasil acabasse em Manaus". Terminada a formalidade, fomos à sede da Foirn. Depois de conversar com as lideranças, o ministro confabulou: "Esses índios são mais espertos do que eu".

14. Conversas com generais (2001 a 2003)

> Muitíssimo mais eu podia ter trazido se não se tivessem esgotado os meus recursos logo no alto Uaupés. A decadência da cultura indígena é espantosa; todos para isso se coligam: os colombianos, que, espezinhando e vitimando o índio pela maneira mais bárbara, lhe tiram o último vestígio de brio e consciência; os brasileiros com a sua mania de "civilizar" índios, cujo ideal é fazer deles "eleitores" e cuja prática consiste principalmente em arrumar-lhes nas costas um débito e cobrá-lo depois por bem ou por mal (quando não enveredam pela mesma brutalidade dos colombianos); os padres salesianos, que na sua intolerância extirpam sistematicamente tudo o que difere da chamada "civilização cristã", proibindo a construção de malocas, o uso do caxiri, do trocano, dos enfeites de penas e de pedras, as danças e o culto de Yurupari. Bestas!
>
> CURT NIMUENDAJÚ, carta a Carlos Estêvão de Oliveira, 1927

ASSEGURADA A POSSE DE TERRAS no rio Negro, tudo mais precisava ser feito. Para dinamizar a oferta de serviços básicos de saúde, educação, segurança alimentar e geração de renda, em 1999 a Foirn e o ISA propuseram um Programa Regional de Desenvolvimento Indígena Sustentável. Para tanto, montamos, em São Gabriel, o I Seminário de Pesquisa do Alto Rio Negro, reunindo autoridades, pesquisadores acadêmicos e lideranças indígenas para debater ideias, projetos e experiências.

As discussões foram memoráveis. Porém o que não saiu da minha memória foi uma cerveja no bar do Linhares, compartilhada com um oficial do Exército participante do seminário e recém-chegado da Alemanha. Ele elogiou os debates e as sugestões, mas lá pelas tantas deixou escapar um comentário: "Está tudo muito lindo, Beto, mas não vai dar certo. As agências de governo têm pautas próprias e concorrem entre si sem coordenação".

Essa frase martela na minha cabeça até hoje. A descoordenação é uma tragédia que reduz a eficácia e eleva o custo das ações. Sentado no Porto do Queiroz, de onde saem os barcos para subir o rio Negro, eu olhava as águas e via a voadeira do Ministério da Saúde partir carregada de combustível, técnicos, materiais e equipamentos. Três dias depois subia outra voadeira, do Ministério da Educação, com mais combustível, técnicos, materiais e equipamentos. Tudo igual. Assim vamos, dispersos, improvisando sem coordenação, com baixa eficácia e incidência.

Queríamos implantar um Programa Regional de Desenvolvimento Indígena Sustentável, mas as políticas públicas eram simplesmente trágicas.

Conseguimos marcar um gol com a parceria vitoriosa da Foirn com a Organização Indígena da Bacia do Içana (Oibi), que propiciou a inauguração da Escola Municipal Indígena Pamáali, dos Baniwa e dos Koripako, na foz do igarapé Pamáali. Antiga reivindicação indígena, a escola proporcionou o atendimento a alunos católicos e evangélicos dos dois povos, dando um passo importante para superar o sectarismo religioso numa região marcada pelo fundamentalismo.

A escola, financiada pela Rainforest da Noruega, formou a sua primeira turma de 35 alunos em agosto de 2004. A demanda pela formação de professores indígenas aumentou e levou à criação do curso de Magistério Indígena da Secretaria Municipal de Educação da Prefeitura de São Gabriel da Cachoeira. Com a evolução, as turmas da Pamáali passaram a reivindicar a abertura de escolas estaduais de ensino médio no Içana. Com o tempo, foram implantadas escolas indígenas diferenciadas nos rios Tiquié, Içana e Uaupés, entre os Tuyuka, os Baniwa, os Tukano e os Wanano. Ou seja, nem tudo estava perdido.

Entretanto, enquanto tentávamos induzir políticas públicas para a região, o Exército expandiu a presença militar em São Gabriel. Em 2000 começou a construção do 7º Pelotão Especial de Fronteira do Projeto Calha

Norte, em Tunuí. Em 1984, havia só dois pelotões, Cucuí e Iauaretê; em 1988, construíram Querari e São Joaquim; em 1989, Maturacá; e em 1999, Pari-Cachoeira. Em 2004, todas as unidades do Comando de Fronteira Rio Negro e do 5º Batalhão de Infantaria de Selva foram agrupadas na 2ª Brigada de Infantaria da Selva, a Brigada Ararigboia, sob o comando de um general de brigada.

A influência militar no rio Negro não pode ser subestimada. Para tirar carteira de trabalho, os homens devem apresentar o documento de reservista. Embora os índios estejam dispensados de servir ao Exército se quiserem, o serviço militar exerce uma atração irresistível. Numa cidade carente de infraestrutura, com economia incipiente e desemprego alto, os indígenas tendem a ocupar funções desvalorizadas, como faxineiro, vendedor e pescador. Já o Exército paga um salário mínimo ao soldado reengajado e concede aumento após o segundo ano de alistamento.

O soldado indígena é um novo-rico na fronteira, atraindo respeito e admiração. Muitos ambicionam o serviço militar permanente. A maioria é obrigada a desligar-se com oito anos de caserna para evitar a estabilidade, que proporciona aposentadoria, assistência de saúde e pensão para as viúvas. Não por acaso, apesar dos atritos culturais com a integração ao Exército, as mulheres indígenas valorizam os casamentos com militares.

Entre os Tukano, por exemplo, a etnia é transmitida patrilinearmente. A regra da exogamia determina que as mulheres casem com maridos de outra etnia e os filhos recebam o nome do clã do pai. Já nos casos de casamento com soldados não índios, a mãe tukano recorre à identidade de seu pai: por meio de um ritual de benzimento, o avô materno transmite sua etnia ao neto. Contudo, os filhos dessas uniões fora da norma portam uma identidade problemática para os Tukano.

Ainda assim as vantagens do pertencimento à instituição militar predominam. As Forças Armadas oferecem aos soldados indígenas uma fatia simbólica do poder dos brancos. Quando são desligados do serviço, os indígenas deixam a instituição desorientados, tornando mais complicada a volta às aldeias de origem.

A multiplicação dos pelotões de fronteira gera impactos. Além de ocupar terras indígenas, o descarte de resíduos e a realização de exercícios em áreas de caça ou pesca, assim como a convivência com as aldeias, geram choques culturais e tensões, sobretudo com as mulheres. A maioria dos setenta soldados de um pelotão de fronteira vive em situação de isolamento, longe da família. Há casos frequentes de paternidade irresponsável, com índias grávidas após serem seduzidas por presentes ou namoros. Frequentemente elas são abandonadas pelos soldados transferidos quando revelam a gravidez. A relação dos pelotões de fronteiras com as comunidades está longe do equilíbrio.

Nesse contexto, em setembro de 2001 o governo Fernando Henrique, por intermédio do Ministério das Relações Exteriores, levou à Conferência Mundial contra o Racismo, Discriminação Racial, Xenofobia e Intolerâncias Correlatas, realizada em Durban, na África do Sul, uma proposta de compromisso com a criação de um "código de conduta para a normatização e disciplinamento da presença militar em terras indígenas, em especial com relação às mulheres indígenas".

O Brasil assumiu o compromisso de evitar e corrigir a discriminação contra os índios. Para tanto, um mês depois foi criado o Conselho Nacional de Combate à Discriminação (CNCD), que estabeleceu um grupo de trabalho para promover consultas com indígenas e militares, composto pela Funai, o Conselho de Articulação dos Povos Indígenas do Brasil, o Ministério do Trabalho, o ISA e outros atores civis. O objetivo era discutir a elaboração de "termo de convivência" dos militares com as terras indígenas.

O presidente Fernando Henrique Cardoso assinou, um ano depois, o decreto nº 4412, dispondo sobre a atuação das Forças Armadas e da Polícia Federal em terras indígenas, sem, contudo, estabelecer regras de convívio entre militares e índios ou assumir compromisso com a consulta prévia aos indígenas sobre os pelotões em suas áreas. Na prática, o governo ignorou as próprias promessas feitas na Conferência contra o Racismo em Durban, e também a Convenção 169 da OIT, que previa consultas aos "povos interessados" afetados pelo desenvolvimento.

Assim sendo, na reunião de outubro de 2002 do CNCD, em Brasília, o advogado do ISA, André Lima, questionou o decreto nº 4412 e pediu sua revisão. A Casa Civil da Presidência, no Palácio do Planalto, acolheu a demanda e sugeriu a indicação de um interlocutor no Ministério da Defesa para o encaminhamento da questão.

Na sequência, a Secretaria Especial de Direitos Humanos assumiu a meta de rever o decreto nº 4412 e elaborar um termo de convivência, organizando consultas ao Ministério Público Federal, ao Gabinete de Segurança Institucional da Presidência da República, à Funai, à Foirn, ao Cimi etc. Em dezembro de 2002, na sede do Comando Militar da Amazônia (CMA), em Manaus, o comandante, general Antônio Aparício Inácio Domingues, inaugurou os Diálogos de Manaus, reunindo governo, militares e lideranças indígenas para elaborar o Termo de Convivência. A Coiab foi encarregada de coordenar um documento-base.

O presidente da Foirn, Orlando Oliveira, encaminhou ao CMA o documento "Regras de convivência entre militares e índios" lembrando que, desde 1996, a federação solicitara a criação de regras de convivência. A entidade pediu diálogo com as comunidades *antes* da instalação dos pelotões de fronteira, bem como o direito de "entender e poder opinar sobre o que vai acontecer [...], com tempo de fazer perguntas e sugestões".

O documento da Foirn observou que, "na fase de aproximação, o Exército faz muitas promessas de contrapartidas, as quais depois não são cumpridas. Promete, por exemplo, melhorias nos serviços de saúde e educação, acesso a energia elétrica e vagas nos aviões". Pediu que os comandantes de cada unidade recebessem "instruções superiores para garantir a observação de algumas normas de comportamento social fora do perímetro das instalações militares, de comum acordo com as autoridades indígenas locais".

A Foirn ressaltou que "os fatos que acontecem nas comunidades próximas dos pelotões e longe da cidade quase nunca chegam ao conhecimento das autoridades e da Justiça". Sugeriu, ainda, que as normas de convivência incluíssem a proibição de "relações de troca de bens e de mercadorias, pagamento de serviços, acesso a festas, eventos sociais, roças, locais de pesca, caça e coleta; proibição de uso e facilitação de acesso a bebidas alcoólicas e drogas; [e proibição de] todas as formas de constrangimento e discriminação".

Na segunda sessão dos Diálogos de Manaus, o ISA e a Foirn questionaram a ausência de consulta prévia aos índios e a falta de sanções para o descumprimento de normas. Porém, o tenente-coronel Valério Stumpf Trindade, do Gabinete de Segurança Institucional da Presidência da República, apoiou a negociação com os indígenas e descartou dificuldades para o ajuste da instalação dos pelotões de fronteira à consulta prévia das comunidades. O chefe do Estado-Maior do CMA, general Hedel Fayad, afirmou que as demandas indígenas seriam apresentadas a todos os generais da Amazônia. O CMA comprometeu-se a produzir uma cartilha para orientar o relacionamento dos comandantes de fronteira com os indígenas.

Em abril de 2003, de fato, o Ministério da Defesa baixou a portaria nº 20, estabelecendo normas de conduta e diretrizes para as unidades do Exército em terras indígenas, reconhecendo "seus costumes, sua organização social, a língua, as crenças e as tradições, além dos direitos originários sobre as terras que tradicionalmente ocupam".

Inspirado pelo "paradigma de relacionamento" do marechal Rondon, o documento recomendou minimizar o impacto socioambiental das unidades militares em terras indígenas mediante a inclusão de estudos sobre política e legislação indigenista nos currículos das escolas de formação e aperfeiçoamento de oficiais, o estabelecimento de convênios de cooperação com a Funai e a Fundação Nacional de Saúde (Funasa) para apoiar projetos de saúde, e a criação de normas próprias de convivência dos militares com os índios.

Em outubro, o Ministério da Defesa promulgou a portaria nº 983, estendendo a abrangência da portaria nº 20 às três Forças, Exército, Marinha, Aeronáutica, e encarregando a Secretaria de Política, Estratégia e Assuntos Internacionais do Ministério da Defesa de acompanhar as atividades e o relacionamento militar com os índios.

No início desse processo, cobrei da Foirn a apresentação de evidências e casos específicos de maus-tratos aos índios nos postos de fronteira, para levar uma pauta de demandas concretas ao governo. Senti que os tempos estavam mudando. A chegada de oficiais jovens a São Gabriel, alheios à época de repressão da ditadura, abriu novas perspectivas de relacionamento com os atores civis.

Quando a 2ª Brigada de Infantaria de Selva foi criada, e os coronéis foram substituídos por generais, propus relações transparentes com os militares, cuja presença na região só seria cada vez mais intensificada. O pessoal do ISA estranhou, mas insisti. Passamos a buscar contatos e a prestigiar solenidades e trocas de comando a cada dois anos. Lamento não ter registrado as conversas que tive com vários oficiais. Intercambiamos muitas informações importantes. Nosso vocabulário mudou com a introdução de possibilidades de parceria e de cooperação mútua com eles.

Santa Sofia

São Joaquim foi um dos focos da atuação carismática da missionária evangélica norte-americana Sophie Müller, da Missão Novas Tribos. Müller largou um curso de arte em 1944, na National Academy of Design, em Nova York, para se embrenhar na selva com a Bíblia, ajudando a criar quase duzentos centros pastorais na Colômbia, na Venezuela e no Brasil em cinquenta anos de ministério.

Durante décadas visitou regularmente as famílias evangélicas viajando de barco com a ajuda de remadores indígenas. Pregava para os Koripako, os Puinave e os Baniwa, além dos Piapoco, os Guahibo, os Kubeo, os Cuiva e os Guayabero da Colômbia e da Venezuela.

Incentivava os próprios índios a propagar a palavra da Bíblia. Ao ensinar a ler o evangelho traduzido em língua indígena, promovia a alfabetização, a leitura e o aprendizado das quatro operações matemáticas, defendendo os índios contra a exploração de comerciantes e seringalistas. Disputava influência abertamente com as autoridades governamentais e com as missões católicas salesianas, que catequizavam para civilizar o índio convertido em trabalhador.

Um dia, no alto rio Negro, quando descia o Içana de voadeira, atendi ao chamado de alguém que gesticulava freneticamente no porto de Assunção do Içana, pedindo que eu parasse. Era o padre austríaco Norberto Hohenscherer, da missão salesiana local, instalada na década de 1950. Após comermos um bem-vindo café com bolo, o padre perguntou: "O senhor que é antropólogo pode me explicar por que as comunidades evangélicas Baniwa e Koripako do Içana são animadas e as nossas são tão deprimidas?".

Na hora, lembrei que as comunidades baniwa entre Assunção e São Gabriel não falam mais o idioma, enquanto as comunidades evangélicas mantêm as línguas nativas vivas e vigorosas, em parte graças à contribuição de Sophie Müller.

A missionária norte-americana, porém, também pregava um catecismo imposto à cultura indígena. Condenava as "danças selvagens", a "bebedeira", a "feitiçaria", a "influência satânica", os "alucinógenos", a "imoralidade", os "antropólogos marxistas" e o "comunismo" das cooperativas indígenas colombianas.

Os salesianos brasileiros detestavam a missionária gringa, que acusavam de disseminar propaganda anticatólica, inclusive de "arrancar medalhas de Nossa Senhora do pescoço das crianças e pendurá-las no pescoço de cachorros".

Pequena, magra e frágil, Sophie Müller enfrentou adversários poderosos e exerceu influência marcante no noroeste amazônico, com o apoio indígena. Denunciada por comerciantes brasileiros em 1951, chegou a ser detida em São Gabriel, mas fugiu aproveitando a noite, navegando pelo Içana com cinco remadores até alcançar a Colômbia.

Sobreviveu a um envenenamento por xamãs baniwa, resistiu à expulsão das missões protestantes da Colômbia em 1953 e enfrentou ameaças guerrilheiras colombianas nos anos 1950 e 1980. Parte da sua tumultuada missão espiritual está narrada no livro autobiográfico *Sua voz ecoa nas selvas*.

O antropólogo norte-americano David Stoll, que conseguiu entrevistá-la em 1975, afirmou que a motivação profunda de Sophie Müller era segregar os índios da sociedade envolvente para protegê-los. Até hoje, os velhos do Içana relembram sua dedicação. Às vezes Sophie é chamada de "Santa Sofia".

Em 1997, eu e o antropólogo Geraldo Andrello planejamos uma viagem de São Gabriel para procurá-la no Içana. Soubemos, porém, que havia morrido dois anos antes, de câncer, nos Estados Unidos.

15. Amansa, Brasil (2001 a 2004)

> Crê-lo-eis, pósteros?
>
> MACHADO DE ASSIS, *Memórias póstumas de Brás Cubas*

HAVIA MAIS DO QUE PROMESSAS NO ar quando o candidato à Presidência Luiz Inácio Lula da Silva visitou a sede do ISA, em Higienópolis, em novembro de 2001. Algumas frestas estavam se abrindo entre portas antes fechadas. O instituto convidou para uma visita todos os postulantes à Presidência, mas só o Lula aceitou. Na verdade, o encontro resultou mais de uma teia de casualidades do que de um planejamento cerimonial. Tínhamos conhecimento acumulado, queríamos encaminhar propostas, e abriu-se um espaço na agenda do candidato em São Paulo.

Sabíamos que uma parte dos setores progressistas não entendia a emergência da agenda socioambiental. Frequentemente nos defrontávamos com uma certa terceirização que a esquerda faz de questões pouco assimiladas, tipo "Explica aí o negócio dos índios", ou "Explica aí o negócio do meio ambiente". Frente à demanda de uma "agenda socioambiental" para o Executivo, tendia-se a supervalorizar o bê-a-bá básico. Ou seja, havia adesão, mas sem densidade. A massa crítica era rala.

O ISA estava bem na fita porque tínhamos programas robustos no Xingu e no rio Negro, com informações qualificadas e propostas em curso. A nossa demanda era no sentido de agilizar a coordenação das políticas públicas. O poder central precisava harmonizar suas políticas nos territórios. Em vez de propor agendas temáticas, sugeríamos territorializar a agenda.

Queríamos ancorar o Programa Regional de Desenvolvimento Indígena Sustentável do Rio Negro numa perspectiva ampla.

A visita do Lula foi interessante. Entregamos ao candidato do PT o documento "Cenário socioambiental brasileiro: Questões para o futuro próximo", indicando estratégias de desenvolvimento sustentável para a Amazônia. Externamos preocupações com o Programa Avança Brasil, lançado pelo governo Fernando Henrique Cardoso; elencamos avanços e pendências nas questões indígenas; abordamos a relação entre reforma agrária, agricultura familiar e meio ambiente; e ressaltamos a necessidade de uma atenção especial para os recursos hídricos.

Lula discutiu cada um dos temas com a equipe do instituto. No final, surpreendeu a todos ao afirmar que aceitava a proposta. Muita gente achou que era retórica, diplomacia eleitoral. Qual não foi a surpresa quando, meses depois, saiu o programa de governo com o capítulo ambiental coordenado pela Marina Silva. O PT incorporara muitas das propostas do ISA para os indígenas e o meio ambiente.

Após a vitória eleitoral de 2002, a Foirn enviou o Programa Regional de Desenvolvimento Indígena Sustentável do Rio Negro à equipe de transição do governo, propondo uma mudança de escala no desenvolvimento da região. Pediu a convergência das políticas públicas e a construção de soluções para sustentabilidade das terras indígenas, segurança alimentar, geração de renda, educação escolar, saúde, comunicação, transporte, energia, cidadania, capacitação em pesquisa e afirmação cultural.

A eleição de Lula deixou o ISA animado. O instituto puxou um abaixo-assinado defendendo o nome de Marina Silva para o Ministério do Meio Ambiente, apoiado por uma centena de ONGS. A senadora reeleita pelo Acre foi nomeada para o governo e levou o João Paulo Capobianco, nosso coordenador do Programa Mata Atlântica, para o cargo de secretário de Biodiversidade e Florestas. Deu supercerto, tanto que em 2007 o Capô virou secretário-executivo do ministério.

Estávamos ávidos por mudanças. A Foirn logo realizou a 1 Oficina do Programa Regional de Desenvolvimento Indígena Sustentável, em São Gabriel, propondo ao governo quinze metas específicas, entre as quais:

demarcação das terras indígenas remanescentes; aprimoramento do Distrito Sanitário Especial Indígena (Dsei); apoio do Ministério da Educação (MEC) para a educação e a formação de professores indígenas; construção de espaços para manifestações culturais; incentivo ao Balcão da Cidadania para documentar as comunidades; apoio do Programa Nacional de Fortalecimento da Agricultura Familiar (Pronaf) para a infraestrutura alimentar e comercialização da produção; instalação de telefones públicos e de projetos de energia solar nas comunidades.

Ao mesmo tempo, intensificamos os investimentos em piscicultura, iniciados em 1998, para gerar renda e segurança alimentar na região e tentar mudar o jogo. Depois da implantação das estações de piscicultura de Caruru, no rio Tiquié, e de Iauaretê, no rio Uaupés, inauguramos a estação de Tucumã-Rupitã, no rio Içana. Aceleramos as experiências-piloto de produção de alevinos de peixes autóctones para desenvolver uma criação adaptada à realidade do rio Negro, capaz de garantir as comunidades.

As metas eram ambiciosas. Às três estações cabia testar a reprodução de doze espécies de peixes nunca estudadas, criando e engordando animais em viveiros familiares, baseados no sistema agroflorestal do entorno e em açudes comunitários, dando preferência ao uso de recursos locais. Conseguimos dominar a reprodução de duas espécies, mas a produtividade sempre foi baixa e frustrante. Os recursos eram escassos e a logística, difícil. A alimentação de alevinos exigia rações industriais inexistentes na região. Carecíamos de apoio institucional, estadual e federal.

Percebemos que, sozinhos, não dava pé. Investimos dez anos de trabalho, e os resultados ficaram aquém do esperado. Ainda assim, colhemos alguns frutos. Em 2005 publicamos uma pesquisa intercultural baseada no conhecimento ictiológico dos Tukano e dos Tuyuka nos 374 quilômetros do rio Tiquié, identificando 178 espécies de peixes, das quais 147 foram coletadas e classificadas cientificamente.

Além disso, o trabalho das estações de piscicultura começou a retroalimentar as atividades das escolas indígenas da região. Os estudos e as pesquisas desenvolvidos em língua nativa passaram a focalizar os conhecimentos tradicionais de plantas, animais e ciclos reprodutivos, levando à definição de calendários ecológico-culturais de manejo dos recursos. Surgiram pontes ligando a geografia à história das comunidades.

Os conhecimentos tradicionais coletados, as tecnologias de pesquisa e as informações ecológicas acessadas impulsionaram discussões e conexões com as agências externas de cooperação, fomentando um novo "ânimo coletivo" nas comunidades.[1] A experiência acumulada inspirou diretamente o trabalho posterior dos agentes indígenas de manejo ambiental (Aimas), cujo protagonismo vem se mostrando cada vez mais importante para o futuro do rio Negro.

Melhor sorte financeira que a piscicultura teve o projeto Arte Baniwa, lançado em 1999. No início, congregava dezenove artesãos fabricantes de urutus, cestos de arumã decorados com grafismos coloridos. Buscávamos alternativas de renda compatíveis com a cultura indígena, e a cestaria apresentava características interessantes. O arumã era a matéria-prima manejada para a fabricação dos instrumentos tradicionais de processamento de mandioca. As peneiras, os balaios e os urutus eram confeccionados pelos homens mas usados pelas mulheres, o que facilitava planos de participação e remuneração.

Levei o Pedro Martinelli a Tucumã para fotografar a extração do arumã e a fabricação de utensílios culinários, cuja documentação gerou um livreto de bolso bem bolado pela designer Sylvia Monteiro. Levamos o André Baniwa e seu irmão, José Bonifácio Baniwa, para discutir parcerias comerciais em São Paulo. Visitamos o Encontro Nacional de Floristas, na Expoflora de Holambra, uma concorrida feira de flores no interior do estado, onde surgiu a ideia de os cestos virarem cachepô para vasos de plantas e flores.

A Natura deu um empurrão decisivo ao lançar os cosméticos da linha Ekos usando urutus como embalagem. A empresa comprou 2 mil unidades dos Baniwa, uma encomenda inédita. Em 2003, a cestaria adquiriu visibilidade nos mercados de São Paulo e Rio, comercializada pela Natura, pelo Pão de Açúcar e pela Tok&Stok.

Lembro do dia em que o André Baniwa sentou diante de um computador do ISA, em São Paulo, e escreveu a palavra "baniwa" na ferramenta de buscas do Google. Não apareceu nada na tela. Zero. Nem uma referência. A decepção foi grande. Atualmente, quem teclar o Google verá que os Baniwa ocupam várias páginas da internet. A cestaria ajudou.

A Tok&Stok vendeu os cestos durante nove anos. A demanda de mercado levou a Oibi a estabelecer parâmetros para a confecção dos produtos e princípios para a negociação com as empresas. Mas não era fácil alinhar as necessidades dos gerentes das empresas com as expectativas dos artesãos. As discussões eram árduas, os conceitos eram novos e de difícil assimilação. Além disso, quanto mais sucesso, mais trabalho. Você tem que aprender a pedalar pedalando. Transferimos para São Gabriel a administradora de empresas Natalie Unterstell, a fim de melhorar o plano de negócios.

Havia inúmeros problemas. Os cestos eram transportados de barco pelo Içana até São Gabriel, transpondo dezenove corredeiras durante duas semanas de viagem. Depois, eram mais três dias de navegação até Manaus e, de lá, de avião para São Paulo. Volta e meia uma carga encalhava num braço de rio ou na burocracia de um aeroporto. Transpor as corredeiras demandava esforços físicos consideráveis, descarregar e arrastar o barco no seco, sobre as pedras. No fim da linha, no aeroporto, ainda acontecia de um fiscal paralisar o embarque porque as folhas de bananeira que embrulhavam o produto requeriam uma licença de transporte biológico. Aí o pessoal corria para o Ibama atrás da licença e a agência estava fechada.

Até mesmo a geração de renda produzia controvérsias. Na economia pouco monetizada do rio Negro, cem ou duzentos reais a mais representam muito. Parte do dinheiro ganho acabava frequentemente empregada em gastos fúteis represados, ou absorvida pelos donos de postos de diesel para os barcos. Também surgiam fofocas e tensões monetárias.

Um dia o pessoal mandou me chamar para discutir valores e preços. Queriam um novo parâmetro de remuneração: "uma dúzia de urutus por um violão novo". No caso, um instrumento da marca Del Vecchio custava, na época, 58 reais em São Gabriel. Para os Baniwa era mais fácil estimar o valor comparando-o ao custo de bens imprescindíveis. O violão era fundamental, pois os crentes cantam os salmos acompanhados por violão.

Para garantir o manejo sustentável do arumã recorremos ao apoio técnico do Inpa e do Conselho Nacional de Desenvolvimento Científico e Tecnológico (CNPq). Em 2003, mobilizamos 151 produtores e vendemos 17 mil cestas. O nosso projeto ganhou o prêmio Banco Mundial de Cidadania e o prêmio Chico Mendes 2002 do Ministério do Meio Ambiente.

Mas também havia gargalos. Na fronteira, a falta de apoio institucional mina os empreendimentos autônomos. Um sistema de comercialização de artesanato perecível em mercados longínquos demanda muito planejamento. Requer mais conhecimento sobre o extrativismo das espécies para diversificar a oferta de matérias-primas; mais participação comunitária; mais adensamento da produção; e mais planos de monitoramento de longo prazo.

Além disso, a demanda de mercado induz as comunidades a trabalhar maquinalmente. Quem disse que eles querem isso? As questões de linguagem são outra complicação. Os produtores falam baniwa e os consumidores, português. Certos conceitos da administração, como "gestão por processos" e "cadeia de valor", faziam pouco sentido. A produção das comunidades não é compatível com as metas, a padronização e a contabilidade das empresas. Também é preciso mobilizar gente na ponta, intermediários, destinatários e repartir oportunidades. No rio Negro, quem acumula poder se desgasta. A fofoca corrói os relacionamentos. Alguém sempre parece estar ganhando mais do que os outros.

Felizmente, a compreensão dos nossos parceiros fornecia um alento. Em 2004, uma comitiva da Gordon and Betty Moore — Gordon foi o criador dos microprocessadores Intel — visitou o ISA em São Gabriel levando a tiracolo o economista Jeffrey Sachs, professor da Universidade Columbia, conselheiro do Fundo Monetário Internacional (FMI) e do Banco Mundial, famoso pelos trabalhos de redução da pobreza.

Sachs havia trabalhado nas reformas econômicas dos países socialistas do Leste Europeu e contava histórias interessantes de Mikhail Gorbatchóv, Boris Iéltsin e Slobodan Milošević, o presidente da Sérvia que morreu na prisão, em Haia, durante seu julgamento por crimes de guerra. Eterno figurante de listas de candidatos ao Nobel de economia, Sachs estava muito interessado em sustentabilidade.

O economista examinou a cadeia indígena de produção de mandioca e constatou que a sua diversidade não gerava aumento de renda porque era uma commodity de baixo valor agregado, com pouco beneficiamento. Sugeriu mirar produtos que agregassem valor. Suas observações contribuíram para abrir os nossos olhos para as oportunidades da pimenta baniwa, nossa próxima aventura.

A visita da Fundação Moore deu um impulso ao ISA. A princípio, eu não queria ir a São Gabriel para recepcioná-los porque pretendia tirar férias com a família na Patagônia, eternamente adiadas. Mas o Enrique Ortiz, oficial da Iniciativa Andes Amazônia da Moore, insistiu que eu fosse. "Beto, a fundação aprovou 50 milhões de dólares para cinco anos de investimento em conservação na Amazônia e quer conversar com você primeiro."

O ISA me apertou e me obrigou a ir. Topei, mas exigi que escalassem o Pedrão Martinelli para cozinhar e o Leão Serva para fazer a diplomacia. De novo, deu tudo certo. Os americanos passaram uma semana em Manaus e outra em São Gabriel, imersos em experiências amazônicas. Ficaram entusiasmados com os programas do rio Negro, conheceram a Foirn, visitaram comunidades em longas caminhadas a pé pela floresta e pescaram tucunarés. O Enrique Ortiz garantiu 600 mil dólares para os nossos projetos.

Eu tinha deixado a maquete da nova sede do ISA, exposta em cima de uma mesa, iluminada por um facho de luz. Lá pelas tantas, em meio a uma roda de conversas amenas na cozinha, o Mick Sydell, amigo pessoal do Gordon Moore, membro do Conselho Fiscal e diretor do Programa Ambiental da fundação, botou o olho na peça e perguntou: "O que é isso?". No dia seguinte indagou: "Quanto vai custar?". Respondi que não sabia, mas liguei para o Zezão em São Paulo — um calculista da Petrobras amigo do meu pai — e pedi uma estimativa, um cálculo aproximado, ainda que arbitrário. Ele juntou alguns índices da construção civil e chutou: 800 mil dólares. O Sydell coçou a barba, levantou os braços e fez um sinal: "Bota na conta!". O Enrique Ortiz ficou mais surpreso do que eu, mas aceitou. Foi assim que viabilizamos a sede nova do ISA, o "Curupirão", um dos prédios mais destacados de São Gabriel.

Às vezes ganhamos, às vezes perdemos. O que aprendi é que tentar amansar o mercado com projetos sustentáveis é como amansar o Brasil. Só mesmo um Exército de Brancaleone. Os percalços e os transtornos se multiplicam. É um leão por dia. E parece que aumentam de tamanho.

Não por acaso, em 2005, quando saiu o índice anual de desmatamento, entramos em alerta vermelho, com todas as luzes piscando: 27772 quilômetros quadrados devastados! Dá para acreditar? De 2002 a 2004, as queimadas assolaram o arco do desmatamento, quase ultrapassando o recorde sinistro de 1995. Para muitos, a escalada-monstro configurava um fenômeno mais difícil de controlar do que a inflação domada pelo Plano Real. Tratava-se de frear uma aceleração inercial impulsionada por milhares de agentes numa fronteira sem lei.

Só que, dessa vez, o governo reagiu. Em março de 2004, o Plano de Ação para Prevenção e Controle do Desmatamento na Amazônia Legal (PPCDam), proposto pela Marina, coordenado pelo Capô e agilizado pela Casa Civil da Presidência, deflagrou ações transversais em catorze ministérios, com uma inédita cooperação institucional. Pela primeira vez um programa ambiental recebeu investimentos de monta: 394 milhões de reais.

A fiscalização foi incrementada pelo monitoramento de satélite do Instituto Nacional de Pesquisas Espaciais (Inpe), que abriu seus dados e implantou o Sistema de Detecção de Desmatamento em Tempo Real (Deter), capaz de remeter informações em tempo real para Ibama, Polícia Federal e Forças Armadas.

Agentes foram mobilizados para intervir nos focos de queimadas durante a ocorrência, às vezes descendo de helicóptero na floresta. A concessão de crédito rural para propriedades irregulares foi suspensa em 52 municípios-alvo para o controle do desmatamento.

O Incra recebeu recursos para regularização fundiária. A Empresa Brasileira de Pesquisa Agropecuária (Embrapa) ganhou incentivos para programas de integração lavoura-pecuária-floresta. Cerca de 60 mil títulos frios de grilagem de terras foram cancelados. Mais de 1500 madeireiras clandestinas foram fechadas. No Mato Grosso, a Operação Curupira mobilizou 480 policiais e prendeu quase cem infratores. Grileiros e invasores de terras perceberam os riscos do fim da impunidade.[2]

Em decorrência disso, a partir de 2004 e até 2014, durante dez anos, os índices de desmatamento arrefeceram. O principal vetor de emissões de gás carbono do país foi reduzido em 80%, proporcionando uma contribuição inédita para a redução das emissões e a mitigação das mudanças climáticas em escala global.

Entre 2003 e 2008, as áreas protegidas na Amazônia aumentaram em 60%. Entre 2004 e 2009, mais de 100 mil quilômetros quadrados de terras indígenas foram homologados. Cerca de quarenta unidades de conservação foram criadas em áreas de pressão. Por que deu certo? Porque o governo implementou uma agenda afirmativa de ação coordenando ministérios e agências.

Nesse embate, o Capô foi a tampa da panela da Marina. Os dois são opostos complementares — origem de classe, educação formal e experiências — e souberam conjugar esforços. Marina enfrentava reuniões massacrantes no palácio, tomava calmante e levava o Capô como escudo para peitar os homens brancos com endereço em São Paulo.

Olhando retrospectivamente, aquela foi uma década de esperança, sim. A opinião pública e a população regional perceberam a mudança. Porém, quando a década começou, estávamos engolfados numa batalha cerrada.

Coincidindo com o aniversário de dez anos da fundação do ISA, em 2004 o instituto lançou a campanha Amansa Brasil, um ciclo de eventos destinado a realizar um balanço crítico dos rumos do desenvolvimento do país. Mobilizamos uma nova rede de antropólogos, cientistas, jornalistas, biólogos, geógrafos, economistas, advogados, arqueólogos e especialistas de várias áreas para apresentar uma síntese do Brasil do ponto de vista socioambiental e refletir sobre o futuro. Destinado à atualização periódica, em 2005, lançamos o *Almanaque Brasil socioambiental*, o primeiro número com 480 páginas de artigos e fotos, apresentando balanços sobre os estados da arte de cada bioma brasileiro. Três anos depois, a segunda edição, com 550 páginas, reuniu 122 colaboradores empenhados em debater os modelos insustentáveis de produção e consumo.

"Desenvolvimento, sim. De qualquer jeito, não" — ressaltava o manifesto "Amansa Brasil". Convicto da urgência não de "parar para pensar", mas de "pensar para não parar", nosso editorial advertia:

É imperativo repensar os caminhos pelos quais vamos enveredando [...]. Esses caminhos nos conduzem a uma forte aceleração do ritmo, já perigosamente rápido, de destruição irreversível de um dos componentes básicos de nossa identidade como nação: nossa diversidade socioambiental. [...] Sociodiversidade e biodiversidade deveriam ser nossos principais trunfos em um mundo em acelerado processo de globalização. Mas eis-nos aqui, ainda e sempre, teimando em serrar o galho em que estamos sentados, com [...] um modelo ecologicamente predatório, economicamente concentrador, socialmente empobrecedor e culturalmente alienante.[3]

Entre cenários ameaçadores e avanços predatórios, coube ao ISA ser convidado a participar de um ciclo de estudos sobre a Amazônia, ainda em 2004, no Palácio do Planalto, em Brasília. A iniciativa partia do Gabinete de Segurança Institucional e do Ministério da Integração Nacional, liderado pelo ministro Ciro Gomes. O governo Lula lançara o Programa de Desenvolvimento da Faixa de Fronteira e queria discutir o assunto espinhoso com especialistas, ONGs e acadêmicos, como o historiador Francisco Carlos Teixeira da Silva e as geógrafas Bertha Becker e Lia Osório Machado, da UFRJ.

Filha e neta de militares, a professora Lia Machado abriu uma caixa de Pandora no seminário ao abordar os temas de "segurança externa" e "segurança interna". Lia afirmou que os militares eram obcecados pela "ocupação da fronteira", a "internacionalização da Amazônia" e a suposta "soberania das nações indígenas", mas eram negligentes com grilagem de terras, narcotráfico, garimpo ilegal, contrabando de ouro, tráfico de armas, falta de saneamento e proliferação de favelas rurais.

A professora lavou a nossa alma ao enfatizar que o Itamaraty não tinha noção dos problemas da Amazônia; que a Marinha não tomava uma iniciativa nos rios da região; e que ninguém pagava o Imposto Territorial Rural no país. Disse que os militares estavam presos a uma geopolítica velha, que sonegavam informações à sociedade civil e detestavam que se revelasse que sabiam o que acontecia, mas se desviavam da responsabilidade. Foi um choque. No intervalo dos debates, no balcão de café, ouvi alguns oficiais inconformados. "Quem essa mulher pensa que é?" "Como tem coragem de vir aqui dizer isso?"

Herança africana

A experiência prévia do nosso ex-secretário-executivo João Paulo Capobianco com a Mata Atlântica foi determinante para o ISA estabelecer, em 2004, o Programa Vale do Ribeira. Seu objetivo era construir um modelo de desenvolvimento regional sustentável no bioma em parceria com quilombolas, prefeituras e organizações civis.

O vale é um território especial: o Ribeira de Iguape é o último grande rio não barrado do estado de São Paulo. Na época, a região abrigava 23% dos 12% da Mata Atlântica restante no país. Só no Vale do Ribeira há 33 comunidades quilombolas.

Sob a coordenação de Nilto Tatto, ex-administrador do Cedi e do ISA, atuante na Atix e na Foirn — que em 2014 se elegeria deputado federal pelo PT-SP —, o instituto estabeleceu uma base em Eldorado, intensificando a atuação iniciada em 1996 com a elaboração do *Diagnóstico socioambiental do Vale do Ribeira*. Em 1998, também apoiamos a consolidação do Quilombo de Ivaporunduva, o primeiro legalizado no estado de São Paulo.

A Constituição de 1988 (art. 68, Disposições constitucionais transitórias) estabeleceu que "aos remanescentes das comunidades dos quilombos que estejam ocupando suas terras é reconhecida a propriedade definitiva, devendo o Estado emitir-lhes os títulos respectivos".

Porém, a Fundação Palmares, encarregada da titulação, avançou pouco. Criada para mitigar a dívida histórica da escravidão promovendo os valores culturais das populações afrodescendentes às quais o país tanto deve, a agência do Ministério da Cultura carece de definição estratégica até para estabelecer parcerias.

Há milhares de quilombos não reconhecidos no país, herança da abolição da escravatura realizada sem o reconhecimento da cidadania dos escravos, jogados ao desamparo. A incúria prolongou o racismo estrutural na sociedade brasileira pelos séculos seguintes.

O ISA pensou muito antes de assumir essa responsabilidade. A base sociológica dos quilombos nada tem em comum com a dos povos indígenas. Chegamos a cogitar a elaboração de uma série *Povos quilombolas no Brasil*, similar à coleção *Povos indígenas no Brasil*, mas as condições eram adversas. Seria preciso constituir uma equipe motivada de pesquisadores para juntar informações na África e no Brasil, e montar um modelo participativo de trabalho capaz de espelhar relações acumuladas satisfatórias entre todos os atores envolvidos.

Arrumar financiamento também não é simples. O volume de terras sob a governança de quilombos é exponencialmente menor do que sob o controle indígena. O apelo conservacionista, portanto, é mais fraco. Em consequência, durante um bom tempo o Programa Vale do Ribeira sobreviveu às custas do apoio institucional do ISA. Na prática, o Nilto acabava batalhando isolado, segurando a tocha sozinho. O programa foi deficitário por um bom tempo, até finalmente conseguir se estruturar. Ao mesmo tempo, o movimento quilombola evoluiu, se organizou e cresceu politicamente.

Em 2007, impulsionamos a campanha Cílios do Ribeira, de restauração das matas ciliares da bacia do rio, em parceria com o Instituto Vidágua e quarenta instituições. Em 2008, lançamos a Agenda Socioambiental de Comunidades Quilombolas do Vale do Ribeira.

Também elaboramos o planejamento territorial dos quilombos de São Pedro (2010), de Morro Seco (2012), e realizamos o *Inventário cultural de quilombos do Vale do Ribeira* (2013), fundamental para obter o reconhecimento do Sistema Agrícola Tradicional Quilombola no Instituto do Patrimônio Histórico e Artístico Nacional (Iphan), em 2018.

Em 2020, instituímos a Rede de Sementes do Vale do Ribeira e criamos a sua primeira Casa de Sementes, replicando o sucesso da Rede de Sementes do Xingu. Na pandemia de covid-19, os quilombolas do Ribeira se solidarizaram com comunidades da periferia de São Paulo produzindo e entregando alimentos na favela Jardim São Remo, na Zona Oeste. Poucos tomaram conhecimento dessa ação bonita de se ver.

Há milhares de quilombos do Maranhão ao Rio Grande do Sul. Em 2019, a Fundação Palmares certificou a existência de 3212 comunidades quilombolas com 1,2 milhão de moradores, 75% dos quais em estado de pobreza extrema. Os quilombos ocupam 0,14% do território nacional, área muito menor que os 13,77% ocupados pelas terras indígenas — outra expressão de desamparo.

No contexto da pandemia, o IBGE publicou o estudo *Dimensionamento emergencial de populações residentes em áreas indígenas e quilombolas*, antecipando que a população quilombola ultrapassaria a população indígena no Censo de 2022. No entanto, o instituto acabaria contando 1,33 milhão de quilombolas, no primeiro levantamento oficial dessa população, e 1,69 milhão de indígenas (no Censo 2010, eram 896 mil). O movimento antirracista precisa ter uma instituição autônoma, independente do Estado e da Fundação Palmares, para elaborar um levantamento detalhado e atualizável sobre a realidade dos quilombos, promover os direitos das populações afrodescendentes e mitigar a dívida nacional com séculos de escravidão. A antropologia precisa dar uma contribuição específica.

Para nós, a parceria com os quilombolas abriu um novo horizonte de saberes tradicionais e de ações reparatórias contra a discriminação.

16. Avanços e recuos (2005 a 2011)

> A impressão de vertigem, quase de pânico, que atravessa toda a política contemporânea deve-se ao fato de que o solo desaba sob os pés de todo mundo ao mesmo tempo, como se nos sentíssemos atacados por todos os lados em nossos hábitos e bens.
>
> Bruno Latour, *Onde aterrar?*

Quem examina os números do desmatamento entre 2004 e 2014 se espanta com a queda registrada, sobretudo com as taxas entre 2006 e 2012. A "besta indomável" foi amansada por uma ação governamental coerente. Os números são eloquentes: 27772 quilômetros quadrados em 2004; 14286 quilômetros quadrados em 2006; 12911 quilômetros quadrados em 2008; 6418 quilômetros quadrados em 2011; e 4571 quilômetros quadrados em 2012. A freada na devastação ilegal renovou as esperanças de uma perspectiva racional para a conservação da Amazônia.

Infelizmente, não durou muito. Em 2004, o governo lançou o Plano de Desenvolvimento Regional Sustentável para a Área de Influência da Rodovia BR-163 Sustentável, com ações preventivas para evitar os impactos socioambientais previsíveis da pavimentação da estrada Cuiabá-Santarém. Promoveu debates com a participação de atores regionais, especialistas, movimentos sociais e ONGs. Mas as resistências, dentro e fora da administração, adiaram a aprovação até 2007.

Ocorre que, junto com a queda do desmatamento, a política caiu em descrédito. Em junho de 2005, o deputado Roberto Jefferson (PTB) acusou o governo do presidente Lula e o ministro da Casa Civil, José Dirceu, de pagarem 30 mil reais mensais a deputados para aprovar projetos na Câmara dos Deputados segundo os interesses do PT.

No canteiro profundo do desprezo histórico da esquerda pela direita floresceu um diagnóstico fatal. O chamado Mensalão revelou um erro duplo de percepção: o ministro achou que usando recursos de direita viabilizaria uma maioria confortável no Congresso. Os deputados pegaram o dinheiro e não entregaram o combinado. Aconteceu o oposto do que se esperava, um escândalo.

Em meio à decepção geral, foi publicado na Inglaterra o Relatório Stern, com setecentas páginas de cenários apocalípticos sobre o futuro do planeta. O trabalho, liderado pelo economista Nicholas Stern, ex-diretor do Banco Mundial no Reino Unido, advertia claramente: "Os benefícios de uma ação forte e imediata para enfrentar as mudanças climáticas ultrapassam de longe o custo de não fazer nada". Suas projeções eram assustadoras, de se torcer para estarem erradas.

Se nada fosse feito e o cenário *business as usual* perdurasse na economia mundial, afirmava o estudo, o planeta deveria chegar a 2035 acumulando na atmosfera o dobro de gases de efeito estufa do que havia antes da Revolução Industrial, sob uma provável temperatura média dois graus mais quente. As consequências ecológicas, econômicas e sociais seriam desastrosas.

Não há nada mais incerto do que previsões do futuro. Mas as projeções de Stern elevaram o valor das florestas como guardiãs estabilizadoras de grandes estoques de carbono. A conservação da Amazônia passou a ser vista como vital para a moderação dos efeitos da mudança climática.

O recado estava claro quando decidimos abrir os debates para a discussão do Plano Diretor de São Gabriel da Cachoeira, atendendo à Constituição de 1988 e ao Estatuto da Cidade. A lei determinava a realização de planos diretores em todos os municípios de mais de 20 mil habitantes. O ISA puxou discussões sobre o futuro do rio Negro e integrou o núcleo gestor encarregado de coletar e organizar propostas. A prefeitura, os vereadores, as associações de bairro, as organizações indígenas, as igrejas, o Exército e as universidades participaram dos debates sobre as prioridades de investimento em saneamento, saúde, educação, habitação, energia, transporte e ordenamento territorial.

Em novembro de 2006, a Câmara dos Vereadores aprovou o Plano Diretor do Município, definindo o macrozoneamento do território de 109 mil quilômetros quadrados — o terceiro maior do país —, que incluía terras indígenas, unidades de conservação e área urbana. Foram criadas seis regiões administrativas coincidentes com as cinco coordenadorias regionais da Foirn, correspondentes às cinco calhas dos rios principais, cada qual com seu complexo étnico-cultural, e mais uma região para a área urbana de São Gabriel. Cada região ficou encarregada de elaborar o seu próprio Plano Diretor Regional e as terras indígenas, os seus próprios PGTAS.

Na teoria até que foi fácil. Infelizmente, a exigência constitucional não foi acompanhada pela alocação de financiamento correspondente. Houve muito esforço de planejamento, mas zero esforço de execução governamental. É verdade que na COP12, em Nairóbi, em 2006, o governo tentou captar recursos propondo incentivos contra o desmatamento nos países tropicais. O Ministério do Meio Ambiente sugeriu investimentos vinculados à apresentação de resultados, não só promessas.

Também abriu negociações para a criação do Fundo Amazônia, destinado a captar recursos globais para ações de conservação e sustentabilidade das florestas, gerido pelo Banco Nacional de Desenvolvimento Econômico e Social (BNDES). O Itamaraty, entretanto, resistia à vinculação entre o desmatamento e a crise climática, empenhado em minimizar a contribuição brasileira para o efeito estufa e a maximizar a responsabilidade histórica dos países desenvolvidos.

Na verdade, a maré estava virando contra nós. Em janeiro de 2007, o lançamento do Plano de Aceleração do Crescimento (PAC) acirrou as críticas contra o descaso pelos impactos do desenvolvimento. O ISA manifestou-se contra o plano. Em julho de 2007, a ministra Marina Silva rachou com a ministra da Casa Civil, Dilma Rousseff, por causa do licenciamento precipitado das hidrelétricas Santo Antônio e Jirau, no rio Madeira.

A Diretoria de Licenciamento Ambiental do Ibama negou a licença prévia para a obra e questionou sua viabilidade. A agência federal criticou a precariedade dos relatórios ambientais elaborados pela estatal Furnas e pela empreiteira Odebrecht. Pediu mais estudos, porém o governo tinha pressa em aumentar a oferta de energia. O presidente Lula reclamou que o Ibama estava travando o desenvolvimento, e os responsáveis eram os ambientalistas. Segundo o jornal *O Estado de S. Paulo*, durante uma reunião do conselho político o líder teria desabafado: "Não pode por causa do bagre? Jogaram o bagre no colo do presidente. O que eu tenho com isso?".[1] O presidente se referia às espécies de peixes que sustentam a economia pesqueira do rio Madeira, afetada pela construção das usinas.

Nesse contexto tumultuado, o presidente decidiu ir a São Gabriel em setembro para lançar o PAC Social Indígena. Sua comitiva incluía o ministro da Justiça, Tarso Genro, o ministro da Saúde, José Gomes Temporão, o ministro dos Transportes, Alfredo Nascimento, o governador do Amazonas, Eduardo Braga, o presidente da Funai, Márcio Meira, e o presidente da Funasa, Danilo Fortes.

O PAC Social Indígena propunha demarcar 127 terras indígenas, mas não informava quais. Prometia recuperar áreas degradadas, anunciava a criação de "Territórios Indígenas da Cidadania" junto com o Ministério da Reforma Agrária, assegurava recursos para onze frentes de proteção a povos isolados, garantia a documentação de vinte línguas ameaçadas e oferecia apoio para o fortalecimento das organizações indígenas. A Funai anunciou 44% de aumento para o orçamento de 2008. Muitas promessas.

Na primeira manhã da visita, em reunião no Círculo Militar de São Gabriel, a Foirn cobrou apoio ao Programa Regional de Desenvolvimento Indígena Sustentável, entregue à equipe de transição do governo em 2002, ignorado durante cinco anos. O presidente disse que desconhecia o documento e que mandaria investigar quem o havia "guardado" em Brasília. As lideranças criticaram os desvios de verba para a saúde indígena na Funasa. Davi Kopenawa reclamou que o senador Romero Jucá (PMDB-RR) manobrava para aprovar um anteprojeto de Lei de Mineração em Terras Indígenas.

À tarde, Lula foi ao Ginásio de Esportes comandar um ato público numa assembleia lotada. Prometeu que promoveria uma "reparação" às populações indígenas esquecidas pelas políticas públicas. Anunciou obras como a recuperação da BR-307, de São Gabriel a Cucuí, melhorias no terminal hidroviário de Camanaus e a construção da PCH de Miuá, abandonada pelo governo FHC. Nenhum dos projetos passara por consultas às lideranças locais.

Durante a cerimônia, o presidente da República chamou o presidente da Foirn ao palco. O Domingos Barreto se adiantou, e Lula o abraçou efusivamente. Ficaram cochichando enquanto o ginásio morria de curiosidade para saber o que diziam. O Domingos contou depois que o presidente garantiu que "sempre apoiaria a Federação e as reivindicações indígenas" e insistiu para que o dirigente falasse diretamente com ele, sem intermediários, quando precisasse. Tirou um cartão do bolso e repetiu: "Qualquer coisa, me chame".

Eleitoralmente, a visita foi um sucesso. No ano seguinte, nas eleições de 2008, o PT ganhou em São Gabriel, elegendo o prefeito Pedro Garcia Tariano e o vice-prefeito André Fernando Baniwa (PV), ex-dirigentes da Foirn, os primeiros indígenas a comandar uma cidade na Amazônia. Mas a alegria não durou.

Eu desconfiava que a aliança de um Tariana, aliado aos Tukano, com os Baniwa estava mal costurada. Esses povos têm uma relação antiga de rivalidade e desconfiança. Nunca haviam se aliado antes. O André acabou escanteado como vice-prefeito, e o Pedro se ligou a um pessoal de reputação duvidosa do PT de Manaus. Cheguei a adverti-lo, e ele não gostou nem um pouco. Logo apareceram "dossiês" de corrupção contra a prefeitura.

Meses após a visita do presidente a São Gabriel, veio outra derrota, amarga. Em maio de 2008, a senadora Marina Silva se demitiu do Ministério do Meio Ambiente. A gota d'água foi o lançamento do Plano Amazônia Sustentável (PAS) sob a coordenação de Roberto Mangabeira Unger, que não participara da elaboração do programa urdido desde 2003. Marina acabou saindo também do PT, em 2009, e se candidatando à Presidência em 2010, 2014 e 2018.

O presidente Lula e o novo ministro do Meio Ambiente, o deputado estadual carioca Carlos Minc, consolidaram o Fundo Amazônia, financiado por Noruega e Alemanha, estabelecido para promover a conservação e a sustentabilidade das florestas. O fundo custeou a modernização do Ibama e a consolidação de unidades de conservação do projeto Áreas Protegidas na Amazônia (Arpa), tocado pelo Fundo Brasileiro para a Biodiversidade (Funbio).

Em dezembro de 2009, o Congresso promulgou a lei nº 12187, instituindo a Política Nacional sobre Mudança do Clima, coordenada pelo ex-deputado federal Alfredo Sirkis. O Brasil assumiu a meta de cortar ao menos 36% das emissões de gases de efeito estufa, até 2020, e de zerar o desmatamento na Amazônia. Tarefas difíceis de cumprir.

Em meio a avanços e recuos, o ISA deu um passo arrojado ao incorporar a CCPY, em 2009. A CCPY tinha uma boa reputação no exterior, mas uma retaguarda precária em Roraima. A discussão foi longa e intensa, mas acabou bem. A bacia do rio Branco foi incluída no Programa Rio Negro, que passou a abarcar nada menos do que 86 territórios indígenas reconhecidos, dezesseis sem reconhecimento, 77 unidades de conservação e quarenta povos indígenas, uma vasta região no norte da Amazônia.

Assumimos o escritório da CCPY em Boa Vista aceitando os desafios. A longo prazo, a meta era implantar um programa sustentável, o oposto do avanço desordenado da ocupação predatória ao longo da rodovia Manaus-Boa Vista, a BR-174. Em termos imediatos, fortalecer as organizações indígenas e encarar o ordenamento territorial da região.

Foirn e Hutukara eram substancialmente diferentes. A Foirn é uma federação de organizações de 23 povos de oito etnias, letrados pela caligrafia salesiana, com 750 comunidades e vinte anos de evolução política. A Hutukara representa uma etnia de 29 mil Yanomami falantes de seis línguas até há pouco desprovidas de alfabeto, com 380 comunidades em território montanhoso de difícil acesso em Roraima e no Amazonas. Montar mecanismos de consulta numa base tão dispersa não é tarefa fácil.

As primeiras providências foram manter os especialistas que falassem yanomami, como o Marcos Wesley e a Lídia Montanha, e apostar na radiofonia para estender a capilaridade da organização. Com apoio da Rainforest Foundation da Noruega e da embaixada norueguesa, montamos uma rede de dezessete estações. Criamos uma coordenação adjunta do Programa Rio Negro em Roraima, liderada pelo Marcos Wesley, e lançamos uma campanha de fundos para ampliar o sistema para 87 estações instaladas mediante operações de transporte aéreo com teco-tecos.

Em 2015, a rede cresceu para 33 estações. Era preciso arrecadar 10 mil reais para cada base instalada: 6 mil reais para o aparelho de rádio, a antena, o painel solar e a bateria; mais 4 mil para o serviço aéreo, em média três horas de voo, sem falar no treinamento das equipes e dos operadores. Uma conta alta para os nossos padrões. Mas os Yanomami ganharam mais um recurso importante para se defender dos agressores.

"Branca, Branca, Branca! Leon, Leon, Leon!"

A rede Hutukara atualmente divulga notícias e ações de saúde, estimula o projeto Yaripo de ecoturismo e apoia a produção de cogumelos e de cacau yanomami, bem como ações preventivas contra as ameaças garimpeiras, que não pararam, até hoje, de assediar o território. Os Yanomami querem estabelecer um sistema de alerta contra invasões capaz de diminuir a vulnerabilidade das terras indígenas.

Durante o governo Lula, sofremos um golpe duro em 2010 com a aprovação da licença prévia para a instalação da usina hidrelétrica de Belo Monte, no Xingu, a versão reformada do antigo projeto das usinas Kararaô e Babaquara que levara ao Encontro de Altamira em 1989. Os críticos denunciavam que a usina iria gerar 11 mil megawatts de energia em três meses de cheia do rio e apenas mil megawatts nos três meses de seca.

A concessionária Norte Energia contratou as empreiteiras Andrade Gutierrez, Camargo Corrêa e Odebrecht para executar as obras civis, orçadas em 19 bilhões de reais em 2011. Em 2017, o valor, superfaturado, atingiu 38,6 bilhões, sem contar o custo das externalidades. Os caras pegaram uma montanha de dinheiro e distribuíram para os cupins.

Em 2016, os executivos da Andrade Gutierrez confessaram, em delação premiada, o pagamento de 150 milhões de reais em propinas para a construção da hidrelétrica. Nesse ano, o Ministério Público Federal já acumulava 25 ações judiciais contra a obra. A título de compensação, o "componente indígena" do Plano Básico Ambiental de Belo Monte despejou 30 mil mensais nas aldeias indígenas próximas. Distribuiu voadeiras, caminhonetes, motosserras, combustível, arroz, açúcar, colchões Ortobom e obras em escolas e postos de saúde. Porém, ignorou os impactos sobre a pesca e a expulsão das famílias ribeirinhas do rio. Só na zona urbana de Altamira, 22 mil pessoas foram transferidas para reassentamentos coletivos.

O ISA entrou na luta contra Belo Monte desde o início. Em 2016, junto com a Universidade Federal do Pará (UFPA), produzimos o *Atlas dos impactos da UHE Belo Monte sobre a pesca* e um *Zoneamento do território ribeirinho* com propostas de indenização e recomposição social. Com o suporte da SBPC e o apoio da Defensoria Pública da União, apoiamos a criação do Conselho Ribeirinho, que conseguiu, em 2019, incluir os interesses dessa população nos programas de compensação da usina.

Vista do terraço

A sede do ISA inaugurada em São Gabriel em 2006 foi projetada pela empresa paulista Brasil Arquitetura e construída com materiais indígenas. Apelidado de "Curupirão", o prédio possui três pavimentos protegidos por uma "pele" de madeira que o resguarda das chuvas de vento amazônicas, além de uma cobertura de piaçava que proporciona conforto térmico. O teto em cumeeira sugere um guarda-chuva sem cabo.

O terraço se abre para a paisagem transcendental do rio Negro. O térreo abriga um salão multiúso para trabalho e exposições, biblioteca e telecentro. No pavimento intermediário ficam os apartamentos para o trânsito da equipe e colaboradores. No último piso, um terraço com redário para descanso, uma cozinha e uma sala de baterias.

O prédio foi concebido para expressar uma relação amigável com o ambiente, em contraposição à regra dominante nas cidades ribeirinhas de construir as casas de costas para as águas, utilizando os rios como esgoto doméstico ou depósito de lixo. O edifício reverencia a paisagem do rio, as corredeiras, as praias de areia branca e a Floresta Amazônica a perder de vista. A decisão de implantar o espaço de convivência com belvedere no último piso, debruçado sobre a paisagem, deixa claro o princípio adotado.

O Curupirão é um equipamento democrático de uso público frequentado por indígenas das comunidades do rio Negro e atrai inúmeros visitantes, como o bispo dom Edson Damian, padres e pastores de São Gabriel, generais, políticos, como o ex-governador Amazonino Mendes, autoridades e pesquisadores. O Clube das Guerreiras, formado por mulheres de militares, realiza encontros e desenvolve programas sociais na instalação.

No mesmo ano da inauguração da nova sede, a Foirn e o ISA obtiveram o reconhecimento da cachoeira da Onça, em Iauaretê, como Patrimônio Cultural do Brasil pelo Iphan. Em nheengatu, *yauaratê* significa "cachoeira das onças". De grande importância simbólica para os povos que vivem nas margens dos rios Uaupés e Papuri, a cachoeira foi o primeiro "bem cultural de caráter imaterial" inscrito do Livro de Registro de Lugares do Iphan. O reconhecimento da relevância desse cenário mitológico do rio Uaupés fortaleceu a cultura dos Tukano, dos Tariana, dos Desana e dos Pira-Tapuya.

Pinguelinha

Meses antes da eleição de 2010 a campanha da senadora Marina Silva à Presidência da República contratou uma pesquisa sobre a percepção da candidata pela mídia. O resultado foi apresentado por Mauro Paulino, do Datafolha, a um grupo de apoiadores no Instituto Goethe, em São Paulo, convidados a discutir a ascensão da candidata para o terceiro lugar nas intenções de voto.

Marina e Guilherme Leal, candidato a vice-presidente, eram admirados pela agenda ambiental e pelas posições em defesa da Amazônia, mas ignorados nos debates sobre economia, educação, saúde, segurança pública, déficit fiscal e política industrial. Tinham pouco reconhecimento fora da pauta ambiental.

Após a apresentação da pesquisa, os participantes foram convidados a se manifestar. Vários elogiaram a militância e a seriedade da senadora, mas demonstraram ceticismo quanto à hipótese de vitória numa eleição polarizada entre PT e PSDB. Alguns expressaram insegurança sobre sua capacidade de formar alianças políticas e maiorias parlamentares sólidas para enfrentar os problemas do país.

Após várias intervenções, foi a vez do Márcio Santilli falar:

Marina, você deve lembrar que no dia seguinte ao anúncio da sua candidatura fui ao seu gabinete, em Brasília, levar apoio. Disse que você poderia contar comigo, que estava pronto para ajudar em qualquer coisa e que defenderia seu governo até o meu limite.

Atualmente, você está em terceiro lugar nas intenções de voto, mas pode subir para segundo. Se um movimento nacional te colocar no segundo lugar, você tem de encarar a possibilidade de chegar em primeiro e ganhar a eleição. Trata-se de assumir o governo, virar o jogo e planejar mudanças. Nesse sentido, tenho uma pergunta a fazer. Quanto você vai pagar? Quanto você vai pagar aos deputados do Centrão para governar?

O céu desabou sobre a audiência. Muitos ficaram indignados com a pergunta. Uns riram amarelo. O empresário Ricardo Young, o próximo a falar depois de Santilli, resumiu o abatimento admitindo que a tarefa de governar talvez fosse "prematura" e que a campanha precisava "amadurecer". Quem sabe mais para a frente? Ficamos surpresos com a mudança de humor da reunião. A senadora escutou as intervenções sem dizer nada e quando chegou a sua vez fez uma retrospectiva da sua trajetória. Nunca esqueci o que ela disse:

Minha vida inteira foi um desafio. Tudo sempre muito difícil. Sempre o medo terrível de não conseguir, de dar errado. Minha mãe morreu quando eu tinha quinze anos. Fiquei com um pai seringueiro e oito irmãos para cuidar. Desisti de ser freira para ser empregada doméstica.

Quando os companheiros começaram a fazer empates para barrar o desmatamento no Acre eu morria de medo. Imaginava a violência e esperava o pior. Mas tive sorte. Um dia, decidiram que eu deveria ser vereadora. "Como assim? Que absurdo! Eu? Vocês estão loucos! Não dá! Não tenho condições!". Em 1990 foi muito pior, me empurraram para ser deputada federal em Brasília.

Nada, porém, nada se compara ao pânico que senti quando entrei no Senado em 1995. "O que você está fazendo aqui, Marina? Você é louca?" Eu tinha 36 anos, fora alfabetizada no Mobral e era a mais jovem senadora da história. Estava completamente apavorada.

Pois, agora, quero dizer que gostei muito dessa reunião. Achei muito interessante. Ao contrário das histórias da minha vida, dessa vez acho que pode dar certo. Vejo um cenário estimulante. Acho que tem uma ponte, uma pinguelinha estreita, sim, mas dá para atravessar e chegar lá. Só tem uma coisa de que vocês não estão se dando conta. Não sou eu quem vai atravessar. São vocês! Vocês é que vão governar. Vocês!

0,01% bonzinhos

Após doze anos de tramitação e impasse no Congresso, em maio de 2011 a Câmara dos Deputados aprovou por maioria acachapante — 410 votos a 63 — o projeto do novo Código Florestal, redigido pelo deputado Aldo Rebelo, do PCDOB. A lei propunha isenção de reserva legal em propriedades rurais, regularização de ocupações ilegais em áreas de preservação permanente (APPS) e anistia para desmatamentos feitos até 2008. Uma dura derrota para nós.

Seis meses depois o Senado aprovou — por 59 votos a sete — uma nova redação do projeto, ampliando ainda mais a anistia e reduzindo as áreas de conservação em estados com mais de 65% do território ocupado por áreas protegidas (como Roraima). Reconduzido à Câmara, o Código Florestal foi aprovado flexibilizando ainda mais a preservação ambiental.

O agronegócio provou a sua hegemonia e impôs uma barreira aos ambientalistas e seus aliados. Após a aprovação da lei, ainda tentou-se pressionar a presidente Dilma para vetá-la. Porém, em maio de 2012, após doze dos 84 artigos propostos serem vetados, o governo promulgou a Lei de Proteção de Vegetação Nativa (também conhecida como "novo Código Florestal"), especificando as novas normas da conservação florestal do país.

O ISA questionou a constitucionalidade de vários dispositivos do Código no STF. Conseguimos atenuar alguns pontos, vencemos alguns no varejo, mas perdemos no atacado. A lei anistiou e reduziu a obrigação de recomposição de matas ciliares, topos de morros, encostas e manguezais. Mas reiterou a preservação de 80% da área dos imóveis florestais na Amazônia como reserva legal ou APP; de 35% dos imóveis no Cerrado; e de 20% nos demais biomas.

No total, foram anistiados 470 mil quilômetros quadrados de florestas desmatadas ilegalmente até 2012! O Comitê Brasil em Defesa das Florestas e do Desenvolvimento Sustentável classificou o novo Código como "retrocesso ambiental". O Instituto de Pesquisa Ambiental da Amazônia (Ipam) protestou contra a anistia às multas. O coordenador do ISA em Brasília, Raul Telles, classificou a autorização para reflorestamento de APPs com espécies exóticas, como o eucalipto, como um ataque à biodiversidade. O Greenpeace lamentou a anistia de mais de 90% de todos os imóveis rurais desmatados do país.

O novo Código criou dois instrumentos para viabilizar o seu cumprimento: o Cadastro Ambiental Rural (CAR), implementado conjuntamente pelos estados e pelo governo federal e coordenado pelo novo Serviço Florestal Brasileiro, e o Programa de Regularização Ambiental (PRA), destinado a orientar a recomposição das áreas desmatadas ilegalmente. A lei deu o prazo de um ano para a implementação do CAR e dos PRAS, mas a data foi postergada para 2014, depois para 2016 e finalmente excluído da lei em 2019. Muitos proprietários rurais se inscreveram no cadastro, mas a recomposição florestal não aconteceu.

O CAR é um registro eletrônico no qual os proprietários autodeclaram os dados georreferenciados dos seus imóveis, o que teoricamente permitiria a fiscalização remota automática desde que as informações sejam validadas pelo Serviço Florestal Brasileiro. O recibo de inscrição no CAR é uma exigência legal para acesso ao crédito rural e ao seguro agrícola. Porém, os benefícios financeiros oferecidos pelo programa não compensam o alto custo da recomposição vegetal a cargo dos proprietários. Resultado: dez anos após a implantação, o saldo é medíocre.

Por um lado, a inscrição no CAR foi um sucesso: 6,5 milhões de imóveis rurais foram registrados, abrangendo 600 mil quilômetros quadrados de terras (70% da área cultivável do país). Mas só 28 mil tiveram os dados analisados pelos estados e pelo Serviço Florestal Brasileiro (0,5% do total). Sem qualificação dos dados, não há reconstituição florestal. Tanto é assim que, até maio de 2022, apenas 1169 termos de compromisso foram assinados, o que corresponde a 0,01% dos imóveis cadastrados — aqueles com proprietários dispostos a cumprir a lei. A maioria não se abalou, mesmo considerando que a lacuna possa gerar entraves para a certificação de propriedade e prejudicar o agronegócio no mercado global.

A falta de coordenação e de validação dos dados do CAR também cria distorções. O relatório *Onde estamos na implementação do Código Florestal*, elaborado pelo Climate Policy Initiative e pela PUC-Rio, mostrou que há 290 mil quilômetros quadrados de terras registradas sobrepostas a áreas protegidas. O Serviço Florestal Brasileiro revelou que há 6755 cadastros sobrepostos a Terras Indígenas homologadas.

Enquanto isso, o desmatamento ilegal continua a avançar. Entre 2012 e 2022, 32 mil quilômetros quadrados de florestas foram destruídos, segundo o Observatório do Código Florestal (integrado por 39 instituições). A inoperância do Código libera desmatamento na Amazônia, diz Roberta Giudice, secretária do Observatório: "São dez anos de descaso, de descumprimento da lei ambiental, o que dá um sinal muito negativo para quem está em campo de que a lei não precisa ser cumprida".

Raoni Rajão, da Universidade Federal de Minas Gerais (UFMG), afirma que a lei foi construída sob a premissa de que seria melhor ter uma legislação flexível, anistiando desmatamentos até 2008, sendo respeitada por todos do que uma legislação rigorosa não cumprida por ninguém. "Dez anos depois, a gente tem uma situação em que as anistias foram dadas com a nova lei, mas, infelizmente, com o aumento do desmatamento fica claro que o compromisso de de fato cumprir a lei não foi realizado."[2]

Em 2023, a revitalização do CAR e do PRA passou a integrar o plano de desmatamento zero do novo governo federal.

17. Apertem os cintos (2012 a 2019)

> Poderíamos nós, por algum ato de vontade comum, transformar a nossa natureza e nos tornarmos comissários de bordo adequados, jardineiros gentis zelando por toda a vida natural do nosso planeta? Eu nos vejo inflados de arrogância até mesmo para pensar na descrição do emprego. Está bem claro que estamos fracassando, mesmo no que diz respeito a governar as nossas próprias instituições e a nós mesmos. É mais provável um bode vir a ser um jardineiro bem-sucedido do que os seres humanos se tornarem responsáveis comissários de bordo da Terra.
>
> JAMES LOVELOCK, *Gaia: Cura para um planeta doente*

DESDE A SUA FUNDAÇÃO, EM 1995, a Organização do Tratado de Cooperação Amazônica planejou coordenar as políticas dos oito países-membros sobre os desafios da região: Bolívia, Brasil, Colômbia, Equador, Guiana, Peru, Suriname e Venezuela. Não conseguiu. Apesar das aflições compartilhadas na América do Sul, a cooperação regional jamais logrou superar as visões fragmentadas. Nunca agregou massa crítica suficiente.

Dramas socioambientais evidentes se reproduzem pela Pan-Amazônia enquanto arranjos paroquiais perduram. É mais fácil teorizar sobre as perspectivas geopolíticas da região da Cabeça do Cachorro do que agilizar melhorias na navegação fluvial do rio Negro para os três países interdependentes na Cabeça da Anta, por exemplo. O ISA, entretanto, viu os problemas mais cedo e desenvolveu a sua percepção de acordo com as demandas da região.

Herdamos do Cedi a experiência em cartografia temática que provocou a consolidação de um Sistema de Áreas Protegidas (SisArp), uma plataforma de informação participativa geradora de produtos periódicos e atualizáveis sobre terras indígenas, mineração, unidades de conservação e desmatamento. Começamos mapeando terras indígenas, acumulamos dados georreferenciados, mapeamos o Xingu, o rio Negro e ampliamos o horizonte. Em 2007 a pergunta era: seria possível articular uma visão transnacional da Amazônia nas sociedades civis dos oito países?

Já conhecíamos as dinâmicas do trabalho em rede. Sabíamos que era preciso aparar as arestas antes de decolar para garantir voo estável, sobretudo em escala continental. Então, lançamos uma chamada no mercado de projetos das ONGS: convocamos à cooperação as instituições dos países amazônicos detentoras de agenda socioambiental e de experiência com cartografia dispostas a compartilhar informação.

Para montar a Rede Amazônica de Informação Socioambiental Georreferenciada (Raisg) foram necessários três anos de arquitetura. Visitei os países. Fizemos relatórios, sondamos colaboradores e levantamos possibilidades. O primeiro parceiro firme foi a Fundación Gaia Amazonas, da Colômbia, fundada pelo meu amigo, o antropólogo Martín von Hildebrand, e liderada por seu filho, Francisco von Hildebrand. No Peru, Richard Smith, do Instituto del Bien Común, assumiu a ideia imediatamente.

Em cada país o contexto mudava. Nas Guianas não havia uma organização com padrão mínimo de competência para atender aos critérios da convocatória. Na Venezuela, a barra política ficou pesada assim que o projeto chegou às autoridades. Para eles, quem faz mapa é o governo. ONG não faz mapa e pronto, estamos conversados. Não era uma surpresa. Mapas exprimem poder. Conhecíamos o peso simbólico da cartografia desde a Constituinte de 1988.

Captamos recursos com a Rainforest da Noruega e investimos na criação de um ambiente de confiança e de apoio estratégico mútuos, assumindo o peso maior da Amazônia brasileira na região. Organizamos seminários técnicos e oficinas de capacitação. Consolidamos protocolos e bases de dados para poder compilar, analisar e representar informações, compatibilizando linguagens e programas. Desenvolvemos metodologias, categorias, legendas e escalas sobre as terras indígenas, as unidades de conservação, a biodiversidade, as áreas de proteção natural e os impactos do desenvolvimento. Montamos uma rede para produzir mapas anuais atualizáveis pela evolução dos vetores.

Uma decisão feliz foi atrair o Instituto do Homem e Meio Ambiente da Amazônia (Imazon), de Belém. Nossos perfis eram complementares. O ISA faz mapas temáticos no chão e o Imazon detecta processos por satélite. Oito organizações assumiram o trabalho da Raisg: ISA, Imazon, Fundación Gaia Amazonas, Instituto del Bien Común, Fundación Amigos de la Naturaleza (Bolívia), EcoCiencia (Equador), Provita (Venezuela) e Wataniba (Venezuela). A primeira meta foi analisar a evolução do desmatamento e estimar a perda de florestas na macrorregião.

Nosso primeiro produto, o mapa *Amazônia socioambiental 2009*, ofereceu uma visão integral do desmatamento e das áreas protegidas na Pan-Amazônia. A Raisg rendeu vários frutos até convergir para o *Atlas Amazônia sob pressão*, publicado em 2012, cinco anos após o lançamento da convocatória original, identificando as pressões e as ameaças dos projetos de infraestrutura, como estradas e hidrelétricas, extrativismo de petróleo e mineração, atividades agrícolas e pecuárias e práticas ilegais, como o cultivo de ilícitos e a garimpagem. Em 2015, evoluímos para uma parceria com a rede brasileira MapBiomas, usuária da plataforma Google Earth Engine, que aprimorou a consistência do mapeamento anual.

Durante oito anos trabalhei empolgado com a Raisg. Mas em 2016 sofri um acidente dramático durante uma reunião da rede, em Lima, no Peru, e quase saí do jogo.

Sob a coordenação da cartógrafa Alicia Rolla, em 2020 a Raisg lançou uma edição bilíngue do *Atlas Amazônia sob pressão* com o suplemento *Água Amazônia*, focando a preservação dos mananciais do rio Amazonas. Em outubro de 2021, a versão brasileira foi distribuída como encarte para os 25 mil assinantes da revista *piauí*. Os indicadores coletados mostravam que a Amazônia vive um momento crítico em todos os países da região.

O ritmo de degradação das florestas não tem precedentes. Nas periferias do bioma, no Equador, no norte da Venezuela e no sul da Amazônia brasileira, 33% da Pan-Amazônia sofria pressão "alta" e "muito alta". Pela ordem, Bolívia, Brasil e Equador são os campeões da degradação florestal. A atividade agropecuária é responsável por 84% do desmatamento. Na iminência de um "ponto de virada" na escala de devastação capaz de alterar o regime de chuvas em alcance continental, tornou-se necessário deter o desmatamento imediatamente, evitar o colapso dos serviços ambientais e iniciar processos de restauração. É preciso reverter os impactos sofridos por décadas. Nesse sentido, a Raisg será uma importante ferramenta para o futuro.

Partimos para compor uma visão global da Amazônia capaz de estimular a cooperação entre os países, ao mesmo tempo que avançamos na busca de soluções locais no rio Negro, em Roraima, no Xingu e no Vale do Ribeira. Sempre jogamos nas duas pontas. Enquanto os serviços ambientais tratam dos benefícios da natureza para a sustentação da vida, os serviços socioambientais contemplam a cultura, a história e os bens intangíveis, espirituais e sociais dos povos.

Os direitos humanos integram o DNA do ISA antes da questão ambiental, embora tenhamos convergido para a mesma estrada. O Brasil é um país sul-americano com experiências dificilmente comparáveis à experiência norte-americana. Nossas carências são maiores. A desigualdade social envenena a política. O contexto e as linguagens são diferentes. Nossa realidade não vai mudar com ativistas levantando plaquetas em manifestações. Porém, muita coisa pode mudar em uma geração.

Na década de 1980, a publicidade exibia automóveis colidindo contra muros para dramatizar a importância do cinto de segurança. Ninguém usava cinto na época. Mas a consciência mudou, e todos passaram a usar. A crise climática dramatizou o imperativo de uma economia da floresta em pé — uma economia da sociobiodiversidade capaz de prover soluções sustentáveis para a saúde, a educação e a cultura dos povos que conservam a floresta viva. Precisamos dirigir com atenção e afivelar o cinto de segurança para transitar num mundo descarrilhado.

Apesar do panorama global crítico, assumimos as demandas do rio Negro e o imperativo de gerar renda para a população indígena. Por exemplo, em 2009 uma pesquisa realizada pela Fundação de Amparo à Pesquisa do Amazonas revelara o potencial da comercialização da pimenta jiquitaia. Para as 95 comunidades baniwa da margem brasileira do rio, a jiquitaia — o resultado da mistura de 78 variedades de pimenta com o pó de sal extraído da planta caruru — é um ingrediente essencial da culinária das mulheres. A sua comercialização dentro da marca Arte Baniwa incorporava a força feminina na economia regional. Enquanto a renda arrecadada pela cestaria era reservada aos homens por tradição e investida em espingardas, motores de popa e artigos de caça e pesca, as mulheres cultivadoras das roças queriam uma alternativa autônoma para as suas famílias, a fim de comprar roupas e bens para os filhos.

Com o empenho de pesquisadores como Adeilson Lopes da Silva e Laise Diniz, logo percebemos que o produto era de fácil manipulação. Uma vez desidratada, pilada, triturada e salgada, a jiquitaia pode ser comercializada em pequenos potes de vidro enumerados e etiquetados com informações sobre a variedade usada, o nome da produtora e o *terroir*, o território de origem. Permitia agregar conteúdo e valor ao produto, conforme a receita de Jeffrey Sachs, gerando renda e conservando a floresta.

Tomei a iniciativa de levar a São Gabriel os chefs Alex Atala e Pascal Barbot, para conhecer a jiquitaia e a gastronomia da cozinheira Josefa Gonçalves de Andrade, a dona Brazi, filha de branco com índia baré, dona de um restaurante caseiro na cidade. De lá partimos para uma viagem de barco às comunidades do Içana.

O Alex é um cara que gosta de fazer coisas acontecerem. Logo se interessou pelas questões de logística, cultivo e processamento da pimenta. Ele vinha de um mundo distante da antropologia e do ambientalismo, mas sabia dar valor à cultura e à diversidade. Estava incomodado com o cartaz global da gastronomia peruana — "uma comida que nós podemos fazer muito melhor no Brasil" — e queria saber tudo sobre os Baniwa. Começamos a pensar juntos em unidades processadoras de jiquitaia.

Simultaneamente, em 2013 aceleramos a proposta de organização de um Instituto dos Conhecimentos Indígenas e Pesquisa do Rio Negro, tributária do Programa Regional de Desenvolvimento Indígena Sustentável, de 1999.

Promovemos seminários e consultas para implementar um programa de formação, em nível superior ou equivalente, capaz de absorver novos conhecimentos e promover os conhecimentos tradicionais. Com o apoio do Instituto Arapyaú, convocamos lideranças indígenas, antropólogos e cientistas para definir um programa aproveitando dezenove anos de experiência em diálogo intercultural.

A ideia era aprimorar a formação de estudantes de onze escolas estaduais e 225 escolas municipais indígenas, em especial aqueles com ensino médio completo que atuavam como Aimas ou como agentes pedagógicos indígenas (APIS). Queríamos criar quadros capazes de fomentar a gestão e o manejo dos recursos nas comunidades por meio de um diálogo entre conhecimentos tradicionais e conhecimentos científicos. Já tínhamos aprendido bastante. Na verdade, a pesquisa etnográfica no rio Negro já deixara havia tempos de ser prerrogativa dos antropólogos.

Para tanto, o instituto projetou cursos de especialização, de quatro anos de duração, sobre gestão territorial, manejo ambiental, economia indígena, línguas e tradução cultural, ministrados nos cinco núcleos regionais da Foirn e no espaço cultural da Casa do Saber, na sede da Foirn em São Gabriel.

A meta de curto prazo era formar uma vanguarda com 35 jovens candidatos de reconhecido protagonismo comunitário. Cada núcleo buscaria implementar a infraestrutura adequada ao trabalho: internet banda larga, equipe de mídia, radiofonia, câmeras, gravadores, biblioteca, computadores e laboratório de pesquisa. Como sempre, pensávamos grande.

Em 2010, o Iphan deu um empurrão importante ao reconhecer o Sistema Agrícola Tradicional do Rio Negro como patrimônio cultural brasileiro. Com isso, a conversa sobre conhecimentos tradicionais mudou de patamar. O Iphan reconheceu um conjunto de saberes e de práticas sobre o cultivo de plantas, o manejo de roças e de quintais, as receitas alimentares, os processos de elaboração, os utensílios usados e as redes de conhecimentos associadas. Valorizou os conhecimentos xamânicos e os benzimentos da cultura indígena impactada pela influência externa crescente.

Assim, a bola da vez passou a ser a implantação da primeira Casa da Pimenta Baniwa, no Içana, inaugurada em 2013, em Tunuí Cachoeira, projetada para processar a produção da jiquitaia. Desenhadas pelo arquiteto Almir de Oliveira, as instalações ofereciam espaço e utensílios adequados ao processamento, ao envasamento e ao armazenamento das espécies, atendendo às exigências da Agência Nacional de Vigilância Sanitária. As mulheres baniwa ficaram eufóricas. Tunuí Cachoeira comercializava a produção de sessenta famílias de onze comunidades.

Na sequência, fundamos em São Paulo o Instituto Atá, liderado pelo Alex Atala e reunindo chefs e ambientalistas como Bel Coelho, Bela Gil, Roberto Smeraldi e Ricardo Guimarães, destinado a promover a gastronomia dos produtos amazônicos. Seus primeiros alvos foram o mel de abelhas do Xingu, a pimenta baniwa e os cogumelos yanomami, postos à venda no Mercado Municipal de Pinheiros.

Em outubro, aceleramos a transformação do Instituto dos Conhecimentos Indígenas e Pesquisa do Rio Negro em "organização social" credenciada para receber recursos de pesquisa. Para tanto, requeriam-se uma gestão especializada, estatutos específicos, reconhecimento por decreto presidencial e avaliação do Congresso Nacional. Decidimos buscar o reconhecimento formal e as certificações dos ministérios de Ciência, Tecnologia e Inovação, da Educação, da Cultura, do Conselho Nacional de Educação, da Capes, do CNPq e da Unesco, estabelecendo conexões com outras redes de conhecimento e pesquisa. Queríamos criar uma universidade de conhecimentos tradicionais em São Gabriel.

O instituto pretendia "equacionar questões de mobilidade, energia, gestão de resíduos, saneamento, água potável, segurança alimentar, geração de renda e alternativas econômicas para as comunidades", nada menos. Nos primeiros dois anos de formação, ofereceria cursos de agrobiodiversidade, manejo de pesca e de florestas, transmissão de saberes, história dos povos, narrativas de origem, geografia, economia sustentável, produção e comercialização de produtos. Nos dois últimos, os alunos poderiam optar por disciplinas eletivas como gestão territorial, economia contemporânea, administração, farmacologia, fitoterapia, fibras, corantes, conservantes, cosméticos, línguas indígenas, literatura e tradução cultural.

Na minha cabeça, o diálogo entre conhecimentos tradicionais e conhecimentos científicos poderia culminar, por exemplo, num soro antiofídico de jararaca. O pai do André Baniwa havia sido mordido quatro vezes pela cobra. Queríamos aplicar os lendários conhecimentos baniwa sobre venenos para firmar um termo de cooperação com o Instituto Butantan, lançar plataformas de intercâmbio com cientistas e chegar à fórmula de um soro eficaz.

Porém, a proposta não andou. Em 2014, fomos a Brasília conversar com o ministro da Casa Civil, Aloizio Mercadante, meu ex-colega do Cedi na década de 1970. O Aloizio indicou técnicos da Secretaria de Planejamento e Assuntos Econômicos (Seplan) para analisar os objetivos e os estatutos do instituto. O exame concluiu que o formato de organização social sob o modelo de parceria público-privada era arriscado.

As eventuais inadimplências do ISA, por exemplo, correriam por conta dos signatários da proposta, o que incluiria a Foirn e os índios. O risco era considerável. Além disso, a instabilidade política do governo Dilma Rousseff estava se agravando. A ideia não deu certo, mas não morreu.

A Foirn encontrou uma ferramenta nova de promoção dos saberes tradicionais nos PGTAS exigidos pela Funai, a partir de 2015, para todas as terras indígenas. Em três anos, a federação realizou cinquenta encontros, oficinas, consultas comunitárias e assembleias, mobilizando 2 mil pessoas para elaborar os PGTAS do rio Negro. Os planos fomentaram processos de diálogo intercultural que induziram o etnomapeamento e o etnozoneamento socioeconômicos e culturais dos territórios das regiões, atualizando as demandas das comunidades.

Com a mobilização da Foirn, do ISA, da Funai e do Instituto Chico Mendes de Conservação da Biodiversidade (ICMBio), foram elaborados nove PGTAS, além de um plano regional sobre toda a área de abrangência da Foirn — o PGTA Wasu (ou açu, "grande" em nheengatu). Entrevistamos 3638 famílias em 393 comunidades.

A consulta ampla legitimou a atuação dos Aimas, autenticando a rede de conhecimentos, de práticas de manejo e dos cuidados com a floresta, com as roças, o clima, a pesca e os rios. Por meio de troca de análises conjuntas e métodos simples de pesquisa sobre os ciclos naturais, surgiram conhecimentos pouco mapeados dos povos Tukano, Tuyuka, Yeba-Masã, Pira-Tapuya e Baniwa.

Os planos de gestão trouxeram para o primeiro plano as experiências indígenas com o manejo do mundo, ampliando os canais de comunicação com as redes técnico-científicas. Os agentes indígenas passaram a exercer o papel de animadores de acordos intercomunitários, compartilhando informações, monitoramentos e promovendo boas práticas sobre destinação do lixo, acordos sobre manejo de peixes, de caça, de frutas e o mapeamento de áreas de uso. Mobilizaram a consciência das comunidades.

Entrementes, fomos abalados pelo brutal incêndio criminoso da Casa Wariró, a loja da Foirn em São Gabriel, queimada na madrugada de 9 de junho de 2014. As câmeras de segurança flagraram um indivíduo ateando fogo na fachada do prédio de quatro andares coberto com teto de piaçava. Até hoje os escombros permanecem queimados, como um cadáver exposto. A reconstrução custa 1,5 milhão de reais. Mas não conseguiram nos intimidar.

Em abril, tínhamos inaugurado a segunda Casa da Pimenta, em Ucuqui Cachoeira, no alto Içana, a seiscentos quilômetros de São Gabriel. Convidamos parceiros para o batismo, levando uma comitiva composta pelo Alex Atala e lideranças da Foirn e da Oibi. De olho no apoio militar, solicitei ao general Antônio Manoel de Barros, comandante da 2ª Brigada de Infantaria de Selva, uma lancha do Exército para atravessar as corredeiras de Uapuí Cachoeira, de onde seguiríamos de voadeira até Ucuqui Cachoeira.

O general mostrou que a relação com os militares pode transitar da hostilidade para a cordialidade. Cedeu um bote de alumínio com capota, tripulado por soldados indígenas. Subimos o Içana com um piloto fardado manobrando o leme, tendo à frente o nosso mapa das comunidades indígenas no alto e médio rio Negro colado no painel da lancha com fita-crepe. Perdi a chance de tirar essa foto. Os militares adoram os nossos mapas.

Com o apoio do Instituto Bacuri e da Tides Foundation inauguramos, até 2016, cinco Casas da Pimenta em território baniwa. No batismo da Casa da Pimenta Yamado, em frente a São Gabriel, festejamos com os parceiros, com direito a fogueira e camisetas do Atá.

Em 2015, vendemos 10 mil potes de pimenta jiquitaia. Realizamos a primeira operação de exportação, para Amsterdam, na Holanda, abrindo o caminho para parcerias internacionais. Em 2018, o produto passou a ser comercializado pelo Programa Caras do Brasil, do Grupo Pão de Açúcar. Atualmente, seu maior desafio é enfrentar a pesada carga de impostos (ICMS, PIS e Cofins) que aflige os brasileiros.

Também em 2015 pusemos em marcha um desafiador plano de ecoturismo sustentável e de visitação do Yaripo, como os Yanomami chamam o pico da Neblina, de 2995 metros, no Parque Nacional do Pico da Neblina, próximo à aldeia Maturacá. Com a mobilização da Ayrca e da Associação das Mulheres Yanomami Kumirayoma, e também com o apoio do Exército, da Funai, do ICMBio e do Departamento de Turismo da Prefeitura de São Gabriel da Cachoeira, em 2019 aprovamos um Plano de Visitação no ICMBio e na Funai.

A pandemia de covid-19 adiou o início das operações, mas em 2022 o empreendimento entrou em funcionamento, atraindo turistas de aventura e montanhistas. O Projeto Yaripo organiza excursões controladas para grupos de dez pessoas em viagens por estrada de terra e navegação fluvial, de São Gabriel a Maturacá, incluindo uma longa caminhada por trilhas subindo até o topo do pico. Oferece guias, cozinheiros, barqueiros, carregadores de alimentos, material de acampamento móvel, redes, utensílios de cozinha, veículos e botes de alumínio.

A jornada incluiu cem quilômetros por estrada de terra, de São Gabriel ao porto Frente-Sul, no rio Cauaburis, seis horas de barco até Maturacá e oito dias de caminhada, ida e volta, até o pico. O trecho culminante até o alto ocorre no sexto dia: o topo da montanha acomoda só quinze pessoas e o percurso de subida e descida demanda oito horas. Para encarar é preciso estar em forma. O projeto proporciona renda para oitenta Yanomami e benefícios indiretos para todos os indígenas da região. Além da aventura radical, os turistas podem conhecer a cultura e desfrutar da hospitalidade dos Yanomami.

Com tudo isso acontecendo, em 2017 lançamos, com o apoio da União Europeia, o projeto Territórios da Diversidade Socioambiental para fortalecer a economia florestal. A ideia era estruturar as relações dos produtores com o mercado introduzindo melhorias na produção e na gestão dos produtos do Xingu, Roraima, rio Negro, dos extrativistas da Terra do Meio, no Pará, e dos quilombolas do Vale do Ribeira.

No evento O que É que a Floresta Tem, promovido pelo Atá e pelo ISA no Mercado de Pinheiros, em São Paulo, convidamos o público a degustar o mingau de babaçu com cacau da Terra do Meio; os chips de banana da tradição quilombola; o caldo de cogumelos Sanöma com pimenta baniwa; e os produtos do Xingu, do selo Origem Brasil, como mel, óleo de pequi e castanha.

Em setembro, levamos o embaixador da União Europeia no Brasil, o diplomata português João Gomes Cravinho, para conhecer o projeto Territórios da Diversidade, em São Gabriel. Junto com Thierry Dudermel, então chefe da Cooperação da União Europeia, Cravinho fez o tour de praxe: experimentou receitas culinárias com ingredientes do Sistema Agrícola do Rio Negro, as cozinhas de dona Brazi e de Conde Aquino e as frutas e pimentas do sítio Tamanduá, de dona Lúcia Lopes Baniwa.

Na ocasião, o general de brigada Omar Zendim, comandante da 2ª Brigada de Infantaria de Selva, apresentou ao diplomata o trabalho dos militares no controle e fiscalização de ilegalidades, como a mineração em terra indígena e o tráfico de drogas, além das ações de vigilância de fronteira e de apoio à saúde à população. Na sede do ISA, o presidente da Foirn, Marivelton Barroso Baré, expôs as realizações da Federação.

Aliás, os dois anos do general Zendim em São Gabriel (2017-9) foram os mais positivos da colaboração entre o ISA e o Exército. Fazíamos questão de prestigiar as solenidades militares. As mulheres dos oficiais requisitavam os salões do ISA para encontros sociais, com acesso à biblioteca e à videoteca. O general cedeu lanchas para viagens do Projeto Pimenta Baniwa. A 2ª Brigada adaptou um edital de compras do Exército para incluir os produtos da agricultura indígena.

Frequentemente o general nos convidava para assistir às palestras e levava visitantes à sede do ISA. Gostava de nos chamar para "tomar café e contar as novidades". No Dia do Soldado, a Juliana Radler, assessora de relações institucionais do ISA, recebeu um certificado de "Amiga da Brigada". Numa das visitas ao quartel, Márcio Santilli e eu fomos surpreendidos com uma saudação guerreira de oito soldados indígenas entoando o brado "Selva" em oito línguas nativas. O Márcio ficou perplexo!

Mas nem sempre as relações com os militares foram estáveis. O sucessor de Zendim, o general Danilo Mota Alencar (2019-20), era cordial, mas low-profile. Seu sucessor, o general Alexandre Ribeiro de Mendonça (2020-1), era agressivo e quase hostil. Ainda assim, o Exército transportou seis toneladas de doações do Fundo Todos pela Saúde do porto de São Gabriel até a sede do ISA.

O comandante que assumiu em 2021, o general Ricardo Augusto do Amaral Peixoto, ordenou a obrigatoriedade de vacinação contra a covid-19 na Brigada, apesar de haver muitos negacionistas na unidade. O general elogiou nosso trabalho em São Gabriel para diretores do ICMBIO e recomendou a coordenadores do Censo do IBGE que conversassem conosco, "porque o ISA conhece bem a região e as comunidades". Apesar das diferenças há relações cordiais de ambas as partes.

Banho de igarapé

De olho na viabilização do Instituto dos Conhecimentos Indígenas e Pesquisa, em 2011 levei a São Gabriel o Guilherme Leal, presidente da Natura e parceiro do nosso Programa Rio Negro. Apresentei-o às lideranças da Foirn e visitamos comunidades. Em março, voamos para Roraima, de jatinho particular, para participar do I Encontro de Xamãs Yanomami, liderado por Davi Kopenawa, na aldeia Demini. Foi uma experiência marcante.

Ao chegar a Boa Vista, os pilotos do Guilherme foram contratar um táxi aéreo para nos levar ao Demini. Não se trata de um voo comum. Você sai de Boa Vista, atravessa o lavrado rumo noroeste, entra no relevo acidentado da serra e passa a sobrevoar montanhas altas, cobertas de neblina, com vastas cachoeiras a perder de vista — uma paisagem incrível. De repente, surge uma clareira e você aterrissa numa pista precária na floresta, num cenário bizarro. Não é para qualquer piloto.

À noite, fomos jantar e os nossos pilotos encontraram e confraternizaram com colegas no restaurante. Era o pessoal do mercado de teco-tecos dos garimpos ilegais. O Vivi, dono da companhia que contratamos, fez questão de pilotar o avião que levaria os "bacanas" de São Paulo aos Yanomami.

Decolamos na manhã seguinte. Foi só sair do lavrado e chegar às montanhas que as turbulências começaram a sacudir o avião. Começou a chover. A visibilidade era precária. O piloto localizou a pista do Demini por GPS, virou-se para mim e disse pelo canto da boca: "Acho que não vai dar pra pousar, seu Beto". O Guilherme ficou possesso. "Como é que você viaja sem ver a previsão do tempo?!" Vivi respondeu no ato: "Seu Guilherme, aqui é assim mesmo, se eu fosse olhar a previsão do tempo antes não tinha enricado em Boa Vista".

Aterrissamos com dificuldade, debaixo de chuva, na pista encharcada. O avião atolou. Esperávamos algum tipo de recepção, mas os índios sequer saíram da maloca. Fomos caminhando pela lama, ensopados, e encontramos os índios dançando e inalando o pó alucinógeno *yãkoana*. Estavam todos calibrados.

Apareceu uma enfermeira simpática de Minas Gerais disposta a melhorar o clima — sempre aparece uma enfermeira de Minas Gerais nessas horas —, mas não adiantou. Contou que não havia remédios na aldeia. Não podia realizar atendimentos básicos. O chefe do posto abandonara o cargo. Não havia substituto indicado. Os índios, inspirados, cantavam para os *xapiri*. O choque de realidade era brutal. O Guilherme se retirou para uma rede, mas não dormiu. Ficou a noite toda se revirando. A rede é problemática para quem não está acostumado.

No dia seguinte, abriu o sol, felizmente. Fomos tomar banho num igarapé perto da aldeia, um riacho de água transparente vinda da montanha sob a floresta verdejante. As mulheres e os homens conversavam e cantavam alegremente, cada qual num canto.

No caminho, cruzamos com um velho yanomami que vinha ostentando um pedaço de sabonete espetado num graveto. Ele olhou o Guilherme e disse: "Você não tem. Quer um sabonete?". O Guilherme riu, agradeceu e usou o sabonete no banho de igarapé. Fiquei pensando com meus botões: de que marca seria o sabonete oferecido ao dono da maior empresa fabricante de cosméticos do Brasil?

No fundo, tememos por nosso futuro

Em maio de 2011, o compositor e ex-ministro da Cultura Gilberto Gil foi a São Gabriel da Cachoeira gravar o documentário *Viramundo*, filmado também em Salvador, na Austrália e na África do Sul, dirigido pelos cineastas Pierre-Yves Borgeaud, suíço, e Emmanuel Gétaz, francês.

O filme explora as conexões artísticas, existenciais, políticas e filosóficas entre as populações do "novo mundo do Sul", focalizando as afinidades do artista com as culturas afirmativas, porém marginalizadas, dos afoxés da Bahia, dos aborígenes australianos, dos negros do bairro de Soweto, em Johanesburgo, e dos indígenas da Amazônia.

Quando soube que o Gil tinha pedido apoio do ISA para ir a São Gabriel, fiz questão de recebê-lo no Curupirão. Durante uma semana de estada visitamos comunidades indígenas e trocamos figurinhas. No início das filmagens, o cameraman teve uma crise de vesícula, voltou para Zurique, e eu acabei incorporado à equipe como uma espécie de coringa.

Gil andava com dois braços direitos, o Gustavo Didalva, percussionista, e um assistente que carregava e cuidava do seu violão. Metódico e organizado, acordava de manhã, fazia a cama, meditava e tocava violão no quarto, sozinho. Um dia, a arrumadeira perguntou se ele havia dormido fora: o quarto estava intacto e a cama sem nenhuma dobra.

Visitamos a comunidade da ilha das Flores, a vinte quilômetros de São Gabriel, onde o artista cantou para uma plateia indígena. Fomos à comunidade de Itacoatiara-Mirim, onde ouviu flautas de pã e conversou com o capitão da maloca, seu Luiz Laureano da Silva, que não fazia ideia de quem ele era. A cantora Sabrina Santos Tukano virou parceira em algumas canções, mas acabou ficando fora da edição final do filme.

Pedi ao pessoal que não assediasse nem importunasse o Gil. Mas, uma noite, ele subiu ao terraço de violão em punho e tocamos juntos, eu na tumbadora. Foi uma honra. Lembro do samba "Máquina de ritmo" e do refrão do reggae "Extra": "Eu, tu e todos no mundo/ No fundo, tememos por nosso futuro/ ET e todos os santos, valei-nos/ Livrai-nos desse tempo escuro".

Fomos à sede da Foirn, ao Instituto Federal de Educação, Ciência e Tecnologia do Amazonas e à Escola Estadual Dom João Marchesi. Gil fundara, em 1991, uma ONG, o Instituto Onda Azul, dedicado à proteção dos mares e rios. Diante do contexto das comunidades indígenas do rio Negro ele comentou: "Trabalhar com movimento social é muito, muito mais complexo".

Em todos os lugares o artista ganhou lembranças, presentes e tirou fotos generosas com tietes. Ouviu demandas sobre o futuro incerto, criticou as ameaças de exclusão social, lamentou a inércia da política tradicional e pregou a afirmação das culturas indígenas.

Para mim, o melhor foi quando lembrei a ele que, em 1964, na condição de recém-formado administrador de empresas pela Universidade Federal da Bahia (UFBA), ele fora a São Paulo fazer um teste para trainee na multinacional Gessy Lever. A empresa tinha recrutado 36 estudantes em vários estados. Quatro foram selecionados para o treinamento, Gil entre eles.

Sabe quem o entrevistou e aprovou sua candidatura? Meu pai, Paschoal Ricardo Netto.

Ele ficou pasmo: "É mesmo? Ele era o entrevistador? Que incrível!". Meu pai contava essa história em casa. Ele não sabia quem era aquele "jovem baiano articulado e inteligente", mas, na época, ouvia o disco compacto *Carcará*, da Maria Bethânia. Sempre foi ligado em música.

Sua paixão bateu em mim e reverberou nos meus filhos. A Carol é cantora e produtora musical, idealizadora do espetáculo *Planeta Oca*, junto com o biólogo Ciro Campos, promotor de conscientização socioambiental entre crianças e adultos. O André é percussionista, estudioso de ritmos e instrumentos africanos e líder da banda Höröya, de *afro brazilian beat jazz*.

Na língua malinke do Oeste Africano, no Senegal, Guiné e Mali, *höröya* significa "liberdade".

"Um lance de dados jamais abolirá o acaso", dizia o poeta Mallarmé. Durante o estágio na Gessy Lever, Gil frequentou bares paulistanos, como o Bossinha e o João Sebastião Bar, se enturmou com o pessoal da música e começou a aparecer na televisão. Em 1965, a Gessy Lever queria enviá-lo para Inglaterra, Índia e Austrália, mas percebeu o conflito de interesses e pediu uma decisão.

Ele tirou uma semana para pensar, consultou a família em Vitória da Conquista, na Bahia, e desistiu da administração de empresas, provavelmente graças à orientação da constelação do Cruzeiro do Sul. Anos depois, me mandou um e-mail lembrando o papel do meu pai em sua vida. Hoje, posso comemorar o papel de Gilberto Gil na minha vida. No Brasil, como já disse, o que não passa pela música é alma penada.

"Noche de ronda"

Melhor esquecer a noite de 6 de maio de 2016. Havíamos voado para Lima, Peru, no dia 3, para apresentar à assembleia anual da Raisg um "Plan de marca y comunicación" para difundir nossos produtos e estimular a cooperação regional.

Fomos eu e o Jurandir Craveiro, o Jura, ex-vice-presidente latino-americano da agência de publicidade J. Walter Thompson e sócio da No Bullshit (NBS), a agência que cuidava da conta do ISA e presidente do nosso Conselho Diretor. Após dois dias de discussões sob os auspícios do Instituto del Bien Común, fizemos a apresentação no dia 6. Foi um sucesso. Todo mundo gostou.

Fomos celebrar com um jantar de despedida no Central, um dos melhores restaurantes da capital peruana, dos chefs Virgilio Martínez e Pia León. A cultura peruana cultiva a gastronomia com um fervor comparável ao do futebol no Brasil, animada pela sociobiodiversidade da Amazônia, dos Andes, do oceano Pacífico e das tradições ameríndia, europeia, africana e asiática. Foi um jantar inesquecível de ceviches, *anticuchos* e *pachamancas*.

À meia-noite, éramos a última mesa a esvaziar o restaurante. Quando me levantei, tropecei na cadeira e caí no chão, quebrando alguma coisa na bacia. Foi uma dor tremenda, excruciante. Fiquei no solo, gemendo. O pessoal do restaurante acudiu, os amigos queriam me levantar, mas eu não conseguia. Não aguentava. Chamaram uma ambulância que demorou uma hora. Fiquei no chão, sofrendo.

Fui para um hospital escoltado pelo Jura. Os parceiros voltavam para seus países no dia seguinte. Os médicos fizeram exames e concluíram ser imprescindível realizar uma cirurgia imediata para colocar uma prótese no fêmur — eu quebrara o fêmur. A cirurgia implicaria uma convalescença longa e a provável vinda da minha família para o país. Recusei. Operação, só no Brasil.

Começou uma novela mexicana, isto é, peruana. Passamos dois dias negociando com o plano de saúde um avião para me transferir para São Paulo. Sondamos voos particulares que se revelaram caríssimos. O Jura pilotava a mim, a família, o hospital, a SulAmérica e as companhias aéreas.

À noite, sozinho e anestesiado no hospital, ouvi o bolero de Agustín Lara, "Noche de ronda", interpretado por Eydie Gormé e o Trio Los Panchos: *"Luna que se quiebra/ Sobre la tiniebla/ De mi soledad/ ¿A dónde vas?/ [...] Que las rondas no son buenas/ Que hacen daño/ Que dan penas/ Que se acaba por llorar".** Chorar, até que eu chorei.

Graças ao empenho da família, no dia 9 conseguimos um jatinho da SulAmérica, o plano de saúde, com voo marcado para o meio-dia. Fui para o Aeroporto Internacional Jorge Chávez de ambulância, enquanto o Jura regularizava passaportes e vistos. Dá para acreditar que um avião militar estourou os pneus ao pousar e fechou o aeroporto?

---

* Em tradução livre: "Lua que apareces/ sobre a escuridão/ de minha solidão/ para onde vais?/ [...] Que as rondas não são boas/ que causam danos/ que trazem sofrimentos/ e acabamos chorando".

Fiquei no estacionamento, imobilizado e sem telefone, durante horas, horas e horas. No fim da tarde, esgotado, consegui embarcar e reencontrei o Jura no avião. Levantamos voo ao anoitecer. O tempo fechou enquanto sobrevoávamos a Bolívia. Um temporal impediu a escala de reabastecimento em Rio Branco. Tenso, o piloto tocou para Corumbá, aeroporto não autorizado para voos internacionais. Na aterrissagem, uma coruja entrou na turbina do aparelho!

Outra *noche de ronda*. Ficamos esperando desobstruírem a turbina, além de uma desconfiada vistoria da Polícia Federal. Quando os policiais chegaram, revistaram malas, assentos e compartimentos do avião procurando drogas.

Às oito da noite do dia 10, autorizaram a partida. Porém, precisavam registrar a reentrada no Brasil, e não tinham os carimbos dos passaportes. Mandaram uma viatura ao centro da cidade trazer os carimbos.

À meia-noite levantamos voo. Aterrissamos às três da manhã em Congonhas, graças a uma autorização especial, obtida por telefone. Fui para o Hospital Sírio-Libanês onde a família me esperava, angustiada. Bati o pé e disse que só me operaria com alguém que jogasse futebol. O ortopedista Sérgio Rudelli, que cuidara de minhas lesões antigas no jogo, me operou e colocou uma prótese no fêmur. O futebol não teve jeito, acabou.

Foi o bolero mais triste da minha vida.

Tudo está mudando

Uma agenda climática de pesquisas comunitárias vem sendo desenvolvida no rio Negro pelas observações e os registros diários dos Aimas, em diálogo com conhecedores mais velhos. Para divulgá-las o ISA lançou, em 2017, a *ARU: Revista de Pesquisa Intercultural da Bacia do Rio Negro*, focada em temas relevantes para o manejo do território.

A ideia é ampliar o conhecimento que circula nas comunidades, abrindo espaço para a divulgação e estimulando iniciativas de colaboração entre pesquisadores indígenas e não indígenas. *Aru*, em nheengatu, é o nome da friagem que chega ao rio Negro entre maio e julho, baixando a temperatura até vinte graus.

Ativos desde 2012, os Aimas monitoram na prática as mudanças climáticas, registrando alterações nos ciclos naturais. A partir da posição das constelações no céu, observam a migração de peixes e aves, os animais de pelo, a floração, a frutificação, as enchentes, as secas, os verões, as doenças, as festas e os benzimentos próprios de cada época, anotando registros em diários.

As observações são interpretadas pelos "conhecedores indígenas", que compartilham conhecimentos nas oficinas de Aimas. Em maio de 2022, por exemplo, trinta agentes das comunidades dos rios Tiquié, Baixo Uaupés, Negro e do igarapé Castanha participaram da oficina da comunidade de Açaí-Paraná.

O antropólogo Aloisio Cabalzar, editor da revista e coordenador-adjunto do Programa Rio Negro, observou que a mobilização dos agentes indígenas surgiu com a demanda de ampliação do programa de manejo de peixes no rio Tiquié, sem o objetivo de monitorar mudanças climáticas. Mas o tema se impôs nas preocupações de todos. Nos relatos, a constatação da alteração dos ciclos naturais vem sendo constante.

Em 2016, por exemplo, uma seca extrema provocou estado de emergência nos municípios de Barcelos, Presidente Figueiredo, Santa Isabel do Rio Negro e São Gabriel da Cachoeira, afetando milhares de pessoas. Entre setembro de 2015 e março de 2016, o satélite *Aqua*, do Inpe, registrou o recorde de 684 focos de incêndios nas campinaranas de Barcelos.

As queimadas geram efeitos duradouros. Uma vez ressecado, o solo alagável das florestas de igapó acumula camadas de material orgânico que conservam um fogo subterrâneo nas raízes. Em 2017, os Aimas de São Roque, Cauaburis, Cumaru e Canafé verificaram que muitas árvores que sobreviveram às queimadas morreram depois.

Clarindo Campos, da Associação Indígena de Barcelos, foi um dos que sofreram com os impactos.

Nos igapós as árvores como que entristeceram, começaram a cair sozinhas. [...] Vendo seus parentes morrendo, começaram também a cair. E agora não tem mais nenhuma árvore em pé, caíram tudinho. Acho que quando queima, queima aquele fundo de raízes onde elas se firmam. Os peixes ainda ficaram uns seis meses naquele igapó queimado em busca de comida, frutas. Pouco a pouco, eles foram sumindo, porque os minhocais também foram queimados, borboletas sumiram, gafanhotos sumiram. […] O peixe vai sumindo. […] Se vem mais uma queimada, uma seca, o risco é eles migrarem para outro lugar distante, para outros rios maiores. […] Isso está acontecendo gradualmente, não é de uma vez só — um ano, menos, outro ano ainda menos…[1]

Cinco anos depois, em 2021, aconteceu o inverso. Uma cheia histórica do rio Negro, sem precedentes, traumatizou as comunidades. O evento alagou as roças e abalou a segurança alimentar da população, impedindo os pescadores de construir e reformar os cacuris (as armadilhas de pesca). Em Manaus, a cota do rio atingiu trinta metros, a maior enchente já vista desde o começo dos registros no porto de Manaus, em 1902. Em Uapuí Cachoeira, no rio Aiari, afluente da bacia do Negro a trezentos quilômetros de São Gabriel da Cachoeira, 350 toneladas de mandioca, pimenta, banana, cubio, cará e batata foram perdidas.

Dois anos mais tarde, uma nova seca em 2023 afetou 62 municípios do Amazonas e abalou as comunidades de Coari e Tefé, com a descoberta de 220 botos e tucuxis mortos na bacia do rio Solimões, segundo o Instituto de Desenvolvimento Sustentável de Mamirauá provavelmente em decorrência do aumento da temperatura da água. A percepção dos eventos extremos está crescendo na Amazônia. Os agentes indígenas associam as mudanças no clima ao desuso das práticas tradicionais de manejo. Rafael Azevedo, agente tukano da comunidade de Acará-Poço, no rio Tiquié, acredita que a desordem dos ciclos decorre do abandono da sabedoria tradicional dos antigos.

Nossos avós faziam as constelações funcionar como eles queriam. Depois que perdemos o conhecimento deles, passamos por uma fase ruim para sustentar a família com agricultura, caça e pesca. O planeta está mudado. Não se sabe mais que tempo vai dar no verão e que tempo vai dar no inverno. Temos que recuperar o conhecimento e os benzimentos dos nossos antepassados.[2]

Lucas Alves Bastos, agente tukano da comunidade de São Paulo, também está preocupado.

Nas pesquisas, a gente vê as mudanças no tempo. Os velhos conhecedores contam que hoje em dia não é como antes. As enchentes, os verões, as revoadas, as migrações de pássaros, as desovas de peixes não acontecem mais como antigamente. Todo ano tinha que fazer roça para queimar num certo período. Hoje em dia o pessoal faz roça, mas não consegue fazer a queima, pois chove e acaba perdendo o trabalho.[3]

18. O céu que nos protege (2019 a 2022)

> Quando cheguei a Nova York fiquei surpreso, pois aquela cidade parece um amontoado de montanhas de pedra onde os brancos vivem empilhados uns sobre os outros! E a seus pés, multidões de pessoas andavam depressa, em todos os sentidos, tão numerosas como formigas! Andam para um lado, viram de repente e continuam para outro. Olham sempre para o chão e nunca veem o céu.
>
> Davi Kopenawa, A queda do céu

Não é fácil passar adiante uma história que você construiu. Após 25 anos de engajamento, entreguei a coordenação executiva do Programa Rio Negro para o Marcos Wesley em 2019. Aloisio Cabalzar ficou como coordenador adjunto em São Gabriel, e Moreno Saraiva como coordenador adjunto em Boa Vista. Pusemos em marcha um processo de transição geracional no ISA. Fui para o Conselho Diretor, acompanhar tudo a uma certa distância.

A aranha vive do que tece, diz o Gilberto Gil, mas toda história é coletiva, salvo engano meu. Fiz este livro para contar minha jornada com os povos indígenas nas florestas e rios da Amazônia, uma história tão imprevisível quanto o mergulho do meu bisavô na baía em Santos. Olho para trás e vejo muito trabalho dedicado. Errei, por vezes, mas algumas das minhas paixões, o *PIB*, o ISA e a Foirn, geraram árvores frondosas.

O Programa Índios no Brasil virou a enciclopédia *Povos indígenas no Brasil*, que goza de boa reputação entre lideranças indígenas, indigenistas, antropólogos e ambientalistas. Em quarenta anos de atividade publicamos treze edições, somando 6 mil páginas de análises e notícias sobre os povos indígenas produzidas por centenas de colaboradores. Montamos um site com bilhões de bites, 100 mil itens indexados, 2500 mapas, 1700 vídeos e 100 mil fotos disponíveis para consulta. Mantemos o maior acervo digital sobre povos indígenas, populações tradicionais e meio ambiente do Brasil.

O ISA cresceu muito. Pode não ser a mais popular das ONGS, mas agregamos duzentos funcionários, mil afiliados, 450 mil seguidores nas redes sociais, 56 parceiros institucionais, uma sede em São Paulo e escritórios em Brasília, Manaus, Boa Vista, São Gabriel, Canarana, Eldorado e Altamira. Desenvolvemos seis programas que estão avançando: Rio Negro, Xingu, Ribeira de Iguape, Comunicação, Povos Indígenas no Brasil e Política e Direito Socioambiental. Estamos prontos para o futuro.

A Foirn está enraizada no rio Negro. A federação congrega noventa organizações de 750 comunidades e uma rede de radiofonia de trezentas estações que opera com três frequências independentes: a sua própria, a da Funai e a do Dsei. O rádio fortaleceu as culturas indígenas do rio Negro e vertebrou a expansão e o protagonismo da Foirn. Gerou, por exemplo, a Rede Wayuri de Comunicadores Indígenas, produtora de jornalismo comunitário e de podcasts sobre a cultura e a história dos povos da região. Estamos fortalecendo as organizações também na Terra Indígena Yanomami.

Enfrentamos e superamos muitas adversidades em meio século de atividades. Durante a pandemia de covid-19, por exemplo, a Rede Wayuri usou um carro de som para circular pelas ruas de São Gabriel fornecendo informações de emergência para a população, em quatro línguas. O Comitê de Enfrentamento à covid-19, integrado pela prefeitura, os hospitais, a Igreja, o Exército, a Foirn e as lideranças indígenas, garantiu a distribuição de vacinas e a imunização da população.

Nenhuma adversidade, entretanto, se compara à catástrofe do governo Jair Bolsonaro. O presidente eleito em 2018 subiu ao poder determinado a eliminar as conquistas democráticas, a flexibilizar o licenciamento ambiental, a anistiar as multas de desmatamento, a bloquear o reconhecimento de terras indígenas e de quilombolas e a desmontar as unidades de conservação.

Logo no primeiro dia de governo delegou a tarefa de demarcar as terras indígenas ao Ministério da Agricultura e transferiu a Funai para o Ministério da Mulher, Família e Direitos Humanos. O STF sustou a transferência, mas seus sucessivos embates com o Executivo ao longo do mandato não impediram o presidente de desmantelar instituições construídas durante décadas.

A conta é dolorosa. O governo cancelou a realização no Brasil da XXV Conferência de Partes da Convenção sobre Mudanças Climáticas (COP25); extinguiu a Secretaria de Mudanças do Clima e Florestas; reduziu a composição do Conselho Nacional de Meio Ambiente (Conama); cortou o orçamento do Ministério do Meio Ambiente; restringiu as operações de fiscalização do Ibama e criou mecanismos para anular as multas ambientais, estimulando a grilagem e o desmatamento.

O comitê orientador do Fundo Amazônia, constituído por representantes da sociedade civil e dos governos federal e estaduais, foi extinto. O diretor-geral do Inpe foi demitido sob a acusação de produzir informações distorcidas. O orçamento do Ibama foi cortado em 31%. Diretorias do ICMBio e das unidades de conservação foram entregues a policiais militares e pessoas alheias ao ofício. Foram paralisados 238 processos de demarcação na Funai. Nenhuma terra indígena foi demarcada no mandato de Bolsonaro, que também congelou a regularização de terras quilombolas.

Em decorrência disso, o desmatamento voltou a se acelerar. Em 2019, atingiu 10 129 quilômetros quadrados; em 2020, 11 088 quilômetros quadrados; em 2021, 13 235 quilômetros quadrados; e em 2022, 11 568 quilômetros quadrados. Continuamos serrando o galho em que estamos sentados. Um ministro do Meio Ambiente que nunca pusera os pés na Amazônia antes de sua nomeação congelou 3,1 bilhões de reais do Fundo Amazônia destinados à consolidação de unidades de conservação do projeto Áreas Protegidas da Amazônia.

O Ministério da Defesa, ao contrário, ignorou congelamentos. Em 2022, a pasta foi contemplada com o sexto maior orçamento global da

União (116 bilhões de reais) e o primeiro orçamento em investimentos (8,7 bilhões de reais). Segundo o site Contas Abertas, os investimentos da Defesa superaram os do Ministério do Desenvolvimento Regional (segundo maior orçamento), do Ministério da Infraestrutura (terceiro), do Ministério da Saúde (quarto) e do Ministério da Educação (quinto). Foram priorizados programas como a aquisição de caças supersônicos suecos Gripen, a fabricação dos supercargueiros aéreos KC-390 da Embraer e a implantação da base-estaleiro de submarinos de Itaguaí, construída pela Odebrecht.

Não por acaso o Projeto Calha Norte teve uma evolução extraordinária. Idealizado em 1985 para atuar em 74 municípios da Amazônia, o Calha Norte foi transferido para o Ministério da Defesa em 2000, e passou a receber recursos de emendas parlamentares do Orçamento da União em 2003. Em 2004, adotou o "desenvolvimento sustentável" como mantra, ampliando a atuação para 151 municípios e financiando quartéis, pistas de pouso, escolas, pontes, eletrificação rural, saneamento, máquinas e equipamentos. Em 2021, foi expandido novamente para 442 municípios; em 2022 atingiu 619 cidades, movimentando 626 milhões de reais.

Segundo o jornal *O Globo* de 3 de abril de 2022, o Ministério da Defesa assumiu a definição das prioridades do Calha Norte em conjunto com parlamentares aliados no Congresso. O programa virou um canal de aplicação de verbas das emendas do "orçamento secreto" nos estados do Norte, um instrumento da hegemonia da aliança militar do governo Bolsonaro com os partidos do Centrão.

Apesar da grilagem das instituições e do desmoronamento democrático, o último mapa da Raisg mostrou que o Brasil entrou em 2022 com 22,1% da Amazônia demarcada como terra indígena e 19,8% regularizada como área protegida. Ou seja, com 40% da sua extensão protegida. Não é pouco. Os últimos cinquenta anos de luta não foram triviais. Não são deletáveis.

Por sua vez, o Sistema de Estimativas de Emissões e Remoções de Gases de Efeito Estufa, do Observatório do Clima, mostrou que 33% dos 2,16 bilhões de toneladas de gás carbônico equivalente emitidas em bruto pelo Brasil em 2020 foram absorvidos pela vegetação de áreas protegidas e florestas.

Se a Amazônia brasileira fosse um país, seria o nono maior emissor de gases de efeito estufa. Agregando-se o desmatamento do Cerrado, o Brasil é o oitavo emissor mundial. Cerca de 46% das emissões nacionais provêm de "mudanças de uso da terra" (desmatamento); 27% da agricultura; 18% da queima de energia; 5% dos processos industriais; e 4% da queima de resíduos. A agropecuária é, disparada, o principal vetor de desmatamento.

A Amazônia abriga oito dos dez municípios brasileiros com maiores emissões. Altamira e São Félix do Xingu lideram a lista, sendo que São Félix possui o maior rebanho bovino do país, seguidos por Porto Velho e Lábrea. Fora da Amazônia, as metrópoles de São Paulo e Rio são as campeãs, graças à poluição dos transportes. Fatos são fatos, ainda que desconcertantes. Altamira produziu 35 milhões de toneladas brutas de gás carbônico em 2019, mais do que o dobro dos 16 milhões gerados em São Paulo. A Amazônia concentra a maior parte das 220 milhões de cabeças do rebanho de gado brasileiro, o maior do mundo.

Como sabemos, a poluição dos gases de efeito estufa está aumentando. Sua aceleração arrasta um pessimismo difuso e cenários distópicos que parecem animar um certo campeonato de êxtase masoquista entre alguns analistas. No Brasil, as emissões aumentaram 9,5%, de 2019 a 2020; no mundo, cresceram 12% entre 2010 e 2019, segundo o VI Relatório de Avaliação do Painel de Mudanças Climáticas da ONU.

O mais inquietante é a contingência de a Amazônia atingir um "ponto de virada" (*tipping point*) no balanço de carbono. A marcha do desflorestamento ameaça converter a região absorvedora de carbono em região emissora de gases de efeito estufa.

No fim de 2022, o Laboratório de Gases de Efeito Estufa do Inpe constatou o surgimento de um novo polo de desmatamento na Amazônia Ocidental. Impulsionada pela expansão pecuária em Lábrea e Porto Velho, a queima de vegetação nativa converteu o sul do Amazonas, o Acre e Rondônia no segundo maior foco de desflorestamento do país. Segundo o Inpe, em 2021 o Amazonas suplantou o Mato Grosso em desmatamento, ficando atrás apenas do Pará. Com o aumento das queimadas, o bioma amazônico, que liberava diariamente 0,09 grama de carbono por quilômetro quadrado entre 2010 e 2018, passou a emitir 0,20 grama em 2020.

O avanço da devastação e o desmonte da fiscalização ambiental no governo Bolsonaro estão por trás desse aumento. Mais devastação parece estar encomendada para o futuro. A revitalização da estrada BR-319, ligando Manaus e Porto Velho, deverá acelerar o desmatamento na Amazônia Ocidental. Em 2011, o governo do Amazonas construiu a ponte Rio Negro — ansiada pela população de Manaus — para ligar a capital ao resto do país por terra.

As perspectivas são desanimadoras, mas não necessariamente fatalistas. O engenho humano é poderoso. Há soluções disponíveis. O balanço de carbono pode ser revertido intensificando-se o reflorestamento e a capacidade de absorção da floresta. Se o desmatamento for zerado ou reduzido a patamares baixos, algo como 5 mil quilômetros quadrados anuais, a contabilidade climática brasileira mudará.

Há 150 mil quilômetros quadrados de florestas secundárias e capoeiras em crescimento na Amazônia. A vegetação que brota e se regenera espontaneamente em áreas desmatadas, abandonadas e sem uso não é tão densa e rica como a floresta intacta, mas também gera fotossíntese e se alimenta de carbono. Florestas nativas regeneradas ou restauradas podem alcançar características similares às das florestas maduras após algumas décadas. Programas de restauração florestal podem potencializar a contribuição da Amazônia para a regulação climática.

Apesar de toda a informação disponível, a urgência climática continua postergada pela dimensão temporal inerente à lógica da evolução cumulativa do carbono na atmosfera. Na verdade, os mais prejudicados pela crise em andamento ainda não nasceram. O economista Persio Arida formulou a pergunta que sintetiza o drama de um futuro minado pelo presente: "Quanto as gerações atuais estão dispostas a se sacrificar agora pela qualidade de vida futura daqui a cinquenta ou cem anos?".[1]

O mais novo mal-estar da civilização constrangeu até a administração de Jair Bolsonaro a infletir e anunciar promessas levianas. Em 2021, na COP26, em Glasgow, o governo prometeu antecipar o desmatamento zero para 2028, reflorestar 180 mil quilômetros quadrados (um terço na Amazônia), recuperar pastagens degradadas, reduzir as emissões de metano do rebanho bovino e atingir a neutralidade climática, o equilíbrio entre emissão e absorção de carbono. Como pensava fazer isso, ninguém sabe. Na verdade, não tinha a menor vontade de fazê-lo. Tratava-se de empurrar o incômodo para o futuro. "O Estado, no Brasil, é um brincalhão", gostava de dizer o cronista Rubem Braga.

Felizmente, há democracia, instituições autônomas e independentes para fiscalizar os poderes, a liberdade de expressão, a oposição atuante, o sufrágio universal e as eleições regulares, ainda que vulneráveis e imperfeitas. Nas eleições de 2022 uma frente ampla de forças políticas derrotou o governo Bolsonaro, garantindo a emergência de um projeto político mais sensível às questões socioambientais.

A eleição de Luiz Inácio Lula da Silva para um terceiro mandato na Presidência permitiu a retomada dos compromissos ambientais globais, a volta de Marina Silva ao Ministério do Meio Ambiente e de João Paulo Capobianco à sua secretaria-executiva, a recomposição do Fundo Amazônia e a criação do Ministério dos Povos Indígenas, liderado pela ministra Sônia Guajajara. A advogada Joenia Wapixana foi nomeada presidente da nova Fundação Nacional dos Povos Indígenas, novo nome da Funai.

As lutas indígenas são a antítese do niilismo contemporâneo. Para os 252 povos originários, os novos Planos de Gestão das Terras Indígenas estão revelando relações ancestrais com o território, conhecimentos, saberes tradicionais, aspirações e prioridades, além dos conflitos e ameaças que pairam sobre as populações. No rio Negro há 33 mil pessoas carentes de energia, saúde, educação, renda e conectividade, desejosas de parcerias e de interlocução com o Estado. Os povos tradicionais demandam governança e desenvolvimento sustentável para poderem viver seus modos de vida.

Sabemos que os índios não são ambientalistas naturais, mas as comunidades indígenas desenvolveram tradições de manejo brando de recursos que agregam valor às estratégias de uso sustentável e de conservação. Já geraram importantes inovações culturais e tecnológicas, e cadeias de valor como a da borracha, a do cacau e a do açaí. Preservaram recursos da biodiversidade, domesticaram plantas, conservaram florestas e produziram solos férteis artificialmente. Ajudam, cotidianamente, a absorver o carbono da atmosfera, a regular a chuva e a manter as condições naturais do clima. As 40 mil espécies vegetais descritas pela ciência são apenas uma fração do existente no maior repositório de biodiversidade do planeta.

Portanto, em qualquer cenário do futuro incerto a questão indígena é estratégica.

Os pessimistas suspeitam que a crise climática seja irreversível. A incerteza não é uma conta que vai chegar: já chegou. Vastas quantidades de gás carbônico produzidas pela queima de combustíveis fósseis, carvão, petróleo e gás foram lançadas na atmosfera nos últimos séculos, alterando a composição da biosfera, abafando e esquentando o planeta. Em consequência, a temperatura da Terra aumentou, as estiagens se estenderam, as tempestades se tornaram mais intensas; as ondas de calor, mais letais; os eventos extremos, comuns.

Os povos indígenas, do Xingu ao rio Negro, estão anunciando essas mudanças. A ciência não sabe como neutralizar ou dissipar as emissões acumuladas na atmosfera, pelo menos por enquanto. Diante do Antropoceno — a época turbulenta do impacto humano sobre o planeta —, o historiador americano John McNeill propôs atualizar a fórmula de Marx: "Os homens fazem sua própria biosfera, mas não a fazem como querem".[2]

Aqui embaixo, estamos empenhados numa agenda positiva para adiar o fim do mundo, como diz Ailton Krenak. Eduardo Viveiros de Castro observou que "devastamos mais da metade de nosso país pensando que era preciso deixar a natureza para entrar na história, mas eis que esta última, com sua costumeira predileção pela ironia, exige-nos agora como passaporte justamente a natureza".[3]

O passaporte está preso na alfândega do contrato social.

Contudo, também sabemos, como o ISA demonstrou em 2016, que o índice de desmatamento em terras indígenas é de 1,14%, enquanto fora das áreas de proteção é de 18,96%. Sem reconhecimento e sem compensação, por pura implicação mútua, a sabedoria indígena trabalha para os não indígenas seus inimigos. Claude Lévi-Strauss se comoveu com a grandeza dessa solidariedade de destino, mas ressaltou: "Todos serão arrastados pela mesma catástrofe, a não ser que se compreenda que o respeito pelo outro é a condição de sobrevivência de cada um".[4]

Os xamãs não dissociam a sina dos povos indígenas dos não índios, como Davi Kopenawa ressaltou.

> Os xamãs yanomami não trabalham por dinheiro, como os médicos dos brancos. Trabalham unicamente para o céu ficar no lugar, para podermos caçar, plantar nossas roças e viver com saúde. Nossos maiores não conheciam o dinheiro. Omama não lhes deu nenhuma palavra desse tipo. O dinheiro não nos protege, não enche o estômago, não faz nossa alegria. Para os brancos, é diferente. Eles não sabem sonhar com os espíritos como nós. Preferem não saber que o trabalho dos xamãs é proteger a terra, tanto para nós e nossos filhos como para eles e os seus.[5]

Felizmente existem xamãs. Se um dia a Amazônia sucumbir à devastação e os conhecimentos dos xamãs desaparecerem, o céu cairá sobre o povo da mercadoria. O teto já está estalando.

Os cenários distópicos assombram os 196 países que assinaram o Acordo de Paris em dezembro de 2015. A comunidade das nações se comprometeu a empenhar esforços para conter o aumento da temperatura global em 1,5 grau. O Brasil assumiu uma Contribuição Nacionalmente Determinada se comprometendo a cortar as emissões de gases de efeito estufa em 43% até 2030, a zerar o desmatamento e a recuperar florestas degradadas.

Sem dúvida, os 180 mil quilômetros quadrados de reflorestamento prometidos pelo governo Bolsonaro são uma área enorme, maior que a do Acre. Um estudo do Instituto Escolhas sobre a meta de restauração de 120 mil quilômetros quadrados assumida no Acordo de Paris em 2015 avaliou o custo do empreendimento, em 2023, em 228 bilhões de reais — cerca de 70% do orçamento do estado de São Paulo para o mesmo ano. É muito para um país cronicamente endividado e em permanente crise econômica. Mas poderia gerar 776 bilhões de reais em produtos florestais, criar 2,5 milhões de empregos e retirar 4,3 bilhões de toneladas de carbono da atmosfera.

O Brasil dispõe de know-how, tecnologia, capacidade, de empresas florestais modernas e de milhares de quilômetros de terras degradadas que podem e devem ser restauradas. Se há algum país vocacionado para restaurar florestas, somos nós. Também somos o único país com o nome de uma árvore cuja espécie está ameaçada de extinção. Os povos indígenas venceram desafios e ameaças piores.

Hoje, a maioria dos brasileiros tem uma imagem positiva dos índios, embora idealizada, tão mais positiva quanto mais nos acumulamos nas cidades, longe do mato. Na verdade, o Brasil desconhece a sociodiversidade que festeja na retórica e nos desfiles de Carnaval. Não raro, ela alimenta fantasias mirabolantes ou figura como "macumba pra turista", como Oswald de Andrade já observou.

Muita mistificação é gerada pela ignorância. Até os nomes dados aos povos indígenas ignoram suas autodenominações, usando termos pejorativos atribuídos a eles que permanecem no glossário oficial. Enquanto levamos séculos para reconhecer seus nomes, centenas de povos desapareceram. Não se sabe sequer quantos existem ainda hoje nem quantas línguas nativas falam. O reconhecimento da sociodiversidade, ainda que parcial, não ultrapassa os restritos círculos acadêmicos especializados, o que também é uma falha dos movimentos sociais.

Até os anos 1970, a perspectiva dominante era a da inexorável extinção dos índios ou de sua "integração à comunhão nacional", como preconizava a legislação anterior a 1988. Uma extinção "desejável" para os que estavam em conflito direto com índios no território; "natural" para os realistas de diferentes matizes, inclusive marxistas; "trágica" para os que se opunham à violência histórica e simpatizavam com os direitos dos povos e suas lutas.

No entanto, os direitos originários foram reconhecidos na Constituição. Não se trata de uma dádiva. Decorre de uma ancestralidade histórica não ignorável. Já não se criam "reservas indígenas", se reconhecem "terras indígenas". A propriedade das terras é da União, mas os índios têm a posse permanente e o usufruto exclusivo dos seus recursos. O direito originário está inserido na ordem jurídica brasileira.

A democracia extinguiu o risco de extinção. O reconhecimento de direitos e a demarcação das terras indígenas, mesmo que ainda incompleta, estabilizaram o crescimento demográfico dos povos. A população de 250 mil indivíduos, em 1988, chegou a 1,69 milhão em 2022, junto com 1,33 milhão de quilombolas, cujos direitos não eram sequer reconhecidos antes. Nos programas de transferência de renda do Bolsa Família, indígenas e quilombolas já transitaram da exclusão para a inclusão. A Constituição de 1988 consagrou a diversidade como um patrimônio nacional. Assim como os imigrantes, todos os cidadãos brasileiros, ainda que integrados de maneira desigual, compartilham da mesma ordem jurídica e política sem abrir mão da sua condição histórica ou cultural diferente.

Em 1975, quando eu era jovem, apenas 1% da Amazônia havia sido desmatado. A natureza privilegiada da amplidão brasileira, cheia de florestas e rios, celebrada na bandeira, no Hino Nacional, na literatura e na música popular, inspirava promessas de felicidade a poetas distantes como Maiakóvski. Somos os herdeiros responsáveis pelos sonhos americanos de José Bonifácio, Euclides da Cunha, Oswald de Andrade, Sérgio Buarque de Holanda, Darcy Ribeiro e Rita Lee.

Em 1990, o avanço da frente de expansão econômica desterritorializara 5,5% do país; em 2022, a devastação atingiu quase 20%. Em cinquenta anos a Amazônia perdeu uma área florestal equivalente à soma dos territórios da França e da Alemanha. Um terço foi queimado pela apropriação criminosa de terras públicas e pela expansão sem lei da fronteira interna.

Chegamos à contingência de o desmatamento poder deflagrar uma "virada" para o desequilíbrio sistêmico, se mais áreas florestais continuarem a ser derrubadas. Segundo os cientistas, uma redução total de 25% das florestas amazônicas pode desregular o clima no continente, gerar savanas emissoras de gases de efeito estufa e enxugar os rios voadores que descem para o sul, com isso afetando a economia do agronegócio e a energia das hidrelétricas. Em qualquer cenário do futuro, repita-se, a conservação da Amazônia é estratégica para o país.

A restauração das florestas exige um compromisso dos agentes públicos e privados com a destinação legal de terras para regeneração e proteção, assim como incentivos para o uso sustentável e a conservação. Seu horizonte utópico demanda planejamento estável de longo prazo, raridade no país, mas essa projeção pode estabelecer um novo paradigma de desenvolvimento socioambiental, impulsionando uma economia florestal de baixo carbono com protagonismo dos povos tradicionais — como demonstram, para quem quiser ver, as experiências vitoriosas da Rede de Sementes do Xingu e do Redário de Sementes, atuantes em oito estados do Brasil.

Está na hora de percebermos, definitivamente, que os incidentes que deterioram as relações entre as populações tradicionais e a sociedade nacional são uma contingência interna do pacto social brasileiro, não uma decorrência de ações externas ou de alianças com inimigos além-fronteira. Não raro, esse debate emerge pautado pela lógica de conflito que produz surtos midiáticos incapazes de comprimir a história em uma página de revista. Precisamos de um paradigma de solução, não de conflito. Quando a democracia brasileira avançar, tornará evidente que o estado democrático de direito requer uma atualização do pacto social para ampliar os espaços de cooperação e de cidadania e valorizar a sociobiodiversidade. Trata-se de cuidar do céu que nos protege.

Uma viagem à aldeia indígena aikewara, no Pará, aos 21 anos, acendeu o interesse pela antropologia no jovem Beto Ricardo, estudante de ciências sociais. (Foto: Valdo Ruviaro, 1969)

Em 1978, Darcy Ribeiro e Beto ministraram um curso de antropologia no Centro de Formação de Salesianos, em Manaus. De costas, tomando notas, o poeta Thiago de Mello.
(Foto: Rogélio Casado, 1978)

Beto na sala que ocupou por mais de quarenta anos no Cedi, no Colégio Sion, no bairro de Higienópolis, em São Paulo, mais tarde sede do ISA.
(Foto: Pedro Martinelli, 2003)

Dom Pedro Casaldáliga, bispo de São Félix do Araguaia, com a máquina de escrever portátil com a qual disparava cartas a amigos e autoridades.
(Foto: Beto Ricardo/ ISA, 1982)

Guerreiro kayapó armado com borduna vigia garimpeiros na aldeia Gorotire, no sul do Pará, em 1985. Durante três anos lideranças kayapós associaram-se ao garimpo de ouro gerando impactos severos em seus rios e em suas terras. (Foto: Eduardo Kalif/ Acervo H/ Panamazônica, 1985)

Jovem yanomami desfralda a bandeira nacional, na imagem-símbolo da campanha pelos direitos indígenas durante a Constituinte de 1988. (Foto: Claudia Andujar, 1974)

Em 1987, Ailton Krenak pinta-se de preto no plenário do Congresso, em Brasília, em protesto contra as tentativas de supressão dos direitos indígenas na Constituição que estava sendo elaborada. (Foto: Luiz Antonio Ribeiro/ CPDoc JB, 1987)

Na Câmara dos Deputados, o deputado Virgildásio de Senna abre um mapa gerado pelo Cedi mostrando a existência de 1732 requerimentos de pesquisa de mineração em terras indígenas. (Foto: André Dusek/ Agil, 1988)

Vigília no auditório do PMDB pelo respeito aos direitos indígenas na nova Constituição. Na primeira fila (*da esq. para a dir.*), Teseya Panará, Kanhõc Kayapó, Raoni Metuktire e Tutu Pombo Kayapó. (Foto: Beto Ricardo/ ISA, 1988)

Lideranças kayapós e Paulinho Payakan (*de camisa*) discutem preparativos na aldeia Gorotire para o Encontro das Nações Indígenas do Xingu, em Altamira, em 1988.
(Foto: Beto Ricardo/ ISA, 1988)

Tuíra Kayapó adverte o presidente da Eletronorte, José Muniz Lopes, no Encontro das Nações Indígenas do Xingu, contra as hidrelétricas do rio Xingu, em Altamira, em 1989.
(Foto: Protásio Nenê/ AE, 1989)

O missionário Carlo Zacquini (*à esq.*) e o deputado Plínio de Arruda Sampaio (*à dir.*) gravam depoimento de um indígena yanomami a bordo de um avião Búfalo da FAB, durante visita da Comissão da Ação pela Cidadania a Roraima, em 1989. (Foto: Beto Ricardo/ ISA, 1989)

Piloto de helicóptero da FAB remove da maloca Homoxi uma vítima da invasão garimpeira na Terra Indígena Yanomami, em 1989. (Foto: Charles Vincent/ ISA, 1989)

Milton Nascimento no leme do batelão da Associação dos Seringueiros do Rio Tejo subindo o rio Juruá, em 1989, no Acre. (Foto: Márcio Ferreira, 1989)

Milton (*de chapéu*) e membros da expedição Txai, no rio Amônia. No centro, a jovem ativista inglesa Tanya Schwarz. (Foto: Beto Ricardo/ ISA, 1989)

Milton e o curumim Benki Ashaninka, que inspirou a canção "Benke", do álbum *Txai*. (Foto: Beto Ricardo/ ISA, 1989)

Após receber o prêmio Goldman de Meio Ambiente em San Francisco, em 1992, Beto e demais ativistas foram a Washington falar com o presidente dos Estados Unidos, George Bush, na Casa Branca. (Foto: Official White House Photo, 1992)

Beto Ricardo, Gisele Bündchen e André Villas-Bôas durante a campanha Y Ikatu Xingu pela preservação das nascentes do Parque Indígena do Xingu, em 2006. (Foto: Paulo Vainer, 2006)

A concorrida assembleia de fundação da Foirn, em 1987, no ginásio de esporte do Colégio São Gabriel da Cachoeira. (Foto: Beto Ricardo/ ISA, 1987)

O líder da Foirn, André Baniwa, mostra documentos sobre a demarcação de terras em Tucumã-Rupitã. Para informar as comunidades e instalar marcos topográficos no alto e médio rio Negro foram organizadas 21 expedições. (Foto: Pedro Martinelli/ ISA, 1987)

Reunião de antropólogos em Brasília, em 1995, para discutir a demarcação de terras indígenas: (*à esq.*) d. Ruth Cardoso, Betty Mindlin, o presidente Fernando Henrique Cardoso, Carlos Marés, Eunice Durham, Beto Ricardo; (*à dir.*) João Pacheco, Manuela Carneiro da Cunha, Márcio Santilli, o ministro da Justiça, Nelson Jobim, o chefe de gabinete, José Gregori, e o secretário da Justiça, Milton Seligman. (Foto: Arnildo Schulz/ CPDoc JB, 1995)

Beto e Fany Ricardo recebem o presidente Fernando Henrique Cardoso durante visita a São Gabriel em 1996. (Foto: Ronaldo Assis/ *Jornal do Commercio*, 1996)

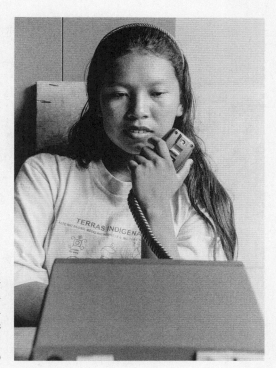

A instalação de estações de radiofonia nas comunidades indígenas fortaleceu a Foirn. Atualmente, a experiência está sendo replicada nas comunidades da Terra Indígena Yanomami.
(Foto: Beto Ricardo/ ISA, 1997)

Equipe de demarcação na comunidade de Camanaus, no extremo noroeste do Amazonas, em 1996. (Foto: Pedro Martinelli/ ISA, 1997)

Assembleia evangélica, com distribuição de comida, na comunidade baniwa de Nazaré, no alto Içana. (Foto: Beto Ricardo/ ISA, 1997)

Beto mostra o mapa das comunidades do rio Negro à delegação da Fundação Moore e ao economista norte-americano Jeffrey Sachs (*de pé, com a mão na cintura*), em 2004. (Foto: Pedro Martinelli/ ISA, 2004)

O embaixador da União Europeia, João Cravinho (*de paletó*), o general Omar Zendim, comandante militar de São Gabriel da Cachoeira, Beto Ricardo e Márcio Santilli, em visita à 2ª Brigada de Infantaria de Selva, em 2017. Civis e militares mantêm relações cordiais de cooperação na cidade. (Foto: Juliana Radler/ ISA, 2017)

Luiz Inácio Lula da Silva, candidato à Presidência da República pelo PT, visitou o ISA, em São Paulo, em 2001. Ouviu reivindicações e recolheu subsídios para a agenda ambiental do seu programa de governo. (Foto: Valéria Macedo/ ISA, 2001)

Visita do presidente Lula a Boa Vista, em 2010, comemorando o reconhecimento da demarcação da Terra Indígena Raposa Serra do Sol em Roraima. (Foto: Mário Vilela/ Funai, 2010)

Gilberto Gil visitou comunidades de São Gabriel da Cachoeira em 2011 para gravar um filme sobre as culturas indígenas do rio Negro. (Foto: Acervo ISA. 2011)

Petróglifos na região de Iauaretê, no alto rio Uaupés, atestam a ocupação ancestral da região do rio Negro. A arqueologia comprovou vestígios de ocupação humana de 3200 anos. (Foto: Sônia Lorenz/ ISA, 2004)

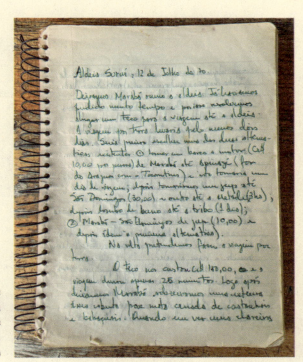

Primeiro ensaio de caderno de campo, com anotações de pesquisa sobre os Aikewara, em 1970. (Foto: Arquivo Beto Ricardo)

Entre os Araweté do sul do Pará, em 1992, preparando a campanha pela demarcação da Terra Indígena Ipixuna. (Foto: Eduardo Viveiros de Castro, 1991)

  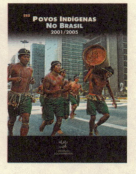
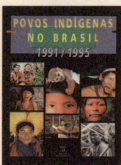  

Nascida sob o título *Aconteceu*, em 1980, a coleção *Povos Indígenas no Brasil*, com treze volumes, constitui o maior acervo de informação sobre os povos tradicionais e o meio ambiente do país, resultado do trabalho voluntário de uma rede autônoma de centenas de colaboradores. (Foto: Acervo ISA)

Cartaz de lançamento da campanha nacional Aliança dos Povos da Floresta, em 1989. (Foto: Acervo ISA)

O curso imemorial do rio Demini, afluente do rio Negro, margeando as montanhas do Parque Estadual Serra do Aracá, na Terra Indígena Yanomami.
(Foto: © Sebastião SALGADO, 2019)

Pico Guimarães Rosa, com 2105 metros de altitude, um dos *inselbergs* (montanhas que brotam como ilhas no tapete da floresta) da serra do Imeri, no Amazonas. (Foto: © Sebastião SALGADO, 2018)

Guerreiros arawetés relaxam num córrego pedregoso na volta de uma caçada na Terra Indígena Ipixuna, numa cena rousseauniana. (Foto: Eduardo Viveiros de Castro, 1982)

Interior de uma maloca yanomami no rio Catrimani, cenário de sonhos iluminados dos xamãs. (Foto: Claudia Andujar, 1974)

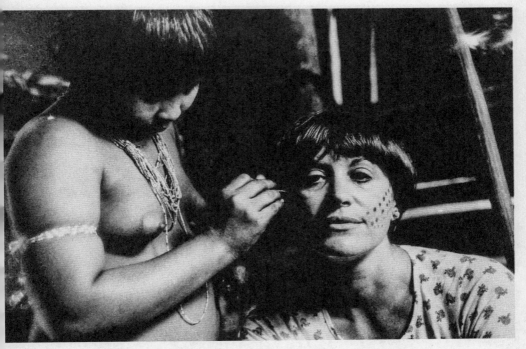

Claudia Andujar construiu uma relação de intimidade com a cultura yanomami que se reflete em suas fotos. (Foto: Carlo Zacquini)

Insulada na floresta, a aldeia Watoriki, na Terra Indígena Yanomami.
(Foto: © Sebastião SALGADO, 2014)

Davi Kopenawa Yanomami, principal liderança yanomami em Roraima.
(Foto: © Sebastião SALGADO, 2019)

Pôster conceitual de 2010 da agência NBS para o ISA: "Socioambiental se escreve junto". (Foto: Acervo ISA, 2010)

BEM ANTES DE MEXER.

QUE O DESENVOLVIMENTO VALORIZE
OCIOAMBIENTAL SE ESCREVE JUNTO.

INSTITUTO
SOCIOAMBIENTAL

Flagrante do primeiro contato com o povo indígena Panará, então conhecido como os "gigantes" Kreen-Akarore, em 1973. (Foto: Pedro Martinelli, 1973)

Crianças panarás debruçadas na janela do "pássaro de metal" da FAB que transferiu o povo Panará do rio Iriri, no Pará, para o Parque Indígena do Xingu, no Mato Grosso, em 1975. (Foto: Pedro Martinelli, 1995)

O rio Negro e a serra do Curicuriari, conhecida como "Bela Adormecida", cartão-postal de São Gabriel da Cachoeira. (Foto: Beto Ricardo/ ISA, 1996)

Inaugurada em 2006, a moderna sede do ISA em São Gabriel, conhecida como "Curupirão", valorizou a identidade indígena na cidade amazonense. (Foto: Daniel Ducci, 2008)

Os chefs Felipe Schaedler, Bela Gil (*ambos à esq.*) e Alex Atala (*no centro*) com indígenas baniwas na Casa da Pimenta da comunidade Yamado, em 2015. (Foto: Beto Ricardo/ ISA, 2015)

Marco de bronze do Ministério da Justiça usado na demarcação física das terras indígenas. (Foto: Pedro Martinelli/ ISA, 1997)

A comunidade Tucumã-Rupitã, sede da Organização Indígena da Bacia do Içana.
(Foto: Pedro Martinelli/ ISA, 1999)

Em 1999, quando a conhecemos, Cláudia Baniwa acordava cedo em Tucumã-Rupitã e remava três horas pelo rio Içana e o igarapé Pamari para ir à roça colher mandioca e alimentar a família. (Foto: Pedro Martinelli, 1999)

O mais popular meio de transporte fluvial coletivo no rio Negro, o "bongo". (Foto: Pedro Martinelli/ ISA, 1997)

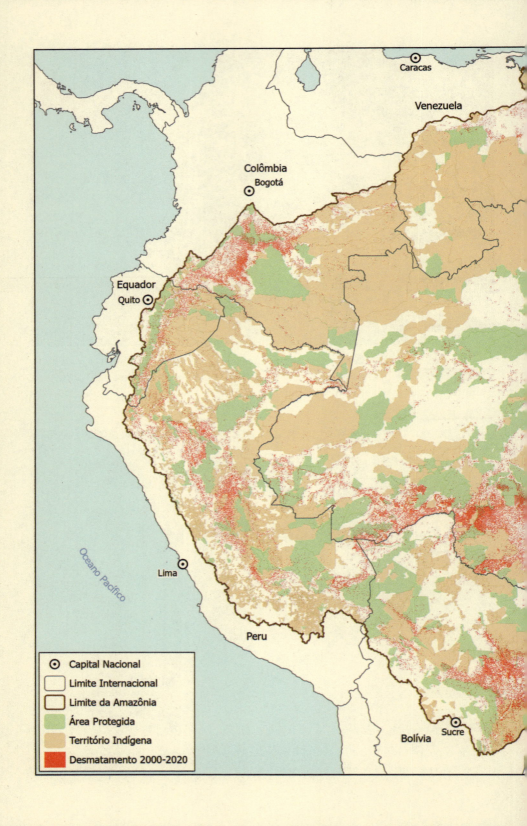

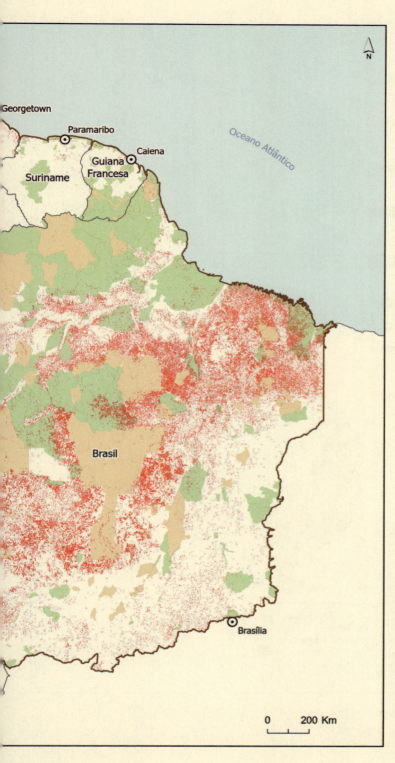

Panamazônia: Desmatamento em áreas protegidas e territórios indígenas. Fontes: Capital nacional, limite da Amazônia, área protegida e território indígena (Raisg, 2023); Desmatamento (Raisg, 2021); Limite Internacional (Inge, 2015). (Imagem: Raisg/ ISA)

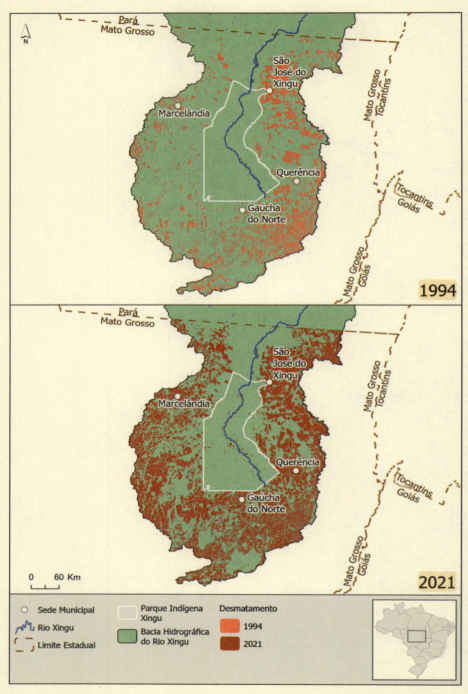

Cabeceiras do Xingu: Avanço do desmatamento. Fontes: Sede municipal e rio Xingu (IBGE, 2015); Limite estadual (IBGE, 2017); Parque Indígena Xingu (ISA, 2023); Desmatamento 1994 (ISA, 1999); Desmatamento 2021 (Inpe/Prodes, 2022). (Imagem: ISA)

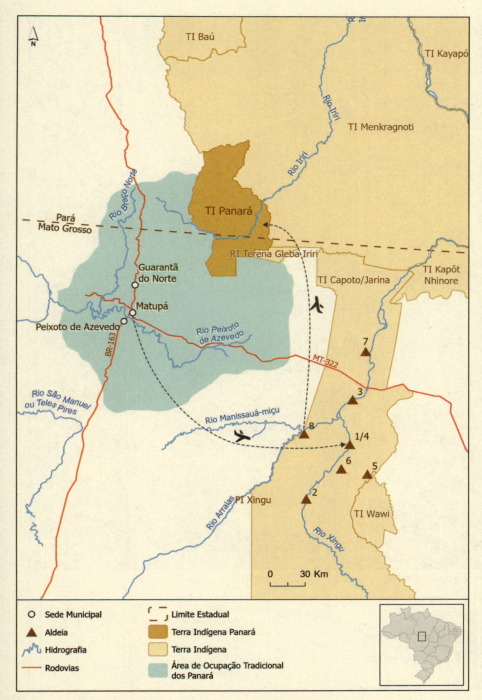

Panará: Êxodo e regresso. Fontes: Sede municipal e hidrografia (IBGE, 2015); Limite estadual (IBGE, 2017); Rodovias (DNIT, 2017); Terra indígena (ISA, 2023); *Panará, a volta dos índios gigantes* (ISA, 1998). (Imagem: ISA)

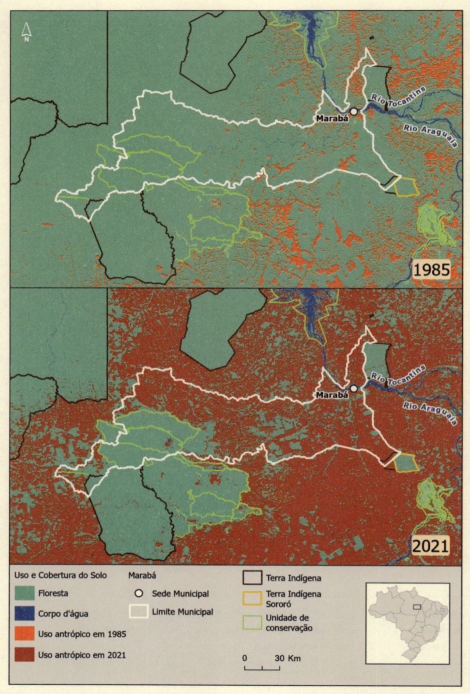

Região de Marabá: Perda florestal. Fontes: Uso e cobertura do solo em 1985 e 2021 (Mapbiomas, 2023); Sede municipal (IBGE, 2015); Limite estadual (IBGE, 2017); Terra indígena e unidade de conservação (ISA, 2023). (Imagem: ISA)

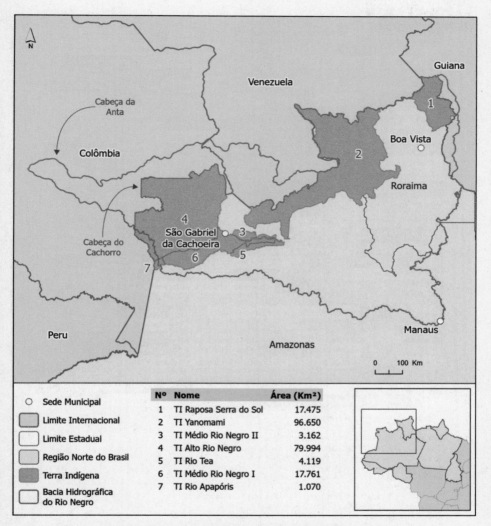

Bacia do rio Negro: Terras indígenas. Fontes: Sede municipal (IBGE, 2015); Limite internacional (IBGE, 2015); Limite estadual (IBGE, 2017); Terra indígena e bacia hidrográfica do rio Negro (ISA, 2023). (Imagem: ISA)

266 Povos

• Aikanã • Aikewara • Akuntsu • Akuriyó • Amanayé • Amondawa • Anacé • Anambé • Anapuru Muypurá • Aparai • Apiaká • Apinayé • Apurinã • Aranã • Arapaso • Arapium • Arara • Arara da Volta Grande do Xingu • Arara do Rio Amônia • Arara do Rio Branco • Arara Shawãdawa • Arara Vermelha • Araweté • Arikapú • Aruã • Ashaninka • Asurini do Tocantins • Asurini do Xingu • Atikum • Avá-Canoeiro • Awa Guajá • Aweti • Ayoreo • Bakairi • Banawá • Baniwa • Bará • Barasana • Baré • Borari • Boe (Bororo) • Canela Apanyekrã • Canela Memortumré • Cara Preta • Chamacoco • Charrua • Chiquitano • Cinta larga • Deni • Desana • Djeoromitxí • Dâw • Enawenê-nawê • Fulni-ô • Galibi Ka'lina • Galibi-Marworno • Gamela • Gavião Parkatêjê • Gavião Akrãtikatejê • Gavião Kykatejê • Gavião Pykopjê • Guajajara • Guarani Kaiowá • Guarani Mbya • Guarani Ñandeva • Guarasugwe • Guató • Gueguê do Sangue • Hixkaryana • Huni Kuin • Hupda • Ikolen • Ikpeng • Ingarikó • Iny (Karajá) • Iranxe Manoki • Jamamadi • Jaraqui • Jarawara • Javaé • Jenipapo-Kanindé • Jiahui • Jiripancó • Juma • Ka'apor • Kadiwéu • Kahyana • Kaimbé • Kaingang • Kaixana • Kalabaça • Kalankó • Kalapalo • Kamaiurá • Kamba • Kambeba • Kambiwá • Kanamari • Kanindé • Kanoê • Kantaruré • Kapinawa • Karajá do Norte • Karapanã • Karapotó • Karipuna de Rondônia • Karipuna do Amapá • Kariri • Kariri-Xokó • Karitiana • Karo • Karuazu • Kassupá • Katwena • Katukina do Rio Biá • Katukina Pano • Kaxarari • Kaxixó • Katxuyana • Kawaiwete (Kaiabi) • Mẽbêngôkre Kayapó • Kinikinau • Kiriri • Kisêdjê • Koiupanká • Kokama • Koripako • Korubo • Kotiria • Krahô • Krahô-Kanela • Krenak • Krenyê • Krikati • Kubeo • Kuikuro • Kujubim • Kulina Pano • Kumaruara • Kuntanawa • Kuruaya • Kwazá • Madiha (Kulina) • Makuna • Makurap • Macuxi • Manchineri • Maraguá • Marubo • Matipu • Matis • Matsés • Mawayana • Maytapu • Mehinako • Mỹky • Migueleno • Miranha • Mirity-tapuya • Mucurim • Munduruku • Mura • Nadöb • Nahukuá • Nambikwara • Naruvoto • Nawa • Nukini • Ofaié • Oro Win • Palikur • Panará • Pankaiuká • Pankará • Pankararé • Pankararu • Pankaru • Parakanã • Paresi • Parintintin • Patamona • Pataxó • Pataxó Hã-Hã-Hãe • Paumari • Payayá • Pipipã • Pira-tapuya • Pirahã • Pitaguary • Potiguara • Puri • Puruborá • Puyanawa • Rikbaktsa • Sakurabiat • Sapará • Sateré Mawé • Shanenawa • Siriano • Surui Paiter • Suruwaha • Tabajara • Tapajó • Tapayuna • Tapeba • Tapirapé • Tapuia • Tariana • Taurepang • Tembé • Tenharim • Terena • Ticuna • Tikmũ'ũn (Maxacali) • Tingui Botó • Tiriyó • Torá • Tremembé • Truká • Trumai • Tsohom-dyapa • Tukano • Tumbalalá • Tunayana • Tupaiú • Tupari • Tupinambá • Tupiniquim • Turiwara • Tuxá • Tuxi • Tuyuka • Txikiyana • Umutina • Uru-Eu-Wau-Wau • Waimiri Atroari • Waiwai • Wajãpi • Wajuru • Wapichana • Warao • Warekena • Wari' • Wassu • Wauja • Wayana • Witoto • Xakriabá • Xavante • Xerente • Xetá • Xerew • Xikrin Mẽbêngôkre • Xinane • Xipaya • Xokleng • Xokó • Xukuru • Xukuru-Kariri • Yaminawá • Yanomami • Yawalapiti • Yawanawá • Ye'kwana • Yudja • Yuhupdëh • Zo'é • Zoró

Existem hoje no Brasil 266 povos indígenas, que falam mais de 160 línguas e somam uma população de 1.489.003 pessoas, de acordo com os dados do IBGE de 2022. Embora alguns povos estejam ameaçados, a população indígena no Brasil está crescendo, assim como o número de etnias. Trata-se de um mosaico de microssociedades: 143 povos têm uma população de até 1.000 pessoas, 29 têm mais de 5.000 e 49 etnias têm parte de sua população habitando países vizinhos, como os Guarani, que vivem na Argentina, Bolívia, Brasil e Paraguai e somam cerca de 280 mil pessoas, das quais 85 mil estão no território brasileiro. Há ainda 115 evidências de povos isolados, das quais 29 estão confirmadas e 86 em estudo pela Funai.

Povos indígenas em 2022. (Imagem: Roberto Strauss)

Famílias linguísticas indígenas em 2022. (Imagem: Roberto Strauss)

Happy hour do ISA e da Foirn em São Gabriel da Cachoeira: (*da esq. para a dir.*)
Beto Ricardo, Enrique Svirsky, Nilto Tatto, Abraão França e João Paulo Capobianco.
(Foto: Pedro Martinelli/ ISA, 1997)

ANEXOS

Dos cadernos de campo*

---
* Transcrições dos cadernos de pesquisa de Beto Ricardo. Salvo erros tipográficos e gramaticais, mantivemos os textos tal qual foram escritos, a fim de preservar o tom das anotações.

Anexo 1. Caderno de campo aikewara (1970)

12 de junho de 1970

Deixamos Marabá rumo à aldeia aikewara. Valdo e eu já havíamos perdido muito tempo e por isso resolvemos alugar um teco-teco para a viagem até a aldeia. O percurso por terra levaria pelo menos dois dias. Seria preciso escolher uma das duas alternativas: 1) tomar um barco a motor (Cr$10,00 por pessoa),* de Marabá até Apinajé (foz do Araguaia com o Tocantins), o que exigiria um dia de viagem; depois um jipe até São Domingos (Cr$30,00) e outro até a Metade (3 horas), mais lombo de burro até a aldeia (outro dia); 2) ou então fazer Marabá-São Domingos de jipe (Cr$10,00) e depois idem à primeira alternativa. Preferimos o avião. Na volta pretendemos fazer a viagem por terra. O teco-teco custou Cr$180,00 e a viagem durou 25 minutos.

    Logo após deixarmos Marabá sobrevoamos uma extensa área coberta por mata cerrada de castanhais e babaçuais. De vez em quando, uma clareira com algumas casas, certamente uma fazenda. Isso varia conforme se afasta da cidade. Vi muito desmatamento. Logo avistamos a aldeia. A aterrissagem foi horrível, brusca. A pista estava com grama alta cheia de calombos, o que deixou o piloto irritado.

    Alguns indígenas nos aguardavam. Retiramos a bagagem: mochilas, comidas, bancos de madeira, latões para água, remédios e um saco com as redes. Um dos índios saiu correndo a cavalo e foi buscar um papagaio que mandou no avião para um sargento da base aérea de Marabá. Viemos

---

* Equivalentes a cerca de vinte reais em 2023.

em fila até a aldeia, a uns 800 metros do campo de pouso. Eles falavam muito e riam a valer.

Na "maloca" do Frei Gil, que fica pouco antes da aldeia propriamente dita, todos se reuniram. Alguns estavam no mato caçando. A maloca é retangular com dois quartos nas extremidades e um pátio central. É feita de folhas de babaçu, madeira e barro batido. As portas dos quartos são feitas de um trançado de folhas de babaçu, que também cobre o vão da janela. Nosso quarto é pequeno, mas o suficiente para duas redes. Varremos toda a maloca e colocamos nossas coisas nos jiraus, alimentos num e roupas no outro.

Eles nos ajudaram a armar as redes, fizeram os nós das cordas e cortaram as varetas para os mosquiteiros. A rede armada com o mosquiteiro fica uma beleza. Uma casa mesmo. Colocamos calção e saímos no pátio da maloca. Eles, todos reunidos, falavam e riam. Certamente de nós, dos *camarás*, como dizem. Estranhavam muito a brancura da nossa pele.

No fim da tarde fomos tomar banho num igarapé. Alguns deles nos acompanharam. Entramos na água e eles nos observando, até que um me perguntou: "Vai tirar o calção?". Ficamos nus e nos banhamos enquanto eles riam muito. Depois, voltamos, trocamos a roupa e fomos tomar um café, aliás muito bem-feito. Logo, chamaram para jantar. Numa das malocas nos sentamos à mesa: arroz, carne de boi picada, ovo mexido e farinha grossa. A comida estava muito boa. Arirhêra foi a cozinheira.

15 de junho

Numa visita à casa do sertanejo Paraibano, a 6 km da aldeia, ficamos sabendo que no dia da nossa chegada na aldeia havia um tal de Chico Bunda Grande que fazia três ou quatro dias estava parando aqui com os índios. Soube-se que ele viera em busca de mandioca (plantada aqui, em roça indígena) para fazer farinha (moagem também aqui, na aldeia, onde há uma máquina para tal). Quando viu o teco-teco pousando na pista, mal certificou-se da nossa chegada, foi-se embora. Os índios ocultaram tal fato. Inclusive ontem, quando se falou da nossa ida à casa do Paraibano, Wamaçu entusiasmou-se e propôs-se a ir junto. Hoje cedo, sem explicações, na hora da partida desistiu da ideia.

Frei Gil ficou louco da vida com a história e reclamou bastante, dizendo que essas invasões são frequentes em todos os períodos em que se ausenta da tribo. Os índios gostam do contato com os sertanejos e frequentemente são ludibriados e explorados por eles em negócios descabidos. Frei Gil reclamou seus direitos de intermediário único e autorizado pelo governo entre os índios e os outros. Pediu lápis e papel e escreveu bilhetes aos intrusos para que não voltassem, sob risco de serem presos. Parece que esses avisos não têm efeito algum.

O contato com os sertanejos tem sido sumamente prejudicial, como não poderia deixar de ser. A varíola, a catapora e a gripe marcaram e marcam a vida dos índios. Alguns deles têm a face deformada pela varíola, muitos perderam o vigor após a catapora, e todos estão gripados constantemente, como agora. A gripe deixa-os abatidos, tristes. Além do mais esse contato traz hábitos e costumes inevitáveis. A caça de espera, bem como a do caititu, foi introduzida pelo contato. O uso de roupas e a desconfiguração da aldeia (de circular para bilinear-paralela), a construção das casas imitando a do sertanejo e o corte de cabelo foram modificações introduzidas por um sujeito (João Correia, ou João Peito Largo) que, por volta de 1955, conviveu com os índios na ausência do missionário.

As frentes de contato tendem a pressionar. A aldeia fica na rota dos transeuntes da área. Sempre tem gente passando, quando não parando por aqui, geralmente castanheiros ou tropeiros. Vários índios já foram às grandes cidades (São Paulo, Rio, BH) onde permaneceram por longo tempo em tratamento ou no aprendizado de ofícios. Atualmente, há três em Poá (SP) aprendendo ofícios e um em São Paulo, em tratamento de saúde. Periodicamente, eles vão às vilas próximas (São Domingos e até Marabá), em busca de compras para o Frei Gil ou acompanhando as viagens de regresso.

Na volta da casa do Paraibano, a chuva nos apanhou na mata. Foi coisa rápida. Viemos falando das famílias e das histórias dos nossos antepassados. Chegando em casa eu estava moído. Logo eles todos se reuniram aqui em cima. Na conversa surgiu a antiga aldeia como assunto. No chão do pátio eles a desenharam. Segundo a hipótese de Roque Laraia e Roberto DaMatta,[1] os Suruí tinham aldeia nas margens do Araguaia de onde migraram após um ataque dos Karajá. Sucessivas mudanças aconteceram até que a aldeia encontrada por ocasião do primeiro contato de Frei Gil já contava com duas casas imitando a do sertanejo.

19 de junho

Talvez o primeiro domingo com feições de domingo. A vida das mulheres restringe-se quase que totalmente à aldeia. Nesta época do ano as atividades masculinas principais compõem-se de caça em primeiro plano e de derrubada da roça (já terminada pela maioria deles). As mulheres não os acompanham, ficam na aldeia a preparar alimentos (escolher o arroz, pilar o babaçu, as castanhas e o coco, cozinhar) e cuidar das crianças. Aliás, o tratamento dispensado às crianças é o mais afetuoso e liberal possível: nunca ralham com elas, não lhes dispensam carinho excessivo e não há mecanismo algum de repressão.

A atividade feminina é contínua: cozinhar, lavar as panelas e cuidar das crianças são necessidades cotidianas. Por outro lado, a atividade masculina (ao menos nesta época do ano) é totalmente irregular: a caçada diurna ou noturna (feita geralmente pelos mais novos) é ocasional. A primeira é sempre individual: cada qual, esporadicamente, apanha seu arco ou espingarda, reúne seus cachorros e sai para o mato. Já a caçada de espera é feita por duplas. Dias de caçada, ou mesmo horas de caçada, intercalam-se arbitrariamente com a derrubada da roça, a confecção de artefatos, o bate-papo, a fabricação de farinha e o descanso na rede.

Algumas atividades são feitas conjuntamente pelo casal ou por componentes dos grupos de "comer e trabalhar", porém eles não se confundem: cada casal ou cada grupo executa determinada tarefa à sua vez; todos fazem praticamente tudo. Quando o homem vai cortar lenha no mato a mulher o acompanha e ajuda a carregar. O trabalho no pilão também é algumas vezes executado pelo casal. Descascar e cozer a mandioca é outra tarefa executada por ambos os sexos. A fase intermediária da produção da farinha (moagem) está reservada aos homens.

Embora a caçada seja individual, a carne é distribuída entre todos. Nos casos em que o produto não é suficientemente grande para todos, a família de quem caçou é quem come. Quem caça é quem distribui. Em alguns casos, como noutro dia, quando mataram uma paca pesando 6 quilos, o caçador distribuiu-a apenas a alguns. Não foi possível identificar critérios.

23 de junho

Acordamos com o céu totalmente fechado, escuro mesmo. O "chovedor" estava carregado de nuvens negras, prenunciando chuva. Embora eles afirmassem que ela não viria, o vento trouxe-a até nós e lá pelas 9 horas caiu um forte aguaceiro que valeu para localizar as goteiras do nosso barracão. Caiu muita água durante 30 minutos, sossegando a poeira do chão e refrescando o clima. As crianças divertiram-se muito com a chuvarada, correndo de um lado a outro do pátio. A arara dava berros eufóricos.

Maçara matou um pequeno veado (filhote de mateiro). Quando desci, após a chuva, alguns deles estavam reunidos no pátio da casa de Waçaí pilando o arroz. Os rapazes ainda solteiros (Tireré, Kaká, Potéma) fazem esses pequenos serviços, como pilar o arroz e buscar água, a pedido das mulheres de toda a aldeia. Mirhó prosseguia na confecção das flechas.

Veio o almoço e depois alguns deles foram visitar o capitão da aldeia enquanto Sawarapi e Tumatinga chegaram até aqui em visita. Essas visitas têm sido constantes e sempre acompanhadas de um presente (suco de açaí ou um reparte de caça) ou de uma boa nova para se bater papo. A reunião deu-se novamente na casa de Umaçú, onde, estirados nas redes, conversaram longamente. Quando tirava a sesta fui surpreendido por vento forte e a chuva caiu novamente, mas não durou muito.

Lá pelas 15 horas, gritos na mata anunciaram a chegada de alguém. Todos correram em certa direção; fizemos o mesmo. Waçaí, Murú, Arikaçú e Açaquaí regressavam do acampamento carregados de novidades. A chegada foi recebida com euforia e muitos comentários. Reuniram-se junto à casa de Waçaí e iniciaram a abertura de umas cestas improvisadas, porém muito bem-feitas, de *ahouhú*, fibra usada para a cobertura das casas. Traziam essas cestas às costas qual mochilas.

De dentro delas sacaram pedaços de um enorme jacaré, de 2 metros, já assado com couro e tudo em fogo lento. O reparte logo foi feito pelo caçador (Waçaí), que aliás matou-o com um golpe certeiro de facão na cabeça. Grandes postas de carne branca e polpuda foram distribuídas somente a alguns deles. Nem todos estavam aí reunidos: Mirhó e Nerônia assistiam à cena de longe e só participaram com os olhos.

Logo armou-se uma espécie de tablado (*warikuré*), ou girau em forma de grelha, onde ativou-se o fogo e o jacaré foi colocado para esquentar. Trouxeram uma lata com farinha grossa e bocados de carne, precedidos por punhados de farinha já na boca, retirados por alguns. O contentamento era visível. Experimentamos pedaços do rabo do jacaré, onde a carne é especialmente saborosa. Trouxeram também um caititu, dois jabotis e um bom bocado de castanha. A tudo isso somou-se o veado caçado por Maçára e outro caititu apanhado por Warinú. Pressentimos uma noite com muita dança e cantos *xapuraháí* cujo significado ainda preciso explorar.

25 de junho

A gripe voltou, como [eu] previra. Seu José, que chegou com cinco burros e mulas, e vai levar Frei Gil para rezar missa na Metade no domingo, dormiu com um olho só, temendo que os animais encontrassem o caminho de volta, agora livre depois da derrubada da porteira. Eles partiram logo cedo prometendo enviar as mulas na próxima quarta-feira para nosso retorno. Nem todos os índios vieram despedir-se.

Acabaram-se o leite e o açúcar. Logo pela manhã tivemos uma fritada de caititu com farinha e banana. Subimos para discutir os dados da produção, que vêm sendo colhidos pelo Valdo. Waçaí acompanhou-nos, não como de costume. Logo vieram mais alguns e o gravador funcionou até 09:30 horas. Quando desceram, iniciamos o trabalho. Logo alguns retornaram e insistentemente pediram para acompanhá-los até o campo a fim de tirar fotos, e assim foi feito. Finalmente deixaram-nos em paz. Larguei logo o trabalho porque não me sentia bem e fui deitar, dormindo até a hora do almoço.

Dos dias eufóricos e fartos de ontem e anteontem à tristeza e escassez de hoje: no almoço tivemos arroz, feijão e ovos. Acabaram-se as bananas e a carne. Além disso, a variedade da nossa mesa é sempre maior que a dos demais. Muita gente comeu só arroz e farinha. Antes de terminarmos de almoçar alguns deles vieram servir-se na nossa mesa, o que não é costume.

A aldeia vive tristemente. O capitão regressou para a roça. Ainda no começo da tarde um tal de Nascimento chegou aqui. Não fez conta da nossa presença e como velho conhecido dos índios foi logo se instalando. Todos ficaram logo alegres novamente. Rodearam-no e iniciaram um falatório tremendo. Via-se um nítido contentamento por parte dos índios em relação à presença do sertanejo. Subimos para descansar e eles continuaram a interpelar o visitante durante várias horas, deram-lhe bananas e um banco pra sentar.

À noite dançou-se um *xapurahái* lento, ou melhor, com pouca participação dos homens. Das mulheres, somente Murú, sentada num toco de pau, acompanhou o canto tristemente, servindo quando em vez de informante a Waçaí para o reinício do canto. Diga-se que esse casal detém praticamente quase toda a tradição cultural (a pouca que ainda resta). Eles detêm uma parte da cultura que não é participada pelos demais. Ainda ontem, quando buscamos a explicação do *xapurahái*, somente Waçaí soube transmitir informações, enquanto outros, como Umaçú, diziam "não saberem de nada".

Toda a pesquisa caminha devagar, e a cada dia que passa sente-se o provisório dos dados colhidos, que parecem estar sempre necessitando de confirmação.

Coisas que faltaram

Material de trabalho:
   1. mais pilhas para o gravador (foram gastas duas cargas em 20 dias)
   2. borracha, lápis, régua, papel de desenho
   3. mapa do município

Material para transportar os enfeites:
   1. barbante, papel de embrulho, caixas de papelão, durex

Presentes para os índios:
   1. sandálias havaianas
   2. calções (calças)
   3. correntes de pescoço para homens
   4. fumo e papel de enrolar cigarro

Arma para acompanhar as caçadas

Mantimentos: latas de doce, leite moça, espiriteiras de campanha, biscoitos para o café da manhã, óleo

Medicamentos: remédio de gripe, dor de garganta, dor de barriga, dor de cabeça, dor em geral, intestino preso

Mínimo de bagagem:
   a) toalha pequena
   b) duas calças e dois calções
   c) duas camisas e duas camisetas
   d) dois pares de meias
   e) uma malha
   f) botas e tênis
   g) cobertor
   h) rede e mosquiteiro
   i) chapéu
   j) canivete e faca
   k) lanterna (com três cargas)
   l) materiais de reportagem: caderno, fotografia e gravador
   m) medicamentos (malária)
   n) mantimentos

Anexo 2. Expedição ao Içana (1997)

ANOTAÇÕES DO CADERNO DE CAMPO da viagem de São Gabriel da Cachoeira a Camanaus, no alto Içana em 1997. Duração: 17 dias. Percurso: 610 km. Objetivo: anunciar a demarcação das Terras Indígenas do Rio Negro.

> Viver é muito perigoso. Porque aprender a viver é que é o viver mesmo. Travessia perigosa, mas é a da vida. Sertão que se alteia e abaixa. O mais difícil não é um ser bom e proceder honesto, dificultoso mesmo, é um saber definido o que quer, e ter o poder de ir até o rabo da palavra.[1]
>
> GUIMARÃES ROSA

1º de outubro de 1997

Dia claro, sol, rio bastante seco, mas as águas ainda vão baixar mais.
Saída: 8h30 do Porto do Queiroz.
Equipe: Beto (ISA); Pedro Martinelli, fotógrafo; André Baniwa, presidente da Organização Indígena da Bacia do Içana (Oibi), nascido em Tucumã-Rupitã; Júlio Baniwa, prático e motorista, nascido em Tucumã; Orípio Baniwa, 10 anos, filho de Júlio.

Material:
- bote de alumínio, com capota/cobertura de lona, motor 25HP Yamaha Enduro
- quatro carotes (vasilhames com alça) de 50 litros de gasolina

- um carote de 50 litros de diesel para os Koripako
- cinco mochilas grandes e 4 pequenas
- três caixas plásticas com rancho
- uma caixa com 500 boletins *Wayuri* da Foirn
- uma caixa térmica com fichas, mapas e títulos
- uma caixa com capas de chuva
- um rádio móvel com antena
- um rádio reserva da Organização Indígena da Bacia do Içana (Oibi)
- um cacho de banana
- um saco de rancho para a família do André
- uma caixa de roupas novas pra trocar por balaios
- 30 litros de óleo 2T

Equipamentos Pedro: 42 pb prix; 8TMax; 22 Provia 100. F3 Nikon; R6-R62 e M4 da Leica.
Equipamentos Beto: 60 filmes, Neopam 400; Serpia 100.
Enviado previamente: 750 litros de gasolina pra sede da Oibi; 105 bonés e camisetas; 40 mapas e uma caixa de rancho

História da origem das cachoeiras (segundo André)

Na passagem da Fortaleza, onde fica o Forte de São Gabriel da Cachoeira, fundado em 1763 pelos portugueses na margem esquerda, o rio faz uma curva que dizem ser a mais acentuada do rio Negro. Lá existem três cachoeiras criadas pelos espíritos: Ñhapirikuli, Dzooli e Heeri. Ñhapirikuli tinha um filho que era bom marupiara (caçador), exímio na pesca e na caça. O pai levava o filho para a beira do rio para atrair, escolher e matar peixe — o menino tinha feridas que purgavam no rio e atraíam os peixes. Um dia, seu tio, vendo que o pai do menino, seu primo, matava muitos peixes, passou a levar o sobrinho para pescar com ele no rio Aiari. Só que o tio não teve o mesmo cuidado que o pai. O pai deixava o menino pouco tempo na água, o tio manteve o sobrinho por muito tempo, atraindo peixes grandes. Ficou tanto tempo que veio uma sucuriju e engoliu o menino. Na verdade, a sucuriju era um inimigo que desceu o rio fugindo. Ñhapirikuli ficou muito brabo e começou, então, a fazer cachoeiras para colocar matapi (armadilha de peixe) e pegar o inimigo. Foi descendo o rio e colocando até pegar e matar a sucuriju na Fortaleza. Os matapis viraram pedras. Ainda hoje pode-se ver a pedra na altura da sede da Funai em São Gabriel. Até hoje, pedrinhas são retiradas e colocadas no fundo dos matapis para atrair peixes.

(Velhos que conhecem bem essa narrativa: Francisco, tio do André, e João, avô, que moram em Ipadu, no rio Negro; Eduardo e Pedro, que vivem em Piraiauara, no rio Aiari.)

9h40: Chegamos na ilha das Flores. Uma hora depois chegamos em Tacira Ponta. Às 10h45 estávamos em Ipadu Ponta, que foi uma comunidade baniwa até 1985, quando um homem foi morto com tiro de espingarda e os índios abandonaram a aldeia, seguindo para o baixo rio Negro, no rio Demini, na altura de Barcelos. Lá contraíram muita malária e decidiram retornar. Passamos por Sarapó, sítio koripako. Ao meio-dia, paramos para comer sardinha com bolacha e suco. Às 12h40 em Irari Ponta. Uma hora depois, fizemos fotos dos petróglifos de Camarão. Às 18h00 chegamos em Nazaré, onde pernoitamos.

Óleo de bacaba — é feito esquentando água para tirar a polpa espremida no tipiti (tubo flexível de palha de arumã usado para drenar o líquido da mandioca). Jogam as sementes fora, que germinam em uma touceira. O resultado é um óleo grosso, usado para lubrificar fornos e para fazer frituras. É colhido em dezembro. Mas as comunidades estão parando de fazer. Do patauá e do umari não extraem óleo, fazem suco.
Leite de seringa — puro é bom para limpar e purificar a pele no rosto. Serve para depilação.
Padzuma — fruta do mato, pequena. Raspam o tronco para se banhar; limpa, perfuma e revigora. Recobra o ânimo com um banho após o trabalho.

Caraná — fruto in natura que se come e pode virar "vinho"; a semente não é usada.

Umari — fruta totalmente aproveitada. A polpa e a semente viram suco, o bagaço vai na quinhapira (caldo de peixe com pimenta) e as sementes podem ser usadas no beiju até após seis meses, um ano. Floração em setembro e outubro, madura em março.

O controle dos lagos (André)

No passado, o controle do uso dos lagos era feito pelo clã Dzauinai, que hoje não possui mais comunidade no Içana. Pescavam e trocavam peixes com outras comunidades e controlavam o acesso de pescadores de fora. Na década de 1960, esse clã saiu para a Colômbia. Isso provocou descontrole dos lagos, fixação de novas comunidades e sobrepesca. Por isso, os peixes estão acabando. No tempo da guerra, os Ualiperedakenai conquistaram dois lagos: Zarabatana e Kakaiperi, próximo a Pupunha. Nesses lagos a pesca era controlada. No Zarabatana atendiam a pedidos e permitiam pernoite, no outro, não. Hoje, o único controle é contra a tinguijada (envenenamento de poços), feito pela Oibi, atendendo às queixas de pessoas incomodadas. Acima de Matapi Cachoeira não havia arraia, nem boto, nem tucunaré. Há quinze anos as pessoas de Matapi botaram peixe cachoeira acima, e agora há. Nos lagos há tucunaré, piraíba, traíra, acará, mati, pirandira, pacu e aracás de vários tipos.

2 de outubro

7h00, saída de Nazaré; 8h30, reunião em Castelo Branco, 11h00, chegada a Tunuí onde ficamos até 12h30. 14h00, parada em Santa Rosa para entregar cartas e boletins *Wayuri*. Trocamos três dúzias de anzol 8 e dois maços de tabaco. 17h00, parada nos lagos para trocar mercadorias por moqueado: oito peixes por farinha, sabonetes, goiabada e fósforos.

Chibé — água com farinha.

Caribé — água com beiju, comum desde Nazaré até o Cuiari. Há preferências regionais entre um ou outro.

Farinha d'água — põe a mandioca de molho, com casca, por três, quatro dias. Descasca e mistura com mandioca recém-tirada, descascada e ralada. Um dia para fermentar. Por mais tempo fica mais azedo, por menos, fica mais doce. Passa pelo tipiti, peneira e põe no forno.

Tapioca — tira da massa para filtrar e assenta a goma; o líquido é aproveitado no tucupi.

Curadá — goma e massa de mandioca.

Beiju de umari — a semente fica no jirau, sobre o topo, até desidratar, e então a casca quebra. Faz um paneirinho (cesta) onde se coloca a semente, fecha e deixa de molho na água por três dias. Retira e rala no ralador de mandioca. Corta a folha de bananeira de forma retangular, coloca sob e sobre a peneira e põe no forno. Quando começar a queimar, virar do outro lado.

Pequena lista de culinária baniwa

Farinha d'água, farinha de goma de tapioca, curada, beiju, tucupi com pimenta e cabeça de saúva, chibé, caribé, *mujeca* de peixe (mingau de farinha de tapioca ou beiju com peixe desfiado), *quinhapira* (caldo de peixe com pimenta), farinha de pupunha. Vinhos de: jerimum, ucuqui, banana, ingá, pupunha, *uacu*. Esses, cozidos. Os esquentados sem matar a semente são: umari, açaí, buriti, patauá, caraná, bacaba, *euapixuna*. Mingaus: banana com farinha, abacaxi com farinha, cana e banana verde, de farinha — comido cedo e também para doentes que não tomam chibé. Moqueados: peixe, paca, macaco, anta e pássaros em geral. Porco-do-mato e cotia também são cozidos. Bacaba tem em todo o Içana. Em igapó (vegetação baixa e alagada), só na cabeceira. De Mauá Cachoeira até Matapi é terra firme e tem muito. As comunidades que mais têm buriti são Tucumã, Jandu Cachoeira e Pupunha. Palmeira de caranaí tem desde a comunidade de Pupunha acima.

Reunião em Castelo Branco

Tomamos vinho de patauá. Gabriel, liderança da Oibi, tinha ido à Foirn se apresentar. Bonifácio "tirou" orçamento de R$ 1,5 mil para comprar produtos.* Celestino, de Taiaçu, era o tesoureiro. Comprou mercadoria à noite, quando não estava acompanhado, desceu para a cidade com produtos, vendeu e trouxe outros. Não convidou a diretoria. Ninguém viu o dinheiro. Tesoureiro caloteiro! No fim, devolveram R$ 500 do empréstimo de R$ 1,5 mil da Oibi. Tiramos foto da lista das coisas que Celestino não quer entregar. Esse assunto vai ser colocado na Santa Ceia (celebração evangélica periódica). Pedirão que os capitães das comunidades avaliem os membros da diretoria. Vão tirar o Celestino, registrar a decisão em ata e transformar a dívida dele em algo pessoal. Celestino deve assinar o documento reconhecendo a dívida. Deixamos 25 boletins *Wayuri* para a Santa Ceia de Nazaré, que acontecerá daqui a dois dias com as comunidades de Nazaré, Ambaúba, Castelo, Tunuí e Taiaçu. Comemoram com beiju de mandioca e suco de açaí, em vez de pão e vinho.

Pedrão sacou um abacaxi seco enquanto comíamos um ananás suculento, ofertado em Nazaré. Por que não fazer frutas secas acondicionadas em pequenas cestas?

Tunuí. Fotos da cachoeira. Deixamos boletins *Wayuri*. Demos carona para o agente de saúde Waldir Garcia. Ao subir o barranco de Tunuí, Pedrão reclamou: "Ah, meu Deus, quase acaba comigo!". Ultrapassagem do bote pela cachoeira com a ajuda de dois homens e cinco crianças em troca de um pacote de bolacha Modelo, quatro pilhas, quatro maços de tabaco, dois isqueiros, quatro comprimidos.

1992-1995: garimpeiros com balsa acamparam acima de Tunuí procurando por ouro. Exército foi lá em 1995 e proibiu o garimpo indígena. Eram con-

---

* Equivalentes a cerca de 7 mil reais em 2023.

tratados pela Mineração Taboca. Desceram de helicóptero e acamparam no local onde os comerciantes ficavam no passado. Surraram um índio que foi a Manaus e denunciou o garimpo. Tomaram duas espingardas, com nota fiscal, do capitão Augusto.

Lago Cuetani, 15 minutos abaixo de Juivitera: Pedrão viu a cabeça de um tucunaré no moquém que devia pesar 15 kg, daqueles que arrastam a canoa do pescador. Nunca tinha visto um igual.

Juivitera. Relato do capitão Valentim: até 1930 tinha muito peixe, agora tem pouco. O padre diz que é o tempo, mas o capitão não acredita. Jogam muito timbó (planta cuja seiva tóxica atordoa os peixes) para pescar. Em 1985, chegaram garimpeiros e houve sobrepesca de indígenas de fora, que pescavam para vender aos garimpeiros. Pacu, cabeçudo, aracu, tucunaré e traíra hoje estão sumindo. Capitão fala que tem muita gente da comunidade morrendo por envenenamento dos Baniwa. Vários morreram em Juivitera. As mortes vão continuar e não é por causa das doenças dos brancos. Muita gente do Içana saiu e foi para São Gabriel, para a Colômbia e a Venezuela. Há pouca gente hoje nas comunidades, foram esvaziadas. Antes havia muitas, mais de 100 famílias, agora são só quatro.

Tucunaré grande se pesca com isca viva de pirarucu no anzol, com boiadeira de molongó (madeira leve, útil para boias). Chega a 15 ou 20 quilos e um metro e pouco de comprimento. *Hemari*, tucunaré com pintas; *Dumurijapari*, tucunaré de Umari. No verão muita gente vem acampar e pescar nas praias, lagos e igarapé. Projetos de piscicultura? É possível fechar os lagos, mas na cheia tudo inunda. Barrar igarapés é difícil porque no fundo há areia e é preciso afundar o pari (cesta de peixe) todo o tempo. É diferente do rio Tiquié, onde há igarapés de terra firme com pedregulho.

Perguntas [feitas na reunião]: O território federal vai sair? O Lula vai ser candidato? Onde está o prefeito de São Gabriel? Cadê o recurso que o Gersem prometeu para construir a escola? Como é São Paulo?

Yuivitera vem de *yui* = rã e *ivitera* = morro, morro das rãs. Um lugar mágico. Aldeia de casas de tabatinga com cobertura de folhas de palmeiras caranás sobre a areia branca. Porto de praia com barranco. Dunas. Simetria clean. Morros de rãs para iniciação de pajés. Centro de formação dos pajés. Capitão Valentim é da tribo Onça e conhece muitas histórias. Trabalhou para a missão salesiana em Assunção. Foi inspetor do Içana durante anos.

O que quer dizer Içana? Em baniwa, *Iniali* (*ini* = mandi, *ali* = rio), rio de mandi. Mandi é um peixe pequeno, com marca de olho no dorso. Até a foz do igarapé Javiari, a água do Içana é branca, clara até o fundo. Dá para ver o pé direitinho.

3 de outubro

7h30 — saída de Juivitera.
9h00 — entrevista em Pupunha até 12h15.
Pernoite em Tucumã-Rupitã. Entrevista com a comunidade.

4 de outubro

7h17 — saída de Tucumã.
7h40 — Jandu Cachoeira na margem esquerda. Na direita, houve missão evangélica entre 1953 e 1983. Pastor Jaime (Reinaldo). Pista de pouso feita pela Comissão de Aeroportos da Região Amazônica (Comara) em 1988/1989. Passamos a cachoeira sem descarregar a carga, no motor (Júlio e André). Terra firme, mata exuberante, muita palmeira de caranaí na beira.
8h30 — Mauá Cachoeira, passamos com carga, deixamos kit demarcação. Pediram tabaco. Fornecem cestaria de arumã para Oibi.

Perfil do André

18/03/1971, nascido em Tucumã-Rupitã, filho do Fernando José e Aurora Miguel; dois irmãos e três irmãs. Estudou dois anos em Ipadu Ponta, no rio Negro, onde o pai foi morar com o sogro. Para a 3ª e 4ª séries estudou em Jandu Cachoeira, na missão Novas Tribos do Brasil. Foi a Manaus entre 1988 e 1991. Estudou na Escola Agrícola Rainha dos Apóstolos, dirigida por um ex-padre casado que atendia "gente do interior" no quilômetro 23 da BR-174. Retornou no final de 1991 para Tucumã. No ano seguinte, começou a lecionar, contratado pela prefeitura. Eleito 2º tesoureiro da Oibi, começou a viajar. Só com a Oibi chegou ao Aiari e ao alto Içana. Antes, só ia de férias a São Gabriel trocar artesanato por camisa.

9h30 — Trindade. Guilherme, especialista em cestaria de arumã.
10h30 — Aracu Cachoeira. Grande e perigoso Jurupari (espírito da floresta interditado às mulheres, representado por grandes flautas). Entrevista com a comunidade.
11h00 — no rádio com Brás.
13h30 — saída pelo varadouro até Siuci.
14h45 — Chegada Siuci.

Ultrapassagem das três cachoeiras com o apoio de sete adultos + Júlio. Custo: 16 pilhas, quatro isqueiros, quatro sabonetes, três fumos, seis pares de pilha.

15h30 — Veado Cachoeira. Tivemos que tirar tudo da voadeira, inclusive o motor, e passar sem uso de pau roliço. Pedrão fotografou tudo. Demorou 30 minutos.
16h30 — parada rápida em Tamanduá; boletins *Wayuri*, camisetas e bonés.
18h00 — chegada no remanso de Matapi. Eu, Pedrão e capitão Augusto (cunhado do capitão Augusto de Aracu) caminhamos 30 minutos até a comunidade.

André, Júlio e mais seis pessoas passaram o bote e toda a carga desembarcada pela cachoeira de Buia, a mais perigosa do Içana. Custou 48 anzóis, um pacote de café, um kg de açúcar, um pacote de bolacha, um litro de óleo, quatro pilhas, três kg de sal, quatro kg de arroz, dois pacotes de macarrão, três latas de leite, quatro sucos, 20 litros de gasolina. A sorte foi que nos esperaram para encontrar o restante da comunidade na Santa Ceia depois. Se não tivéssemos avisado antes pelo rádio, a expedição não teria passado, porque não haveria gente na comunidade pra ajudar. A maioria já havia ido para a Santa Ceia na comunidade de Roraima.

5 de outubro

6h30 — despertar, fotos, mingau na comunidade.
8h10 — saída para Roraima.
8h45 — chegada. Santa Ceia com as comunidades de Panã-Panã, Roraima, Matapi e Coraci. Culto e almoço comunitário. Entrevista em Matapi. Entrevista em Coraci.

Tudo foi descarregado do barco por recomendação do capitão.

André sobre palmeiras

Semente de bacaba e patauá nunca aproveitaram. Semente de açaí triturada pode ser dada para galinhas, segundo recomendação da escola agrotécnica de São Gabriel. Na tradição, faz-se óleo comestível da polpa de bacaba, esquentada e passada no tipiti. Fixadores: urucum e cinzas; raspagem de casca de três arbustos, *kamamakali*, *uiritaa* e *verama*. Misturando, fixa; em separado, dá o brilho.

Comunidades koripaco pós-Camanaus: Colômbia; Uaiuambi; Iauacanã e Puerto Venía, no Içana. No Surubim, afluente na margem direita, Açaí e outra na cabeceira.

6 de outubro

Em Roraima, madrugada animada, muita conversa, comida e cantos. Amanheceu com futebol, reunião para rezar e mingau coletivo. Entrevista com a comunidade. Quadro-negro para eleição de representante do alto Içana à prefeitura. Dois candidatos, tio e sobrinho, André Romero e Paulo Lima Romero. Beto explica a demarcação e André explica em baniwa. Perguntas. No início, acharam que viríamos demarcar pedaços de territórios, ilhas, proibindo a circulação. Interpretação da fofoca.

Capitão de Coraci conta que, quando souberam que a gente vinha, as mulheres diziam que éramos enganadores. Diziam que no início iria ser bom, mas depois seria ruim. Estavam dispostos a não nos deixar falar. Capitão Augusto, de Matapi: lá também espalharam a notícia de que a gente era ruim e haveria consequências negativas depois. Ficaram preocupados. Agora entenderam. Está tudo bem. Capitão de Panã-Panã: já nos sentimos brasileiros por causa da demarcação. Beto explica lei de mineração. André explica boletim *Wayuri*. Entrega de kits.

Entrevista com comunidade.
15h30 — saída para Panã-Panã.
15h45 — entrevista em Panã-Panã.

Refazendo agenda
Ida:
7/10 — Nazaré
7/10 — Barcelos
8/10 — Betel e Uarirambá
9/10 — Boa Vista
9/10 — Campo Alto
9/10 — Jerusalém
10/10 — Uanambi Poço

10/10 — Camanaus
Volta:
11/10 — Panã-Panã (pernoite) Coraci
12/10 — Matapi
13/10 — Siuci - Aracu
14/10 — Trindade
14/10 — Mauá
14/10 — Jandu
14/10 — Tucumã
15/10 — Juivitera (fotos)
15/10 — Santa Rosa (pernoite)
16/10 — Vista Alegre
16/10 — Tunuí
17/10 — Castelo, Buia (pernoite)
18/10 — São Gabriel da Cachoeira

Arapaço, sítio logo acima de Juivitera, na margem esquerda: quatro famílias, 16 pessoas.
Tarumã, acima de Arapaço, aldeia em formação na margem esquerda. Capitão Emílio.

7 de outubro

9h20 — saída de Panã-Panã.
11h30 — Nazaré (entrevista).
13h00 — saída.
15h00 — Barcelos. Igarapé para Barcelos está muito seco, marcha lenta. Carona para o casal Emílio Pacheco Marco, koripaco, de 75 anos, e Elvira. Emílio trabalhou para patrões de caucho colombiano, Lino Sastoque, *don* Miguel Navarro, Luis Dias, em Mitú, Antonio Lopes. Em 1945 passou dois meses em Bogotá.

Árvores de Apuí: *kuumaká* (koripako) e *kuumake* (baniwa), frondosas, maravilhosas.

Em Barcelos, o início da entrevista com a comunidade foi interrompido porque muitos homens estavam fora. À noite, Pedrão fez arroz com paca e abacaxi, ao ar livre. Em troca da paca: quatro pedaços de sabão, um kg de arroz, quatro pilhas grandes, 24 anzóis, quatro bombilhas (lâmpadas de lanterna), um maço de fósforo. A comunidade tem várias casas em construção e vários velhos: Alexandre, 67; Albino, 78; Pacheco, 66; Paulinda, 70; Carmelina, 70; Valentim 68; Aureliano 58.

Barcelos está em local elevado do qual se pode avistar a grande serra de Duiripiti, onde o pessoal de São Joaquim tem roça. Reunião sobre demarcação: 16 mulheres, 16 homens. Na saída, paca moqueada (por quatro pilhas e seis bombilhas), bananas, beiju, farinha e dois peixes pequenos moqueados. André deixa sete litros de diesel.

8 de outubro

10h20 — saída de Barcelos.
12h15 — chegada em São Joaquim, sede de um pelotão de fronteira do Exército.

População: 157 pessoas; quatro professores. Chuva torrencial. Recepção zero. Ninguém apareceu para ajudar o desembarque. Primeira reunião na casa do agente de saúde. Capitão, Alexandre Luís Quintino, e vice-capitão, Ângelo Luís Quintino, fizeram sabatina prévia com André sobre a demarcação. Capitão diz que na época de colônia indígena chegou um helicóptero do Exército, botou marco e não explicou nada. Acharam que a demarcação dividiria as comunidades. Na Santa Ceia conversaram que não concordam com esse tipo de trabalho. Mas se a gente vem pra conversar, então tudo bem.

Muitos pensavam que a gente iria repetir o esquema do Exército. Seria bom fazer outra entrevista na volta para reforçar o entendimento. Ângelo diz que Exército, Funai e políticos já falaram muita mentira. O professor koripako Rogério Luís Quintino pergunta sobre as placas. Onde vão botar? Por quê? Pensaram que demarcação seria como a demarcação de terrenos na cidade. Querem aprovação dos capitães? E se não aceitarem? Capitão pergunta se estamos informando ou consultando.

Conversa com os pastores

Deixamos mapa das Terras Indígenas e dos grandes projetos. A comunidade trabalhou para a construção da barragem de uma miniusina, abrindo estrada, em troca de comida e da promessa de energia, que não veio. Há uma esquizofrenia linguística que impede a escolarização no alto Içana: os professores são Wanano e Kubeo, que não falam koripako, nem português, e os alunos falam koripako e não falam português. No mingau matinal, capitão Alexandre pede ao André [para] dizer a oração.

Rota de São Joaquim até Mitú, na Colômbia: uma semana de remo até a cabeceira do Surubim, daí pelo varadouro até a cabeceira do Querari e daí até o Uaupés, uma volta abaixo de Mitú.

Após mingau

Mapa na parede, distribuição de boletins *Wayuri*.
André apresenta a equipe e faz explicações em baniwa sobre a demarcação para 40 homens e 20 mulheres. Primeira pergunta do capitão é sobre artesanato e atividades. A segunda, do irmão do capitão, foi sobre transporte; não havia mais cota no avião, como resolver? Devolvi: qual a proposta de vocês? Terceira fala: capitão faz longo discurso, gesticulando e batendo palmas. Foi a São Gabriel, bateu em várias portas para resolver o problema

de transporte e só ouviu conversa-fiada. Acha que a demarcação pode ser fogo de palha. Falou com um coronel sobre transporte para São Joaquim. Gente de Aiari foi ao Festribal (Festival Cultural das Tribos Indígenas do Alto Rio Negro, criado em 1996 pela prefeitura de São Gabriel) e não conseguiu retorno. O coronel disse que se São Joaquim entrasse na Foirn não ajudaria a comunidade.

Um circunspecto pastor evangélico baiano fez um sermão grave, citando a Bíblia em baniwa. "Novo Testamento, 2 Tessalonicenses, capítulo 2:1-2". Começou com uma advertência: "Vos exortamos a que não vos demovais da vossa mente com facilidade, nem vos perturbeis, quer por espírito, quer por palavra, quer por epístola, como se procedesse de nós, supondo tenha chegado o Dia do Senhor". Depois: "Ninguém, de nenhum modo, vos engane, porque isso não acontecerá sem que primeiro venha a apostasia" (cap. 2:3).

Clima tenso. Então éramos portadores de apostasia? Atrás de mim, Júlio, nosso piloto da voadeira, repetia: "Senhor Beto, vamos embora daqui", "Vamos sair logo, senhor Beto". Pastor concluiu afirmando que a comunidade estava cansada de ser enganada com promessas de melhorias políticas. A única esperança é a palavra de Deus. É preciso apoiar planos em vez de promessas: projetos de avicultura, de transporte, comunicação e artesanato. Conclusão: "No Içana somos diferentes por causa do Evangelho enraizado na vida do povo". Não querem ser pressionados pelo Festribal.

No final, ainda citou livro da missionária norte-americana Sophie Müller que narra conflitos com antropólogos suspeitos. Cobrou a dívida dos militares pela barragem feita pela comunidade.

André, sobre o sermão do pastor

Capitão Alexandre disse que coronel do Batalhão de Infantaria de Selva queria iluminar a comunidade com luz elétrica, enquanto a Foirn queria "lamparina". A Foirn quer voltar ao antigo. Quem tivesse relações com a Foirn não iria ganhar vagas no avião. Capitão respondeu que não tinha relações com a Foirn. Depois, ouviu que Boni (irmão do André) tinha ido a Manaus para ganhar dinheiro. Confirmou a necessidade de ficar fora da Foirn. Não sabem qual é o trabalho da Foirn. Temia reação contrária do povo da comunidade. Mas, agora, estava entendendo a explicação e achando bom.

9 de outubro

11h00 — saída de São Joaquim.

11h15 — chegada a Betel/Uarirambá.

11h30 — reunião em Betel. Comunidade vazia de homens. Reunião com dois homens, 15 mulheres e o professor. Delfim: alguns diziam que a equipe viria para fazer o povo voltar a soprar o *japurutu* [flauta]. Agora está entendendo qual é o trabalho da demarcação. Quando fundaram a Foirn não sabia qual era o trabalho. Escutaram muita coisa contra, como voltar a dança. Não queriam porque são crentes. Fotos do forno de barro e da propaganda política da Colômbia. Boni ficou três dias detido em São Joaquim por desentendimento com capitães. Mas agora eles estão [se] entendendo.

13h15 — Uarirambá. Seis homens mais velhos, três mulheres. Estavam nos esperando. Fala-se mais espanhol. Bandeira do Brasil. Igreja quase pronta. Reunião: depois da fala do André, comentário dos velhos: antes vivíamos dividindo a terra; duas semanas atrás chegou gente da Colômbia explicando que do lado de lá também a terra indígena é comum. Plínio Koripako veio informar que a equipe de demarcação viria. Agora estão entendendo o que nós viemos fazer. Colombiano também explicou que a demarcação protegia de invasores. Falou sobre o crescimento da população branca.

15h20 — saída de Uarirambá, parada no porto para entregar carta.

17h00 — Cachoeira Arara. Passamos arrastando o bote, com ajuda de uma senhora e filhos do sítio Nazaré.

18h10 — chegada a Jerusalém, também distante da beira do rio. Caminhada sobre grande areal. Recepção calorosa, com banho, moqueado, caldo, beiju, culto com cantos e coral de crianças. Apresentação da equipe, à luz de lamparina, fala do pastor Zenilson.

10 de outubro

Manhã — apresentação da demarcação na casa comunitária. 23 homens, 18 mulheres. Reações à fala do André. Comunidade precisa de pequeno recurso para construir ampliação da enfermaria e melhorar o serviço. Motor de popa para remover os doentes até São Joaquim. Aelson prometeu motor de popa e canoa, mas querem gerador. Reforçou que dinheiro vem do governo brasileiro e que há diferentes agências para distribuir. Capitão: já escutei e estamos de acordo.

8h55 — saída para Uainambi/ Camanaus com tralha reduzida, levando Basílio para nos acompanhar, porque André nunca esteve acima de Jerusalém.

9h20 — Uainambi Poço (aviso, carta, caixa).

9h45 — Uapuí Cachoeira (arrastar o bote).

11h00 — saída de Cachoeira.

12h10 — chegada em Camanaus.

13h00 — saída de Camanaus, já no caminho de volta. Parada em Punta Tigre, cachoeira.

16h00 — Uainambi Poço.

17h45 — saída.

18h10 — Jerusalém (pernoite).

Conversa com André sobre escola

Foz do igarapé Pamari/ Içana, acima de Tucumã (uma hora a remo, 15 minutos no motor de 15HP) e abaixo de Jandu (mesma distância). Construções: duas casas grandes para sala de aula; dois alojamentos; um refeitório; uma cozinha/ oficina de cozinha; um ambulatório; casas de professores (8); uma casa da direção; rádio; sala de professores; secretaria; uma biblioteca; um armazém; uma casa de hóspedes; uma oficina de artesanato; uma oficina de carpintaria; espaço de recreação fechado; campo de futebol, de vôlei, de futsal e de esportes adaptados; duas barragens de piscicultura (igarapé Kumahiana); pomar; não derrubar frutíferas e de sombra; roças; criação de galinha; canteiro de plantas medicinais; trilhas com identificação de plantas e árvores; energia solar; sistema de captação e tratamento de água da chuva; motor de popa; bongo (canoa grande escavada em tronco); canoinhas; ornamentais ao redor das casas.

11 de outubro

10h20 — saída de Jerusalém após instalação, teste de rádio e complementação da entrevista.
11h20/11h40 — Sítio Matraca. Falamos com Mauricio, população 12 pessoas, duas famílias.
12h05 — Campo Alto (entrevista).
14h05 — saída de Campo Alto.
14h10 — Boa Vista (entrega de material).
Em Boa Vista, comunidade pequena, no pé de montanha, com igarapé correndo na pedra, distante cinco minutos da beira por uma trilha fantástica no meio da mata. 29 pessoas, seis famílias. Escola não tem professor nem agente indígena de saúde (AIS).
Capitão Antônio Marco Quintino, dez anos no local. Moravam no Uarirambá. Mudaram porque era só areia, aqui em Boa Vista a terra é firme, dá tudo. Tem a serra do Espinho (Duiripiti). Tem tartaruga. Tinham motor, que foi roubado. Hora de vinho de açaí com tapioca, chibé de tapioca e abóbora cozida.
Conversa até 14h50.
15h00 — saída de Boa Vista. Parada em São Joaquim para deixar Basílio, que vai tentar carona no avião militar para São Gabriel para fazer o curso de AIS entre 27/10 e 7/11.

15h30 — stop em Betel (recado Júlio).
15h40 — marco de fronteira, margem esquerda (fotos).
15h53 — São Joaquim.
17h45 — Panã-Panã.

12 de outubro (domingo)

Compra de um ralo (ralador de mandioca de madeira com pontas de quartzo feito pelos baniwa) de alumínio usado de dona Olinda, e um *warimaká* (peneira) para pegar camarão e sardinha, também feito por dona Olinda, de tucum (de Matapi) e de madeira *uerimakapi*. R$ 20 os dois.

10h00 — culto.
11h00 — almoço com chuva, muita chuva. Pastor de Panã-Panã: Francisco Lino.

>Oração pela pátria (canto cristão 439)
>
>*Minha pátria para Cristo*
>*Eis minha petição*
>*Minha pátria tão querida*
>*Eu te dei meu coração*
>*Lar prezado, lar formoso*
>*É por ti o meu amor*
>*Que o meu Deus de excelsa graça*
>*Te dispense seu favor.*
>
>Coro:
>*Salve Deus a pátria minha*
>*Minha pátria varonil!*
>*Salve Deus a minha terra*
>*Esta terra do Brasil.*

Quero, pois, com alegria
Ver feliz a mãe gentil
Por vencer seu Evangelho
Esta terra do Brasil
Brava gente brasileira
Longe vá temor servil
Ou ficar a pátria salva
Ou morrer pelo Brasil.

16h50 — saída de Paña-Panã. Chegada em Matapi, capitão Augusto foi previamente avisado pelo rádio. Pernoite. Rolou reunião dos velhos com André. Pediram rádio e motor. Muitos ralos baniwa.

17h40 — Coraci, parada rápida. Compra de artesanatos com Tiago: sete balaios grandes; cinco jarros pequenos, três urutus (cesto vertical de arumã) médios. Total R$ 34.

18h00 — Matapi.

13 de outubro

10h00 — rádio com Pozzobon.

Capitão Augusto conta que há pessoas da comunidade que fazem compras com regularidade em Mitú. Levam ouro e artesanato. Em fevereiro, 70 gramas. Varadouro leva, em dois dias, até Querari. Outro caminho, até Santa Marta, um dia, no Uaupés. Maloca da prefeitura colombiana em Mitú serve de hospedagem. Um grama de ouro = 8.000 pesos. Marcos fez três vezes esse ano nesse esquema. Trazem de 40 a 60 kg nas costas com *jamanxim* (mochila de cipó). Para São Gabriel são sete dias, então é mais fácil ir a Mitú. O que ele tinha em casa para vender: 25 saias, seis calções, óleo, havaianas, terçado, bombilha, fósforo, pentes, sabão, canecas plásticas, tiaras. Na saída, André trocou artesanato. Cinco calções infantis, duas saias, duas blusas, uma caixa de pilha, 40 espoletas e três tubos de pólvora, um kg de chumbo, por três dúzias de balaio e urutu.

11h20 — saída de Matapi. Fotos Matapi: Camila na cozinha, balsa de caraná do capitão Jaime do sítio Tamanduá.
12:30 — Tamanduá.

Refazendo agenda
13/10 — entrevista e pernoite em Siuci.
14/10 — pelo caminho até Aracu e Trindade (uma hora e meia), entrevista; Mauá Cachoeira, entrevista; Jandu, entrevista; Tucumã, pernoite.
15/10 — Tucumã/Juivitera.
16/10 — Tunuí.
17/10 — Buia.
18/10 — Iauacanã.
19/10 — São Gabriel.

13h05 — saída de Tamanduá. Foto da chegada de balsa de palmeira de caraná no barranco.
Tamanduá: Capitão Marcelino. 03 famílias, 23 pessoas. Faz 12 meses que ninguém morre nem nasce. Passagem da cachoeira do Veado; em cima tinha repiquete (repetição extemporânea da cheia do rio), estava mais seco do que na subida.
Igarapé *Diari* (tipo de rã), sai abaixo da cachoeira de Jurupari.

14 de outubro

Conversa com André sobre conflitos com capitão Augusto. Filhos bancam André, mas o capitão está desgostoso.

6h40 — entrevista com dois de Siuci em Aracu Cachoeira.
8h45 — saída, compra de uma dúzia de urutus por R$ 24. Capitão Augusto pergunta para Pedro "o que é Foirn".
9h20 — Trindade (entrevista com comunidade). Artesanato do Guilherme!! Balaios incríveis!!

11h15 — Mauá Cachoeira.

14h10 — saída.

14h35 — Jandu Cachoeira. Fotos de petróglifos, entrevista. Passagem por cachoeira foi forte.

18h00 — Tucumã (pernoite); jantar, risoto de abóbora com tomate seco e caldo de carne, peixe cabeçudo cozido e café.

Rádio para duas mensagens: Dominique e Eveline.

15 de outubro

Tucumã, rádio com Brás e Juivitera.

9h25 — saída.

9h50 — Pupunha: subiu um marinheiro. Deixamos kit demarcação. Foto na praia do Tucunaré Lago, acima de Juivitera. Logo acima de Tarumã. Foto de sítio Arapaço com barranco de areia.

11h00 — Juivitera.

Pescaria à tarde: duas rodadas de pescaria nos lagos próximos com *fly*. Pedrão pegou sete tucunarés e um jacundá.

Capitão Augusto: em 1944 todas as comunidades acima de Matapi desciam a remo para vender produtos em São Gabriel. Havia preço bom. Vendiam farinha, ralos, galinhas, peneiras, balaios, remos, flechas, breu, cipó, sorva, canoas, panelas e cerâmicas. Os compradores eram missionários, comerciantes como o Heráclito (onde está a casa do Artur Coimbra) e o Graciliano Gonçalves (avô do Juscelino). Rádio de Tunuí informa que há quatro dragas garimpeiras na serra do Caparro. Capitão tem um esplêndido *camuti* (pote de cerâmica para caxiri) feito por uma senhora falecida há dez anos, em Camarão. Ele diz que em Urumutum, no Aiari, há uma boa ceramista que faz fogão (sobrinha da finada senhora).

16 de outubro

7h00 — saída de Juivitera.
8h10 — Santa Marta.
9h10 — Santa Rosa.
10h20 — Tunuí.
11h10 — saída de Tunuí; quatro ajudaram (quatro sabões, quatro sabonetes, quatro maços de fósforo).
14h20 — Assunção do Içana.
15h50 — Buia.
17h30 — Jauacanã (pernoite).

17 de outubro

7h00 — saída de Jauacanã.
9h15 — parada para conversar com Pedro e Dominique.
10h30 — chegada em São Gabriel.

Anexo 3. Um dia de Cláudia (1999 a 2003)[1]

TUCUMÃ-RUPITÃ É A COMUNIDADE BANIWA onde Cláudia nasceu, há 22 anos. Fica na beira do alto rio Içana, no extremo noroeste do Brasil, fronteira com a Colômbia. Em maio de 1999, o Pedro Martinelli registrou suas imagens e eu tomei as anotações abaixo.

NAQUELE DIA DE MAIO, Cláudia fez o que lhe cabia fazer: arrancar raízes de mandioca-brava (*káini*) e transformá-las em comida segundo os costumes — uma jornada duríssima. Levantou de madrugada, ainda escuro, preparou mingau, serviu aos filhos e ao marido, apanhou terçado e aturá (*tsheeto*) e seguiu para a roça (*kenike*). Foi acompanhada pela mãe e levou consigo duas filhas, Adriana, de seis, e Silvana, recém-nascida. Igor, de quatro, ficou com o pai.

Remou duas horas rio acima, entrou no igarapé Pamáali, deixou a canoa no porto e subiu o barranco até chegar na roça de terra firme. Arrancar as raízes foi tarefa especialmente pesada porque se tratava de uma *heénami*, roça velha, já encapoeirando. Seria mais fácil numa *maaleri*, roça madura, ou *walikawaire*, roça nova.

Houve tempo, no começo do mundo, quando o herói ancestral Kaali andava na terra, que as mulheres não sofriam no trabalho da roça e processamento da mandioca. Bastava marcar terreno e surgia uma roça. Bastava fazer o aturá e deixá-lo na roça a caminho do igarapé para se banhar que ele ressurgia na comunidade, lotado de mandiocas já descascadas!

As mulheres só faziam imaginar, e tudo acontecia nos conformes, até mesmo o beiju pronto para comer. Hoje, os mais velhos ainda lembram das frases certas, orações evocativas para esses verdadeiros milagres. Mas a curiosidade dos humanos — que tentavam desvendar o que se passava nas roças de Kaali — estragou tudo e, aos poucos, [eles] foram sendo castigados, perdendo os privilégios, condenados a trabalhar duro.

Os homens pagaram primeiro e houve um tempo em que a eles cabia o trabalho da roça e do processamento da mandioca. Dizem que foi nesse tempo que os homens ficaram com a parte interna do braço chata, de tanto raspar mandioca.

Mas o herói baniwa retomou a ordem e a divisão sexual do trabalho foi instituída. No tempo de verão, de dezembro a março, derrubar e queimar, trabalho masculino; plantar e limpar, coletivo. Tudo o que vem depois de nove meses, quando as raízes já estão maduras, é por conta das mulheres.

Nas roças baniwa há grande variedade de mandiocas-bravas, derivadas da árvore ancestral (*kaalika ttaadapa*), que Kaali deixou na terra, antes de partir. Derrubada pelos filhos do trovão, seus galhos foram levados, originando a diversidade de plantas úteis que os Baniwa conhecem.

Somente nas roças situadas na área de domínio da comunidade de Tucumã-Rupitã, cerca de 60 variedades foram relacionadas. Cada uma tem nome próprio: *aalidaiíke* (tatu), *awinàke* (uacu), *daapáke* (paca), *dapíke* (cipó), *dopalike* (araripirá), *dzamoütoke* (cateto), *dzaapáke* (tucunaré), *dzaawatóke* (acara), *dzaike* (tipo grilo?), *dzeekáke* (seringa), *dzooztalike* (jacundá preto), *eeritoke* (acará), *hemaiíke* (abiu), *heemahiwidake* (cabeça de anta), *hiinirique* (ucuqui), *hiipadáke* (pedra), *ipohiv/idoke* (cabeça verde), *iikolíke* (cabeçudo), *iitsíke* (guariba), *iirakav/cnake* (braço vermelho), *itsidáke* (jabuti), *kabike* (peito de gente), *kamneróke* (cucura), *kapkvali* (macaxeira), *kedehakeke* (de sujo?), *keerike* (iuá), *keniki-iklnarke* (espelho?), *kerekeréke* (periquito), *kettinalike* (jacundá), *koliríke* (surubim), *kowaidake* (tipo de castanha), *kumaruke* (cumaru), *íiev/héke* (ovo de cabeçudo), *macpake* (cana-de-açúcar), *moóneke* (mamangaba), *mapharáke* (pirarara), *mheeitike* (goma, tapioca), *namaroke* (arraia), *omaíke* (piranha), *paíanáke* (banana), *porawitsike* (pirapucu), *patipítike* (sobrancelha?), *pidooke* (lontrinha), *pirimítsike* (samaúma), *piipiríke* (pupunha), *ponàmake* (patauá), *pcoperike* (bacaba), *tadíke* (aracu), *waprhéiuo* (uará), *wadólikc* (pirarucu), *waliitshíke* (mucura), entre outras.

Arrancar, transportar, lavar, descascar, ralar para fazer a massa, peneirar e preparar a comida são assunto de mulher. À tradicional cestaria de arumã e aos raios esculpidos em madeira com pedrinhas incrustadas se juntaram o forno de ferro, bacias e panelas de alumínio, compondo a tralha contemporânea e indispensável da culinária baniwa, baseada no peixe e nos derivados da mandioca-brava: mingaus (*kamoríkca*), beijus (*peêthe*) e farinhas (*matsoka*).

Massa misturada com diferentes doses de mandioca mole ou puba (que ficou de molho no igarapé fermentando por uma semana), passando pelo tipiti e pela peneira, vira beiju ou farinha. Tem peneira para farinha (*oropema*), mais aberta, e peneira para beiju (*dopilsi*). Beijus e farinhas se assam em grandes tachos de ferro, com fogo de lenha leve, usando abano de arumã para virar.

Com pouca massa mole fermentada adicionada à massa fresca, o beiju fica doce (*poottidzoiie*); se a dose for maior, ficará azedo (*kamcite*). Para as crianças bem pequenas, faz-se *molhoiwa*, beiju de pura mandioca amolecida na água, mandioca d'água. A massa fresca logo depois de ralada, se não vai pro tipiti, pode ser lavada com água usando um *cumatá*, peneira de trançado bem cerrado; a mistura fina cai numa bacia onde decanta: embaixo a goma, em cima o líquido venenoso. Goma pura, bem seca e peneirada, vira farinha de tapioca, curadá, tapioquinha.

O líquido bruto da mandioca-brava ralada (*kainic*) tem veneno, que evapora depois de duas horas de fervura, transformando-se em *kainic pomckaddi*, adocicado. Pode ser engrossado com goma ou receber a mistura de batatas, bananas, caroço de umari ou uacu. Adicionando-se farinha, vira um chibé especial. Chibé é qualquer mistura de farinha com água, complemento obrigatório depois de uma refeição, refeição mínima, oferecimento de boas-vindas.

Goma misturada com massa fresca serve para fazer beijus especiais (*mheetthüvo*), adicionando-se vários ingredientes, como a castanha uará e o caroço de umari.

Há vários tipos de acabamento para os beijus. *Patsímeete* é um beiju fresco, mole, que permanece assim por um dia e depois fica mais duro (*mcrameete*). Mas o beiju pode sair direto do forno para secar sob ação direta do sol, num jirau ou nos telhados de palha de caranã das casas, transformando-se em *tarhewali*, que pode durar até dois meses, modalidade apropriada para viagens longas, como as que os homens baniwa que vivem no Brasil fazem na safra da piaçava na Colômbia, por exemplo.

A combinação dos derivados da mandioca com os peixes resulta em outras cuias da tradicional culinária baniwa. *Dzalikhaa* (*mujeca*) se faz com peixe fresco cozido inteiro, macerado, cujo caldo misturado com goma, farinha ou beiju resulta num pirão grosso. *Ttimapa* (*kinhãpira* na língua geral nheengatu) é um caldo de peixe com pimenta. *Piraali* é um cozido de folhas de mandioca com ou sem peixe.

Os mingaus podem ser feitos com beiju (sem sal), com farinha (com e sem sal) ou com tapioca (com e sem sal). Pode-se misturar vinho de buriti, bacaba, patauá, açaí, ucuqui, umari, banana, abacaxi.

EM FEVEREIRO DE 2003 REENCONTREI CLÁUDIA, já com vinte e seis anos, morando em São Gabriel da Cachoeira, com mais traquejo no português, embalando Gabriel na rede, o quarto filho. Ela se mudou para a cidade com André Fernando, seu marido, dirigente da Organização Indígena da Bacia do Içana (Oibi), por conta do trabalho num entreposto de comercialização de cestaria de arumã e outros projetos de interesse dos Baniwa. Visitam Tucumã-Rupitã regularmente, mas ela não sabe se voltarão a morar lá, onde o mato já comeu sua roça.

Cláudia trouxe manivas (*kenikhee*) consigo e toda semana atravessa o rio Negro de canoa para trabalhar na roça da sua sogra e no forno de farinha da sua tia, na comunidade Yamado, dentro da terra indígena demarcada. Afinal, baniwa gosta de beiju, de farinha e de chibé. A tapioca que sobra, ela vende na rua e depois vai ao supermercado.

Posfácio
"Salvo engano meu"

No princípio era uma narrativa oral: nas longas viagens de voadeira pelo rio Içana, afluente do rio Negro, Beto descrevia o projeto de seu livro e contava as histórias. Corria o ano de 1998 e seguíamos de localidade em localidade visitando comunidades dos índios baniwa, acompanhados também do líder André Baniwa, da comunidade de Tucumã-Rupitã, e do fotógrafo Pedro Martinelli, o Pedrão, que produzia imagens para seu livro *Amazônia, o povo das águas*. As horas passavam mais rápido e as memórias de Beto ajudavam a entender a conquista daquele mundo vasto e sem porteiras, de florestas bem preservadas, que percorríamos pelos cursos d'água.

Beto tinha em mente, com clareza, a estrutura do livro: uma foto de uma cena marcante ou de um personagem significativo da história do movimento socioambiental no Brasil dando origem a uma narrativa sobre o acontecimento, ou o papel desse protagonista e a relação de Beto com ele.

A estrutura afirmava uma interdependência de foto e texto, em que a imagem não é subordinada ao escrito, mas uma parceira igual, cônjuges de uma aliança equânime. Isso é muito a cara do Beto, que, entre outras facetas, ao longo da vida tem sido um prolífico editor de enciclopédias, livros e jornais, com supremo gosto gráfico e textos bem cuidados. No livro que tinha em mente, as imagens eram quase sempre de mestres da fotografia, os quais ele nunca deixou de ter por perto, ajudando-os em seus projetos de cobertura e acompanhando suas trajetórias.

Aquela viagem foi inesquecível para todos nós: Pedrão obteve ali grande parte das imagens de seu livro; Beto estreitou laços com lideranças indígenas, desde logo com André, que nos guiou e hospedou em sua comunidade de Tucumã, e seu livro ganhou várias histórias e capítulos. Eu descobri um mundo deslumbrante de informações, paisagens, amizades, histórias e mitos que guiariam minhas atividades desde então. Um primeiro produto foram os textos de *O povo das águas*.

Desde 1992, acompanhei Beto em muitas viagens. Naquela época, quando ainda não tínhamos celulares, ele passou em casa um dia e disse: "Durante muitos anos você colaborou como voluntário com o Cedi. Agora temos uma verba para convidar um jornalista para acompanhar a expedição aos Araweté". Eu senti o convite como a inscrição em uma espécie de pós-graduação em antropologia: o time liderado por Beto que faria a viagem à Terra Indígena Apyterewa incluía o professor Eduardo Viveiros de Castro, apontado por Claude Lévi-Strauss como o mais importante antropólogo em atuação no mundo, que tinha feito seu doutorado sobre aquela cultura indígena. Com o grupo também seguia uma equipe de vídeo para colher imagens que em si mesmas se tornavam uma história impactante ("Índios araweté do Pará veem tevê pela primeira vez", foi o título da reportagem que escrevi para a *Folha de S.Paulo*, publicada em 19 de abril de 1992, Dia do Índio). A viagem de barco pelo rio Xingu passava pelas corredeiras e pela "Grande Curva", hoje extinta pela tragédia de Belo Monte.

A chegada na aldeia parecia uma cena de cinema: navegando por vários quilômetros pelo igarapé Ipixuna, à medida que íamos deixando o Xingu para trás o igarapé se afunilava e o ambiente escurecia sob a sombra das copas das árvores. De repente começamos a escutar os sinais dos Araweté avisando uns aos outros da aproximação dos não indígenas, ao que Eduardo Viveiros respondia.

Passamos três semanas na aldeia com cerca de 150 pessoas, ouvindo suas histórias, participando de caçadas, experimentando suas comidas, tomando suas beberagens e brincando com as crianças. Quando fomos embora, nenhum de nós era mais a mesma pessoa a se banhar no Ipixuna, como diria Heráclito de Éfeso. Eduardo escreveu um novo livro: *Araweté:*

Um povo tupi da Amazônia; Beto organizou uma grande exposição no Centro Cultural São Paulo, o espaço cultural mais visitado da capital paulista. Eu escrevi diversas reportagens para a *Folha*, ilustradas com fotos que eu fiz, acabando por descobrir uma outra dimensão do jornalismo.

Ao longo dos anos, foram muitas viagens e expedições a terras indígenas com Beto. Várias delas na região chamada Cabeça do Cachorro, no extremo norte do país, na fronteira do estado do Amazonas com a Colômbia, navegando pelo Içana; ou na linda sede do ISA em São Gabriel da Cachoeira (AM), ou na estrada Manaus-Boa Vista, para visitar os índios Waimiri Atroari, heroicos sobreviventes do genocídio praticado pela ditadura militar.

EM TODOS OS NOSSOS FREQUENTES ENCONTROS, me acostumei a perguntar ao Beto em algum momento: "Avançou com o livro?". Ele sempre tinha novas histórias a contar. Em princípio, o projeto continuava verbal, sempre com o mesmo método de composição. Beto o desenvolvia lentamente, como uma memória organizada de forma cartesiana em sua mente, sempre desfazendo o novelo a partir de uma foto, de sua descrição, dos personagens presentes nela.

Acho que o caso mais exemplar é o dos encontros com Darcy Ribeiro, de quem ele é uma espécie de epígono, ou sucessor, como referência no levantamento da situação dos povos indígenas no Brasil. Darcy havia feito nos anos 1950, antes do golpe militar, o trabalho publicado no livro *Os índios e a civilização*, de 1970. Beto, em plena ditadura, organizou com a companheira Fany e com Eduardo Viveiros de Castro a montagem do mais profundo e detalhado banco de dados sobre a situação, a enciclopédia digital *Povos indígenas no Brasil*, com seus volumes de atualização quinquenal (em papel), um trabalho ciclópico que soma a esta altura 6 mil páginas e um site de bilhões de bites. Não há como saber algo sobre povos indígenas *no* Brasil sem consultar o conjunto dessa obra (a preposição idiossincrática Beto explica no livro).

Ao voltar do exílio, Darcy queria atrair Beto para seu projeto. Beto, por outro lado, sentia que o projeto de Darcy, por maior que fosse seu mérito, estava ultrapassado. Entre ambos houve uma espécie de conflito edípico.

Alguns anos atrás, provoquei o Beto: "Se você não escrever o livro, eu mesmo vou fazê-lo". Ele riu e logo topou embarcar no projeto que você, leitor, acaba de ler. Segundo o método concebido, no princípio era sempre a imagem: como no caso de Darcy, as fotos puxam mais do que mil palavras. Mas todas essas narrativas permaneciam até há pouco na dimensão oral. Para dar forma de livro às memórias de uma história composta pela contribuição coletiva de tantos companheiros de viagem do socioambientalismo, do Cedi e do ISA, ao longo de cinquenta anos, organizamos uma operação complexa. A primeira missão foi convencer o autor a abrir o coração e dar espaço à subjetividade, quase nunca mencionada em sua obra até então, com uma narração em primeira pessoa, sujeita a dúvida, como sugeria o primeiro título que ele tinha em mente, "Salvo engano meu", que adotei neste posfácio.

Chamamos o Jurandir Craveiro, ex-presidente do Conselho Diretor do ISA, para coordenar o projeto, que envolveu boa parte da equipe e muita escavação no banco de dados e no acervo fotográfico do instituto. Para montar o quebra-cabeça, foi convocado o jornalista Ricardo Arnt, colaborador do Cedi e sócio fundador do ISA, a quem coube a tarefa egípcia de dar corpo à pirâmide de informações, dados, fatos, personagens, circunstâncias e contingências narrados por Beto em vinte horas de gravações, além de todo o conjunto de apurações, entrevistas, textos do Beto, mapas e um roteiro de fotos com duzentas imagens. Desse material surgiu a narrativa do livro.

Como aqui se conta, Carlos Alberto Ricardo decidiu estudar ciências sociais e se dedicar à antropologia. Mas, por essas coisas que o destino costura, a influência paterna fez dele um empreendedor de sucesso, grande administrador de projetos indigenistas e socioambientais. Beto não é apenas o criador e concretizador de duas das mais importantes ONGs da história do movimento indígena (o ISA é uma ONG maior do que muitas indústrias, com um orçamento considerável e sedes em várias capitais do país, gerando centenas de empregos diretos e indiretos, como gostam de mencionar os economistas); ele possibilitou uma carreira para antropólogos que, antes de seus projetos, viviam como monges em voto de pobreza. Sua capacidade de empreender seria admirável no setor privado. Aplicada ao terceiro setor, é revolucionária.

Mas tudo foi feito lentamente. Com poucos recursos, em tempos de uma ditadura que via os defensores de índios como inimigos. Beto e sua equipe estabeleceram uma teia de colaboradores em todos os cantos do país, um método de transmissão de informações, um padrão de organização dos dados e uma equipe de voluntários que recebia toda a correspondência e processava tudo gerando tabelas e textos. Um raio X da situação dos povos originários que o governo queria apagar.

Beto sempre cita duas histórias fortes sobre o racismo do governo brasileiro de épocas diferentes para mostrar que se trata de um defeito de Estado: o caso do jovem Claude Lévi-Strauss, quando se preparava para vir ao Brasil, nos anos 1930, e ouviu de nosso embaixador em Paris que não havia mais indígenas no país; e, meio século depois, a declaração do governo do Acre de que o estado não tinha mais indígenas entre sua população quando havia milhares, perseguidos, que se mantinham invisíveis. Só quando se sentiram seguros de seus direitos eles passaram a reivindicar terras e proteção oficial, ressurgindo com impacto na vida social do estado, com reflexos em todo o país e em outras nações.

O Programa Povos Indígenas no Brasil assegurou a informação necessária para que o Estado racista não apagasse de vez a existência dos índios. Foi por isso mesmo que Beto foi o líder natural do movimento contra o projeto do governo Geisel de "emancipar os índios", o que resultaria na perda imediata dos poucos direitos que estavam inscritos nas sucessivas Constituições brasileiras. A manifestação organizada por ele, sob a égide da Comissão Pró-Índio, teve grande peso, como ele conta aqui. O movimento da sociedade civil, que incluiu jovens lideranças indígenas, mostrou à equipe do general João Batista Figueiredo que, se ele queria ser popular, era melhor não bulir com os direitos indígenas.

Isso remete a outro ensinamento que Beto tirou da experiência da lida com governos e políticos diante da questão indígena: quando um político olha os dados sobre a população total do país, pensa: "Os índios são uma minoria minimíssima, nada do que eu fizer que contrarie seus interesses vai afetar a popularidade do governo ou do governante..." — e sempre acaba se surpreendendo com o impacto desproporcional das notícias negativas sobre o conjunto da opinião pública. Foi isso que o general Figueiredo aprendeu logo cedo, nos meses que antecederam sua posse. No governo, o último general da ditadura arquivou a ideia de "emancipar" os indígenas e torná-los "cidadãos comuns" (retirando seus direitos).

A ironia é que o capitão Jair Bolsonaro, cuja carreira política foi saudada com entusiasmo por Figueiredo, e que sempre elogiou a ditadura, incorreu no mesmo erro quatro décadas depois, e também viu que as questões políticas sobre os indígenas despertam muito interesse no conjunto da opinião pública das grandes cidades brasileiras e do mundo.

Mas as reações da opinião pública sobre as questões indígena e ambiental não são homogêneas, não têm um comportamento linear na sociedade como um todo: outro paradoxo sempre comentado por Beto, apreendido em sucessivas pesquisas de opinião pública estudadas ao longo dos anos, mostra que o apoio à preservação dos direitos e da cultura indígenas, assim como do meio ambiente e das florestas, é tanto maior quanto mais distante as pessoas estão das terras indígenas e das áreas de proteção; nas áreas contíguas, cai.

Em outras palavras, quem vive perto das áreas de preservação ou de terras indígenas se preocupa pouco ou é mesmo contra sua proteção; mas nas grandes cidades há muita inquietação quanto a esses direitos. Como a população brasileira é das mais urbanizadas do planeta, com cerca de 80% de habitantes em cidades, o resultado é que no conjunto a opinião pública é favorável aos indígenas e ao meio ambiente. Mas quem está ali ao lado trama contra...

É um acaso feliz que este livro coincida com a instalação de um novo governo, depois de o país enfrentar um período de flerte com o autoritarismo de extrema direita, com um governo racista focado em atacar as terras e os direitos dos povos indígenas. Diante da necessidade de reconstituir as instituições e recompor a sociedade civil e suas representações, as memórias de Beto Ricardo mostram o mapa do caminho de um timoneiro experiente, que várias vezes já se viu diante do diabo, no meio do redemoinho, e saiu dele vencedor.

Viva o Beto!

Leão Serva

Leão Serva, diretor internacional de jornalismo e correspondente da TV Cultura, é membro do conselho diretor do ISA. Foi colaborador do antigo Cedi e da Comissão Pró-Índio na época da campanha contra a emancipação dos povos indígenas, em 1979, e desde os anos 1980 participa de coberturas jornalísticas de questões relacionadas a povos indígenas.

Agradecimentos

À minha eterna companheira, Fany, e a nossos amados filha e filho, Carô e André. Sem o apoio amoroso da família nada seria possível.

Agradeço aos queridos amigos Leão Serva, que durante anos me incentivou a narrar minhas histórias, e Jurandir Craveiro, que aceitou o desafio de fazer este livro acontecer.

Agradeço ao Rodrigo Junqueira e à Adriana Ramos, secretários executivos do ISA, que alocaram os recursos para viabilizar os trabalhos de uma equipe dedicada e diligente, que o Jura coordenou e que fez do verbo realidade: Ricardo Arnt, no roteiro e na escrita; Claudio Tavares, na iconografia; Leila Silva, na pesquisa e documentação; Cícero Augusto e Michelle Araújo, na cartografia; Silvia Futada, na gestão administrativa.

Não poderia deixar de agradecer também aos amigos e companheiros do ISA que revisaram pacientemente as histórias, ajudando a situar as datas, acertar os personagens, rememorar os acontecimentos e ser fiel à perspectiva socioambiental que nos inspira a todos: Aloísio Cabalzar, André Villas-Boas, Eduardo Viveiros de Castro, Geraldo Andrello, Marcio Santilli, Marcos Wesley, Maria Inês Zanchetta e Tony Gross. E tantos outros que não menciono mas que estão presentes aqui.

Sou grato aos amigos fotógrafos que cederam gentilmente seus registros para ilustrar a minha narrativa: André Dusek, Carlo Zacquini, Charles Vincent, Claudia Andujar, Daniel Ducci, Juliana Radler, Márcio Ferreira, Mário Vilela, Paulo Vainer, Pedro Martinelli, Rogélio Casado, Ronaldo Assis, Sebastião Salgado, Sônia Lorenz e Valéria Macedo.

Por fim, mas não menos importante, agradeço a toda a equipe da Companhia das Letras/Zahar, ao Matinas Suzuki e ao Ricardo Teperman, que toparam publicar este livro e foram especialmente cuidadosos na condução do processo editorial com a equipe do ISA. E à Flávia Castanheira, que fez a capa com as fronteiras panamazônicas delineadas sobre a fotografia do Martinelli; ao Ailton Krenak, que escreveu o prefácio e deu nome ao livro; e ao Leão, que escreveu o posfácio.

Nada disso tampouco seria possível sem o zelo e a dedicação da Aninha, que cuida da nossa casa, e de Fran, Eridan, Elimar, Luci, Zélia, Marilene, Cássia e Jutilandi, que se revezaram para cuidar de mim dia e noite nos dois anos de feitura deste livro.

A todos, meu muito obrigado de alma e coração.

Beto Ricardo

Notas

1. A cidade indígena [pp. 17-24]

1. Darcy Ribeiro, *Os índios e a civilização: A integração das populações indígenas no Brasil moderno*. Rio de Janeiro: Civilização Brasileira, 1970.

4. Afinidades eletivas (1983 a 1987) [pp. 46-55]

1. Ricardo Arnt e Stephan Schwartzman, *Um artifício orgânico: Transição na Amazônia e ambientalismo, 1985-1990*. Rio de Janeiro: Rocco, 1992.
2. Euclides da Cunha, *Os sertões*. In: _____. *Obra completa*, v. II. Rio de Janeiro: Aguilar, 1966, p. 131. A menção a José Bonifácio de Andrada e Silva tem em mente o seu "Necessidade de uma Academia de Agricultura no Brasil", de c. 1821; Jorge Caldeira (Org.), *José Bonifácio de Andrada e Silva*. São Paulo: Ed. 34, 2002. pp. 66-82. Ver também José Augusto Pádua, *Um sopro de destruição*. Rio de Janeiro: Zahar, 2002.
3. Fernando Henrique Cardoso, *Amazônia: Expansão do capitalismo*. São Paulo: Brasiliense, 1977, pp. 9-10.
4. Cedi, *Entrevista com Ailton Krenak e Osmarino Amâncio sobre a Aliança dos Povos da Floresta*. Prévia do Lançamento da Campanha da Aliança dos Povos da Floresta, 10 maio 1989. São Paulo, Acervo Cedi.

5. Direitos conquistados (1988) [pp. 56-63]

1. Márcio Santilli, *Subvertendo a gramática e outras crônicas socioambientais*. São Paulo: ISA, 2019, p. 16.
2. Brasil, *Constituição da República Federativa do Brasil — 1988*. Brasília: Centro de Documentação e Informação e Coordenação de Publicações, 1999.

6. A cidade do mundo (1989) [pp. 64-9]

1. Cedi, *Povos indígenas no Brasil 1987-88-89-90. O Encontro de Altamira*. São Paulo: Cedi, 1991, p. 329.

7. Beco da mata (1989) [pp. 70-4]

1. Cedi, *Povos indígenas no Brasil, 1987-88-89-90. Declaração dos Povos da Floresta*. São Paulo: Cedi, 1991, p. 411.
2. Erika Muniz, "Milton Nascimento em louvor aos indígenas". *Continente*, 29 jul. 2018. Disponível em: <https://revistacontinente.com.br/festival-de-inverno-de-bonito-2018/milton-nascimento>.

8. Florestas e montanhas (1989 a 1992) [pp. 75-82]

1. Davi Kopenawa, "Xawara: O ouro canibal e a queda do céu". In: Cedi, *Povos indígenas no Brasil, 1987-1990*. São Paulo: Cedi, 1991.
2. Jarbas Passarinho, "O ministro e a terra Yanomami". *Jornal do Commercio*, 29 mar. 2001.
3. Carlos Alberto Lima Menna Barreto, *A farsa yanomami*. Rio de Janeiro: Biblioteca do Exército, 1995, pp. 20, 110, 18 e 189.

10. Socioambiental se escreve junto (1992 a 1996) [pp. 87-107]

1. Bruce Albert, "O massacre dos Yanomami de Haximu". In: ISA, *Povos indígenas do Brasil, 1991-1995*. São Paulo: Instituto Socioambiental, 1996.

12. Colar de aldeias (1998) [pp. 114-28]

1. Fernando Henrique Cardoso, *Diários da Presidência 1995-1996*, v. 1. São Paulo: Companhia das Letras, 2015, p. 716.

15. Amansa, Brasil (2001 a 2004) [pp. 142-54]

1. Geraldo Andrello (Org.), *Rotas de criação e transformação: Narrativas de origem dos povos indígenas do rio Negro*. São Paulo: Instituto Socioambiental; São Gabriel da Cachoeira: Federação das Organizações Indígenas do Rio Negro, 2012, p. 11.
2. João Paulo R. Capobianco. *Amazônia: Uma década de esperança*. São Paulo: Estação Liberdade, 2022, p. 108.
3. Instituto Socioambiental, *Almanaque Brasil socioambiental*. São Paulo: ISA, 2005, p. 8.

16. Avanços e recuos (2005 a 2011) [pp. 155-68]

1. "Marina muda ministério e Capobianco será novo secretário". *O Estado de S. Paulo*, 20 abr. 2007.
2. "Após dez anos do novo Código Florestal, cadastramento de imóveis rurais não chega nem a 1%". *Jornal Hoje*, 25 maio 2022. Disponível em: <https://g1.globo.com/jornal-hoje/noticia/2022/05/25/apos-dez-anos-do-novo-codigo-florestal-cadastramento-de-imoveis-rurais-nao-chega-nem-a-1percent.ghtml>.

17. Apertem os cintos (2012 a 2019) [pp. 169-89]

1. "'Não tem mais árvore em pé no igapó': Médio Rio Negro investiga impactos de incêndios florestais". Matéria no site do Instituto Socioambiental, 2 dez. 2020.
2. "Conhecedores da Amazônia". Matéria no site do Instituto Socioambiental, 13 abr. 2022.
3. Ibid.

18. O céu que nos protege (2019 a 2022) [pp. 190-201]

1. Ricardo Arnt (Org.), *O que os economistas pensam sobre sustentabilidade*. São Paulo: Editora 34, 2010, p. 236.
2. Apud Elizabeth Kolbert, *Sob um céu branco: a natureza do futuro*. Rio de Janeiro: Intrínseca, 2021, p. 151.
3. Eduardo Viveiros de Castro, "Prefácio". In: Ricardo Arnt e Stephan Schwartzman, *Um artifício orgânico: Transição na Amazônia e ambientalismo, 1985-1990*. Rio de Janeiro: Rocco, 1992.
4. Apud Davi Kopenawa e Bruce Albert, *A queda do céu: Palavras de um xamã yanomami*. Trad. de Beatriz Perrone-Moisés. São Paulo: Companhia das Letras, 2015, p. 5.
5. Davi Kopenawa e Bruce Albert, *A queda do céu*, op. cit., p. 216.

Anexo 1. Caderno de campo aikewara (1970) [pp. 227-34]

1. Ver Roque de Barros Laraia e Roberto DaMatta, *Índios e castanheiros*. Rio de Janeiro: Difel, 1967.

Anexo 2. Expedição ao Içana (1997) [pp. 235-57]

1. As citações exatas seriam "Viver — não é? — é muito perigoso. Porque ainda não se sabe. Porque aprender-a-viver é que é o viver, mesmo"; "Travessia perigosa,

mas é a da vida. Sertão que se alteia e abaixa"; "O mais difícil não é um ser bom e proceder honesto; dificultoso, mesmo, é um saber definido o que quer, e ter o poder de ir até no rabo da palavra"; João Guimarães Rosa, *Grande sertão: veredas*. São Paulo: Companhia das Letras, 2019, pp. 418, 388, 129.

Anexo 3. Um dia de Cláudia (1999 a 2003) [pp. 258-61]

1. Publicado em Pedro Martinelli, *Mulheres da Amazônia*. São Paulo: Jaraqui, 2003, p. 157.

Índice remissivo

Números de páginas em *itálico* referem-se a imagens

1º Encontro de Xamãs Yanomami (aldeia Demini, RR, 2011), 180
1º Encontro Nacional dos Povos Indígenas (Brasília, 1982), 10, 21
500 anos do Brasil, comemorações de (2000), 129-30, 132

A'Ukre (aldeia kayapó), 52, 66, 74, 90
ABC Paulista, 10
ABI (Associação Brasileira de Imprensa), 79
aborígenes australianos, 182
açaí, 197, 231, 239-40, 244, 252, 261
Ação Educativa (ONG), 29, 93
Ação pela Cidadania (movimento), 79, *212*
Aclimação, bairro da (São Paulo), 32
Aconteceu: Povos Indígenas no Brasil (levantamento PIB), 19-22, 24, 47, 51, 190; *ver também Povos Indígenas no Brasil* (enciclopédia)
Acordo Climático de Paris (2015), 198
Acordo Ortográfico da Língua Portuguesa (2009), 93
Acre, 23, 50, 52-3, 62, 70-2, 74, 104-5, 143, 165, 194, *213*, 267
"aculturação" de indígenas, 43, 52, 57, 59, 116
Advocacia Geral da União, 103
Aeronáutica brasileira, 80, 120, 138
África, 39, 83, 153
África do Sul, 55, 136, 182
afrodescendentes, 152, 154; *ver também* quilombolas/quilombos
Agostinho, Santo, 20
agricultura indígena, 179, 188
agropecuária, 18, 33, 50-1, 90, 149, 166-7, 172, 194, 200
Aiari, rio, 188, 236-7, 243, 249, 256
Aikewara, indígenas, 32-3, 37, *203*, 227
Aimas (Agentes Indígenas de Manejo Ambiental), 145, 174, 177, 186-7

Alagna, d. Miguel, 17-8
Alagoas, 130
Albert, Bruce, 43, 77, 91
Alemanha, 18, 21, 48, 66, 72, 121, 126, 134, 160, 200
Alencar, Danilo Mota, 180
alfabetização, 29, 139
Alfonso, Almino, 36
Aliança dos Povos da Floresta, 11, 52-3, 70, 72
Aliança pelo Clima (Europa), 118
Alidicir (a Associação para a Integração e o Desenvolvimento das Comunidades Indígenas de Roraima), 109-10
Allegretti, Mary, 49
Almanaque Brasil Socioambiental (ISA), 150
Almeida, d. Luciano Mendes de, 18
Almeida, Mauro, 23, 41, 71-2
Altamira (PA), 65-9, 101, 103-4, 161, 162, 191, *194*, *211*
Alto de Pinheiros, bairro do (São Paulo), 28, 131
Alves, Rubem, 35
Amâncio, Osmarino, 53
"Amansa Brasil" (campanha do ISA, 2004), 150
Amapá, 74, 105
Amaral, André, 23
Amato Neto, Vicente, 85
Amazonas, estado do, 17, 40, 43, 75-6, 78, 81, 113, 124, 158, 160, 173, 183, 194-5, 265, *219*
Amazonas, rio, 171
Amazônia, 18-9, 33, 35, 39, 42, 48-52, 62-3, 69-72, 75, 80, 82, 86, 88-90, 96, 100, 102, 112, 114-5, 118, 121, 123-4, 126, 137-8, 143, 147-51, 155-6, 159-60, 163, 166-7, 170-2, 182, 184, 190, 192-6, 198, 200, 263; Pan-Amazônia, 169, 171-2
Amazônia Socioambiental 2009 (mapa do ISA), 171
Amazônia, Expansão do Capitalismo (Cardoso), 51

ambientalismo/ambientalistas, 49, 52, 62, 65, 67-9, 82-3, 89, 158, 166, 173, 175, 191, 196
amebíase, 85, 86
América Latina, 21, 30, 39
Amônea, rio, 71-2, 104
Amsterdã (Holanda), 118, 178
Ananatuba (cultura indígena marajoara), 123
Anavilhanas (arquipélago fluvial amazônico), 114
Anderson, Anthony, 94-5
Andes, 90, 148, 184
Andrada e Silva, José Bonifácio de, 50, 87, 200
Andrade Gutierrez (empreiteira), 161
Andrade, Josefa Gonçalves de (Dona Brazzi), 173, 179
Andrade, Mário de, 46
Andrade, Oswald de, 64, 130, 199-200
Andrello, Geraldo, 94, 97, 141
Andujar, Claudia, 43-4, 82, 112
Angelo, Nelson, 70
Angra dos Reis (RJ), 53
anistia para multas ambientais, 165-8, 191; *ver também* desmatamento
Anistia, campanha pela (1979), 43, 48
Antropoceno, 197
antropologia, 19, 23, 31, 33-4, 36, 42, 44, 81, 95, 115, 130, 154, 173, 204, 264
Anvisa (Agência Nacional de Vigilância Sanitária), 175
apartheid, 55
Apinajé, indígenas, 35
Apir (Associação dos Povos Indígenas de Roraima), 110
Apis (Agentes Pedagógicos Indígenas), 174
APP (Área de Preservação Permanente), 165-6
Aqua (satélite do Inpe), 187
aquecimento global, 88, 156; *ver também* mudança climática
Aquino, Terri Vale de, 71-2
Araguaia, rio, 70, 102, 230
Arapaso, indígenas, 123
Arara, indígenas, 66, 250
Araújo, Ana Valéria, 61
Araweté, indígenas, 61, 66, 104-5, 121, 264
Araweté: um povo tupi da Amazônia (Viveiros de Castro), 265
Areweté, indígenas, 105
Arida, Pérsio, 195

Arikom (Associação Regional Indígena do Kinô, Cotingo e Monte Roraima), 110
Arns, d. Paulo Evaristo, 10, 32, 35
Arnt, Ricardo, 49, 94, 103, 266
Arouche, largo do (São Paulo), 26
Arpa (Áreas Protegidas na Amazônia), 160, 192
arqueologia, 123-4, 224
Arte Baniwa (projeto), 145, 173
artesãos indígenas, 145-6
Artifício orgânico, Um (Schwartzman e Arnt), 49
ARU – Revista de Pesquisa Intercultural da Bacia do Rio Negro (revista), 186
arumã (planta amazônica), 145, 147, 237, 242-3, 254, 260-1
Ashaninka, indígenas, 70, 72-3, 214
Ásia, 39, 83
assassinatos de indígenas e ativistas, 19, 30, 35, 62-3, 92, 129
Assembleia Constituinte (1987-8), 11, 53, 56-7, 59-61, 64, 170, 208-10; *ver também* Constituição brasileira (1988)
Assis (SP), 56
Assis, Machado de, 142
Associação Brasileira de Antropologia, 21
Associação Hwenama dos Povos Yanomami de Roraima, 113
Associação Kumirayoma das Mulheres Yanomami, 113, 178
Associação Rede de Sementes do Xingu, 101-2, 153, 201
Associação Texoli Ninam do Estado de Roraima, 113
Associação Yanomami Kurikama, 113
Associação Ye'kwana Wanasseduume, 113
Assunção do Içana (AM), 140, 242, 257
Assurini, indígenas, 66
Atala, Alex, 173, 175, 177
Atix (Associação Terra Indígena do Xingu), 98, 152
Atlas Amazônia Sob Pressão (Raisg), 171
Atlas dos Impactos da UHE Belo Monte sobre a Pesca e um Zoneamento do Território Ribeirinho (ISA, 2016), 162
Auditório Petrônio Portella (Senado), 21
Augusto, capitão, 241, 243, 245, 254-6
Austrália, 182, 184
Áustria, 95, 118
AVA (Associação Vida e Ambiente), 98

Índice remissivo

Avá-Canoeiro, indígenas, 70
ayahuasca (cipó), 73
AYRCA (Associação Yanomami do Rio Cauaburis e Afluentes), 113, 178
Ayres, Paulo, 55
Azevedo, Marta, 23
Azevedo, Rafael, 188

Babaquara, projeto de hidrelétrica (PA), 64, 161; *ver também* Belo Monte, hidrelétrica de (PA)
bacaba (palmeira amazônica), 237, 239, 244, 259, 261
Bahia, 31, 102, 129-31, 182-4
Bahia, rua (São Paulo), 31
Baiano Formiga (pista clandestina), 81
Balaio (terra indígena), 18
Balcão da Cidadania, 144
Balduíno, d. Tomás, 18, 38, 41
Banco Mundial, 18, 47-9, 63-4, 66, 147, 156; *ver também* Bird (Banco Internacional para Reconstrução e Desenvolvimento)
Bangkok (Tailândia), 85
Baniwa, André, 145, 159, 176, 217, 235, 238, 243-5, 247-50, 254-5, 261, 263-4
baniwa, idioma, 114, 245
Baniwa, indígenas, 123, 134, 139-40, 145-8, 159, 173, 175-9, 217, 220, 235, 237, 239, 241-2, 245, 247-9, 253-4, 258-61, 263
Baniwa, José Bonifácio, 145
Bankrolling Disasters (campanha global), 48
Barbalho, Jader, 90
Barbot, Pascal, 173
Barcelos (AM), 187, 237, 245-7
Baré, indígenas, 117, 173
Baré, Marivelton Barroso, 179
Baré, Orlando Melgueiro, 117
Barreto, Domingos, 159
Barros, Antônio Manoel de, 177
Bastos, Lucas Alves (agente tukano), 189
Batalhão Ararigbóia (Exército brasileiro), 135
BBC (British Broadcasting Corporation), 131
Beatles, The, 30
Becker, Berta, 151
Beijoqueiro (José Alves de Moura), 55
beiju, 238-40, 247, 251, 258, 260-1
Belém (PA), 39, 64-5, 67-8, 108, 123, 171
Bélgica, 66
Belo Monte, hidrelétrica de (PA), 64, 161-2, 264
"Benke" (canção), 73, *214*

Benki (indígena ashaninka), 72-3, *214*
benzimentos indígenas, 135, 174, 187, 189
Bethânia, chácara (PA), 67-8, 183
Better World Society, 69
Beualieu, Gilles, padre, 29
Bíblia, 23, 39, 139, 249
BID (Banco Interamericano de Desenvolvimento), 47-9, 53
biodiversidade, 88, 151, 166, 171, 197
biomas, 102, 166
Bird (Banco Internacional para Reconstrução e Desenvolvimento), 47, 49; *ver também* Banco Mundial
BNDES (Banco Nacional de Desenvolvimento Econômico e Social), 157
Boa Vista (RR), 75-6, 78-80, 92, 110, 112, 160, 180-1, 190-1, 222, 245, 252
Body Shop (empresa inglesa), 65, 67
Boletim Povos Indígenas no Brasil, 22
Bolívia, 169, 171-2, 186
Bolsa Família, 200
Bolsonaro, Jair, 191-3, 195-6, 198, 268
Borgeaud, Pierre-Yves, 182
Borges, César, 131
Bororo, indígenas, 35
borracha, 54, 197; *ver também* seringueiros
BR-307 (rodovia), 159
BR-319 (rodovia), 195
BR-364 (rodovia), 53
BR-367 (rodovia), 131
Bradesco, 68, 96
Braga, Eduardo, 158
Braga, Rubem, 196
Bramble, Barbara, 49, 84, 94
Branco, rio, 75, 78, 160
Brandão, Carlos, 35, 38
Brant, Fernando, 70
Brás, bairro do (São Paulo), 25
Brasil Arquitetura (empresa paulista), 148, 162
"Brasil Outros 500" (manifesto manauara, 2000), 129
Brasília (DF), 17, 21, 34, 39, 52, 57, 59-60, 65, 71, 76-7, 79, 90, 97-8, 100, 110-1, 129-30, 137, 151, 158, 164-6, 176, 191, 209-10, *218*
Britto, Carlos Ayres, 111
Bruxelas (Bélgica), 66
Bueno, Regis, 125
Bünchen, Gisele, 101, 106-7, *215*
Burnier, João Bosco, padre, 35
Bush, George H. W. (pai), 82, 85, *215*

Cabalzar, Aloisio, 187, 190
"Cabeça da Anta" (região amazônica), 114, 116, 169
"Cabeça do Cachorro" (região amazônica), 114, 169, 265
Cabixi, Daniel, 43
Cabral, Bernardo, 57, 59
Cabral, Pedro Álvares, 41, 59, 131
cacau, 161, 179, 197
Cachoeira da Onça (Iauaretê, AM), 163
Cachoeira, seringal (AC), 74
Caetés, indígenas, 130
café (economia cafeeira), 25, 54
Caiuby, rua (São Paulo), 28
Calha Norte ver Projeto Calha Norte
Calheiros, Renan, 109, 122
Califórnia (EUA), 83, 85
Camanaus, aldeia de (AM), 159, 219, 235, 244, 246, 251
Câmara dos Deputados, 57, 98, 156, 165, 210
Camargo Corrêa (empreiteira), 161
Campevas, rua (São Paulo), 28
"campinaranas" (matas arbustivas), 115, 120, 187
Campinas (SP), 36, 41
Campos, Ciro, 183
Campos, Clarindo, 187
Campos, Neudo, 109-10
Canadá, 28
Canarana (MT), 101, 106, 191
candomblé, 32
"Canoa, canoa" (canção), 70
Capital, O (Marx), 32
capitalismo, 27, 83
Capobianco, João Paulo (Capô), 94-7, 143, 149-50, 152, 196
Capobianco, Minka Bojadsen, 94
"capoeiras" (florestas secundárias), 115, 195
CAR (Cadastro Ambiental Rural), 166-7
Caramuru-Paraguassu (terra indígena), 129
Caras do Brasil (programa do grupo Pão de Açúcar), 178
carbono (CO2), emissões de, 89, 150, 156, 193-7, 201
Carcará (álbum de Maria Bethânia), 183
Cardenas, Lazaro, 39
Cardinale, Claudia, 70
Cardoso, Fernando Henrique, 31-2, 36, 51, 76, 81, 99-100, 104, 121, 124, 130, 136, 143, 159, 218

Cardoso, Ruth, 31, 99, 104, 125, 131, 218
Cardoso de Almeida, rua (São Paulo), 28
Carelli, Vincent, 10, 18, 23, 24
"Carta da Terra" (Fórum Global de ONGS), 89
"Carta de Monte Pascoal" (lideranças indígenas, 2000), 130
caruru (planta amazônica), 173
Carvalho, Joênia Batista de (advogada wapixana), 111, 196
Casa Branca (Washington, D.C.), 84-5, 215
Casa Civil, 34, 124, 137, 149, 155, 157
Casa da Pimenta (Ucuqui Cachoeira, AM), 177
Casa da Pimenta Baniwa (Içana, AM), 175
Casa da Pimenta Yamado (AM), 178
Casa de Sementes (Vale do Ribeira, SP), 153
Casa Wariró (loja da Foirn em São Gabriel, AM), 177
Casaldáliga, d. Pedro, 38, 43
Catedral da Sé (São Paulo), 32
catequese, 39, 42
catolicismo ver Igreja católica
Catrimani, rio, 75-6, 80, 91
Cauaburis, rio, 113, 178, 187
Cavalcanti, Sandra, 59
Caverna da Pedra Pintada (Monte Alegre, PA), 123
CCPY (Comissão pela Criação do Parque Yanomami), 43, 76-7, 82, 93, 112, 160
Cebrap (Centro Brasileiro de Análise e Planejamento), 31
Ceccon, Claudius, 44
Cedi (Centro Ecumênico de Documentação e Informação), 9-11, 19-22, 24, 34-8, 42, 43-8, 51, 53, 55-6, 61, 65, 69, 72, 74, 77, 79, 82, 84, 89, 92-5, 97, 104-5, 115-6, 118, 152, 170, 176, 205, 210, 266
Celestino (tesoureiro da Oibi), 240
Cenário Socioambiental Brasileiro: Questões para o Futuro Próximo (documento do ISA), 143
Censo de 2022, 154
Centrão, 164, 193
Centro Cultural São Paulo, 105, 265
Centro de Pesquisa Antropológica (Harvard), 42
Centro de Pesquisas Sami (Noruega), 12
cerâmica indígena, 123, 256
Cerrado, 102, 166, 194
Cessna (avião monomotor), 65
cestaria indígena, 145-6, 173, 242-3, 259-61

CGT (Comando Geral dos Trabalhadores), 79
Chacon, Juan Carlos, 30
Charboneau, Paul-Eugène, padre, 28-9, 36
Charles, príncipe de Gales (atual rei da Inglaterra), 80
China, 21
Chipenda, José Belo, 21, 94
Cidade de Deus (Santo Agostinho), 20
Ciências Sociais, 19, 31, 33-4, 266
Cílios do Ribeira (campanha do ISA), 153
Cimi (Conselho Indigenista Missionário), 17-8, 20-1, 34-5, 38, 44, 57, 61, 82, 109, 116-7, 125, 137
Cinta-Larga, indígenas, 35
CIR (Conselho Indígena de Roraima), 109-10, 112
Circuladô (álbum de Caetano Veloso), 84
classe média, 52, 72, 96, 129
Cláudia (indígena baniwa), 258, 261
Cláudia (MT), 98
Clay, Jason, 49, 84, 94
Clube da Esquina 2 (álbum de Milton Nascimento), 70
Clube de Roma, 87
CMA (Comando Militar da Amazônia), 137-8
CNBB (Conferência Nacional dos Bispos do Brasil), 11, 18, 34, 79
CNCD (Conselho Nacional de Combate à Discriminação), 136
CNPq (Conselho Nacional de Pesquisas), 147, 175
CNS (Conselho Nacional dos Seringueiros), 52-3, 70-2
Código Florestal, 63, 100, 165-7
Coelho, Bel, 175
cogumelos, 161, 175, 179
Coiab (Coordenação das Organizações Indígenas da Amazônia Brasileira), 112, 137
Colégio Santa Cruz (São Paulo), 28-9, 35-6
Colégio São Domingos (São Paulo), 28
Colégio Sion (São Paulo), 10, 22, 34-5, 55, 205
Collor de Mello, Fernando, 80-2, 85, 87, 104, 118
Colômbia, 39, 75, 95, 114, 127, 139-40, 169-70, 238, 241, 244, 248, 250, 258, 261, 265
"Colônias Agrícolas Indígenas" (projeto de 1986), 117
Columbia, Universidade, 147
combustíveis fósseis, 197
Comissão do Índio da Câmara dos Deputados, 57, 98
Comissão Pastoral da Terra, 38, 84
Comissão Pro-Índio SP, 10
Comunidade Econômica Europeia, 65-6
Comunidades Indígenas no Alto e Médio Rio Negro (mapa do ISA), 177
Conage (Coordenação Nacional de Geólogos), 58
Conama (Conselho Nacional de Meio Ambiente), 192
Confederação Nacional do Trabalhadores da Agricultura, 21
Conferência das Nações Unidas sobre o Desenvolvimento e Meio Ambiente (Estocolmo, 1972), 88
Conferência dos Povos Indígenas (Porto Seguro, BA, 2000), 131
Conferência Mundial Contra o Racismo, Intolerância e Discriminação (Durban, 2001), 136
Conferência Mundial dos Povos Indígenas, 89
Congregação da Santa Cruz, 28
Congresso dos Estados Unidos, 49, 64
Congresso Nacional, 48, 76, 99-100, 156, 160, 165, 175, 209-10
Conselho de Articulação dos Povos Indígenas, 136
Conselho de Segurança Nacional, 117
Conselho Mundial de Igrejas, 21, 82, 94
Conselho Nacional de Seringueiros, 11, 52, 72
Conselho Ribeirinho, 162
Conspiração Filmes (produtora carioca), 106
Constituição brasileira (1967), 58
Constituição brasileira (1988), 56, 59, 61, 64, 111, 130, 152, 156, 199-200
Continente (revista digital), 72
Convenção de Combate à Desertificação, 88
Convenção Sobre Biodiversidade, 88
Convenção-Quadro das Nações Unidas Sobre Mudanças Climáticas, 88
Convento dos Dominicanos (São Paulo), 28, 32
Copacabana, bairro de (Rio de Janeiro), 40, 59
COPs (Conferências de Partes), 88
Corbeil, Lionel, padre, 28
Coroa Vermelha, praia da (BA), 129-31
Corrêa, Marisa, 41
Correia, João (João Peito Largo), 229

Costner, Kevin, 90
Couto de Magalhães, rio, 79
Covas, Mário, 59, 76
covid-19, pandemia de, 90, 153-4, 178, 180, 191
Cowell, Adrian, 49
Cracolândia, região da (São Paulo), 28
Craveiro, Jurandir (Jura), 184-6, 266
Cravinho, João Gomes, 179, 221
crédito rural, 149, 167
crise climática *ver* aquecimento global; mudanças climáticas
Cristino, Simão (líder bororo), 35
CTI (Centro de Trabalho Indigenista), 24, 105
Cucuí (AM), 135, 159
Cuiabá (MT), 39
Cuiabá-Porto Velho (rodovia), 18, 35, 47
Cuiabá-Santarém (rodovia), 50, 155
Cuiva, indígenas, 139
cultura indígena, 122, 133, 140, 145, 174, 264, 268
Cultural Survival, 49
Cunha, Euclides da, 50, 200
Cunha, Manuela Carneiro da, 10, 41, 43, 60, 99, *218*
Cúpula do Clima de Glasgow (2021), 195-6
Cúria Metropolitana de São Paulo, 10
Curitiba (PR), 33, 61
"Curupirão" (sede do ISA em São Gabriel, AM), 148, 162-3, 182
CUT (Central Única dos Trabalhadores), 79

Dallari, Dalmo, 10, 43
Damian, d. Edson, 163
Dança com Lobos (filme), 90
Davis, Shelton, 41-2
De Luca, Luiza Lygia, 27
De Luca, Thomas, 27
Década de Destruição, A (documentário), 49
Defensoria Pública da União, 162
demarcações, 43, 47, 49, 60-1, 80-2, 99-100, 104-5, 108-11, 115-22, 125-6, 129-30, 144, 158, 192, 200, *217-9*, *222*, *235*, *242*, *245*, *247-51*, *256*; *ver também* terras indígenas
Demini (aldeia e posto indígena), 76, 112, 180-1, 237
democracia, 32, 34, 37, 41, 44, 75, 196, 200-1
densidade populacional, 115
Denys, Rubem Bayma, 79
desagregação cultural indígena, 18, 42
Desana, indígenas, 163

Desana, Marcinda da Silva, 118
"Descobrimento" (Mário de Andrade), 46
desenvolvimento sustentável, 88, 98, 143, 147, 149, 157, 160, 193, 196
desinformação, 9, 82
desmatamento, 33, 50, 53, 75, 79, 98, 100, 107, 114, 149-50, 155, 157, 160, 165, 167-8, 170-2, 191-2, 194-8, 200, 227
Deter (Sistema de Detecção de Desmatamento em Tempo Real), 149
Detroit (Michigan, EUA), 30, 84
Di Giorgi, Flávio, 29, 36
Dia da Terra (22 de abril), 84
Diagnóstico Socioambiental do Vale do Ribeira (ISA), 152
"Diálogos de Manaus" (2002), 137-8
Diários da Presidência (Cardoso), 121, 125
Dias, d. Aparecido José, 109
Didalva (percussionista), 182
Dimensionamento Emergencial de Populações Residentes em Áreas Indígenas e Quilombolas (estudo do IBGE), 154
Diniz, Laise, 173
Dino Bueno, alameda (São Paulo), 28
Dirceu, José, 155
direita política, 43, 59, 156, 268
direitos humanos, 10, 19, 34, 37-8, 48, 52, 62, 69, 89, 93-4, 172
direitos indígenas, 10-2, 18, 32, 35, 53, 57, 59, 61, 82, 112, 118, 199, *208-10*, 267-9; *ver também* jurisprudência sobre direitos indígenas
Distrito Federal, 102
ditadura militar brasileira (1964-85), 18, 33-4, 37, 40, 42, 48, 58, 265, 267-8
DNPM (Departamento Nacional de Produção Mineral), 58
Domingues, Antônio Apparício Ignácio, 137
Dória, Carlos Alberto, 29, 31-4
Dostoiévski, Fiódor, 29
Dudermel, Thierry, 179
Durban (África do Sul), 136
Durham, Eunice, 99, *218*
Dzauinai (clã baniwa), 238

Eco-92 (Rio de Janeiro), 11, 69, 81, 85, 87-91, 96
EcoCiência (ONG equatoriana), 171
economia brasileira, 90
economia indígena, 145-7, 173, 178, 256

ecossistemas, 89
ecoturismo, 113, 161, 178
EDF (Environmental Defence Fund, EUA), 95
Educação como prática de liberdade (Freire), 29
educação indígena, 95, 98, 110, 133-4, 144
Educador, O (Haddad), 29
efeito estufa, 88, 157, 198; *ver também* aquecimento global; mudanças climáticas
Eid, Arthur, 32, 34
Ekos (linha de cosméticos da Natura), 145
Eldorado (SP), 152
Eletrobras, 49, 69
Eletronorte, 69, 211
emancipação compulsória dos povos indígenas, 11, 43, 267-8
Embraer, 193
Embrapa (Empresa Brasileira de Pesquisa Agropecuária), 149
Emperaire, Annette, 123
enchentes, 115, 187-9
Encontro Nacional de Floristas (Expoflora de Holambra, SP), 145
Encontro Nascentes do Xingu (Canarana, MT, 2004), 101
Enseada, praia da (Guarujá, SP), 28
Environmental Defense Fund, 49
epidemias, 76-7, 91
Equador, 39, 118, 128, 169, 171-2
"Erro de Português" (Oswald de Andrade), 64
Erwes, Herbert Johannes, 125-7
Escola Municipal Indígena Pamáali (São Gabriel da Cachoeira, AM), 134
Escola Paulista de Medicina, 98
escravidão, 25, 152, 154
Espanha, 28, 80
Espírito Santo, 102
espiritualidade, 32
esquerda política, 34, 59, 100, 142, 156
Estações Ecológicas, 100
Estado de S. Paulo, O (jornal), 57, 96, 158
Estados Unidos, 30, 39, 48-9, 61-2, 64, 69, 77, 84, 95, 141
Estatuto do Índio (1973), 34, 61, 99
Esterci, Neide, 94
Estocolmo (Suécia), 88
Estrada da Boiada (São Paulo), 28
etnias indígenas, 9-10, 21-3, 35, 38, 53-4, 97-8, 130, 135, 160
Europa, 18, 19, 62, 65-6, 77, 80, 83; União Europeia, 179, 221

evangélicos indígenas, 109, 134, 139-40, 146, 220, 240, 247-50, 253
evapotranspiração da floresta amazônica, 89
Exército brasileiro, 81, 110, 116, 119-21, 124, 126, 134-5, 137-8, 177, 179, 248
Externato Assis Pacheco (São Paulo), 28
"extintas", populações indígenas, 23, 56; *ver também* invisibilidade indígena
"Extra" (canção), 183

FAB (Força Aérea Brasileira), 79, 212
Faculdade de Arquitetura da USP, 42
Faculdade de Filosofia, Letras e Ciências Humanas da USP, 31
fake news, 82
Faria, Luiz de Castro, 39
Farsa yanomami, A (Menna Barreto), 82
Fayad, Heddel, 138
feitiçaria, 86, 140
Feitosa, Tarcísio, 84
Feldman, Fábio, 59, 67, 100
Fernandes, Edgar, 117
Fernandes, Rubem César, 41
Ferreira, Márcio, 71
"Festa da Moça" (ritual de iniciação dos Nambikwara), 24
Festribal (Festival Cultural das Tribos Indígenas do Alto Rio Negro), 249
Finlândia, 21
Fiocruz (Fundação Oswaldo Cruz), 89
Fitzcarraldo (filme), 70, 73
"florestas de terra firme" versus "florestas de igapó", 115, 187
Florestas Nacionais, 76, 78, 80, 100, 117-8
florestas tropicais, 89, 95
FMI (Fundo Monetário Internacional), 147
Foirn (Federação das Organizações Indígenas do Rio Negro), 113, 115-22, 124-6, 132-4, 137-8, 143, 148, 152, 157-60, 163, 174, 176-7, 179-80, 183, 190-1, 216-7, 219, 236, 240, 249-50, 255
Folha de S.Paulo (jornal), 105, 124, 264
Fonteneau, Bernard, 84
"Fora da ordem" (canção), 83-4
Forças Armadas, 81, 111, 136, 149
Fortaleza (CE), 108
Fortes, Danilo, 158
Fórum Global de ONGs, 69, 89
fotossíntese, 89, 195

França, 21, 28, 48, 50, 72, 200
França, Brás de Oliveira, 117-8, 121, 125
Franchetto, Bruna, 98
Franco, Itamar, 92, 99
Franco, Moacyr, 74
Frankfurt (Alemanha), 66
Freire, Paulo, 29
Fresco, rio, 51
Fry, Peter, 41
Funai (Fundação Nacional dos Povos Indígenas), 12, 17, 21, 23-4, 34-5, 39-41, 51, 58-9, 64, 76, 78-81, 99, 103-5, 109-11, 113, 116-8, 120-1, 131, 136-8, 158, 176, 178, 191-2, 196, 237, 248
Funasa (Fundação Nacional de Saúde), 138, 158
Funbio (Fundo Brasileiro para a Biodiversidade), 160
Fundação Ashoka, 62
Fundação Ford, 31, 95
Fundação Goldman do Meio Ambiente, 83
Fundação Gordon Moore, 147-8, 220
Fundação Mata Virgem, 93, 98, 104
Fundação Palmares, 152, 154
Fundação Pão para o Mundo (Alemanha), 21, 44-5
Fundação Shuar, 118
Fundación Amigos da la Naturaleza (Bolívia), 171
Fundación Gaia Amazonas (Colômbia), 95, 170-1
fundamentalismo cristão, 134
Fundo Amazônia, 157, 160, 192, 196
Fundo Nacional do Meio Ambiente, 62
Fundo Todos pela Saúde, 180
Furnas (estatal), 158

G-7, países do, 121
Gabeira, Fernando, 67
Galeão, base do (Rio de Janeiro), 32-3
Galvão, Ângela, 97
Garagem Esmeralda (São Paulo), 26
garimpos/garimpeiros, 50, 51, 75-82, 91-2, 102, 109, 111-2, 124, 151, 181, 206-7, 240-1
gases de efeito estufa, emissões de, 89, 156, 160, 200
gastronomia, 173, 175, 184
Gavião, indígenas, 35, 95
Geisel, Ernesto, 32, 43, 267
Genebra (Suíça), 21, 82
genocídio indígena, 18, 76, 80, 92, 130, 265

Genro, Tarso, 158
Geovector Engenharia Geomática (empresa paulista), 105, 125
Gessy Lever, 27, 28, 183-4
Gétaz, Emmanuel, 182
Giannini, Isabelle Vidal, 94
Giannotti, José Arthur, 32
Gil, Bela, 175
Gil, Frei, 228-30, 232
Gil, Gilberto, 25, 182-4, 190, *223*
Giudice, Roberta, 167
Globo, O (jornal), 193
Goiás, 38, 102
Goiás Velho (GO), 18, 38
Goldman, Rhoda, 83-4
Goldman, Richard, 83, 85
Gomes, Ciro, 151
Gomes, d. José, 17
Gomes, Gil, frei, 32
Gomes, Laurentino, 90
Gomes, Mércio, 41
Gomes, Severo, 59, 76, 79
Gonçalves, Leônidas Pires, 54
Goodland, Robert, 47
Google, 146; Earth Engine, 171
Gorbachev, Mikhail, 147
Gorgen, Fernando, 106
Gormé, Eydie, 185
Gorotire (aldeia kayapó), 51-2, 65-6, *206-7*, 211
Goulart, João, 34, 36
grafismos indígenas, 106
Grande Otelo, 70
Greca, Rafael, 129
Gregori, José, 99, 131, *218*
Gregory, Maria Filomena, 131
Grendene (empresa de calçados), 106-7
grilagem de terras, 149, 151, 192-3, 200
gripe, 91, 229, 232, 234
Gripen (caças supersônicos), 193
Groeneveld, Willem Peter, 94
Gross, Anthony, 89, 94
Grünberg, Georg, 95, 118
Guahibo, indígenas, 139
Guajajara, Sônia, 196
Guaporé, rio, 18
Guarani, indígenas, 35
Guarani-Kaiowá, indígenas, 61
Guarantã (MT), 103
Guardian, The (jornal), 72
Guarita (RS), 35

Índice remissivo

Guarujá (SP), 28
Guatemala, 39
Guayabero, indígenas, 139
Guerra, Alceni, 59
Guianas, 75, 169-70
Guimarães, Ricardo, 175

Haddad, Sergio, 29
Harvard, Universidade, 41-2
Haximu, massacre de (1993), 91-2
Henfil, 41
Heráclito de Éfeso, 264
Herzog, Werner, 70
hidrelétricas, 35, 63-7, 90, 157, 162, 171, 200
Higienópolis, avenida (São Paulo), 35
Higienópolis, bairro de (São Paulo), 22, 28, 31, 104, 142, 205
Hildebrand, Francisco von, 170
Hildebrand, Martín von, 95, 170
Hipólito, d. Adriano, 43
"Hipótese Gaia", teses da, 89
hippies, 30
Hiroxima Nunca Mais (coletivo antinuclear), 53
Hobsbawn, Eric, 72
Hohenscherer, Norberto, padre, 140
Holambra (SP), 145
Holanda, 17-8, 21, 66, 178
Holanda, Sérgio Buarque de, 75, 200
Homoxi (maloca yanomami), 212
Honduras, 39
Hope, Bob, 30
Horowa (banda), 183-4
Hospedaria do Imigrante (São Paulo), 25-6
Hotel Fazenda da Serra (Itatiaia, RJ), 93-4
Hutukara Associação Indígena Yanomami, 112-3, 160-1

Iasi, Antonio, 43
Iauaretê (AM), 123, 135, 144, 163, 224
Ibama (Instituto Brasileiro do Meio Ambiente e dos Recursos Naturais Renováveis), 49, 62, 81, 125, 146, 149, 158, 160, 192
Içana, rio, 134, 140-1, 144, 146, 173, 175, 177, 220, 235-6, 238-9, 241-5, 248-9, 251, 257-8, 261, 263, 265
Icco (Comissão Inter Eclesiástica de Cooperação para o Desenvolvimento), 21, 45
ICMBio (Instituto Chico Mendes de Conservação da Biodiversidade), 176, 178, 180, 192
Ieltsin, Bóris, 147

igapó (vegetação baixa e alagada), 115, 187-8, 239
Igreja católica, 18-9, 32, 35, 38, 40, 57, 67, 116, 119
IIZ (Centro Intercomunitário Internacional, Áustria), 95, 105, 119
Ilha das Flores (AM), 182, 237
Ilha do Bananal (TO), 33
Imazon (Instituto do Homem e o Meio Ambiente da Amazônia), 171
Imposto Territorial Rural, 151
impostos, 178
Incra (Instituto Nacional de Colonização e Reforma Agrária), 52, 109, 149
Indian Resource Center, 61
indigenismo/indigenistas, 9, 11, 18-21, 23-4, 34-5, 37, 39, 42-4, 52, 57-8, 81-2, 91, 93-4, 97, 112, 130, 138, 190, 266
Índios e a civilização, Os (Ribeiro), 23, 39-40, 42, 265
Ingarikó, indígenas, 109
Inglaterra, 66, 156, 184; *ver também* Reino Unido
Inpa (Instituto Nacional de Pesquisas da Amazônia), 89, 147
Inpe (Instituto Nacional de Pesquisas Espaciais), 149, 187, 192, 194
Instituto Arapyaú, 174
Instituto ATÁ, 175, 178-9
Instituto Bacuri, 178
Instituto del Bien Común (Peru), 170-1, 184
Instituto dos Conhecimentos Indígenas e Pesquisa do Rio Negro, 173, 175, 180
Instituto Onda Azul, 183
Instituto Vidágua, 153
Intel (microprocessadores), 147
International Student Exchange (EUA), 30
internatos católicos de indígenas, 18
Inventário Cultural de Quilombos do Vale do Ribeira (ISA, 2013), 153
invisibilidade indígena, 23, 42, 267
Iphan (Instituto do Patrimônio Histórico e Artístico Nacional), 153, 163, 174
Ipixuna (terra indígena), 104, 121, 125, 264
Irekran (indígena kayapó), 90
Iriri, rio, 102-3
ISA (Instituto Socioambiental), 11, 24, 69, 72, 93, 95-8, 100-3, 106-7, 110, 112, 118-9, 121, 124-7, 131, 133, 136-9, 142-3, 145, 147-8, 150-3, 156-7, 160, 162-3, 166, 169, 171-2, 176, 179-80, 182, 184, 186, 190-1, 197, 205, 222, 235, 265-6

Itabirinha (MG), 53
Itacoatiara-Mirim (comunidade indígena), 182
Itaici (SP), 18
Itajaí (SC), 193
Itália, 25, 66, 76
Itamaraty (Ministério das Relações Exteriores), 151, 157
Itatiaia (RJ), 93

J. Walter Thompson (agência de publicidade), 184
jabutis, 68
Jackson, Michael, 85
Jaguapiré (terra indígena), 61
Jaminawa, indígenas, 23
Jandu Cachoeira (AM), 239, 242-3, 256
Japão, 30, 48, 76, 88
Japurá (AM), 120
Jardim San Remo (favela paulistana), 153
JEC (Juventude Universitária Católica), 28
Jefferson, Roberto, 155
jiquitaia (condimento amazônico), 173, 175, 178
Jirau, hidrelétrica (RO), 157
Jobim, Nelson, 99, 109, 111, 120, *218*
Jobim, Tom, 25, 46
JOC (Juventude Católica), 28
Jornal do Brasil, 69
Jornal do Commercio, 81
Jucá, Romero, 76, 78, 158
Juivitera (aldeia baniwa), 241-2, 246, 255-7
Junqueira, Carmen, 10, 32, 40-1, 43
Junqueira, Rodrigo, 102
jurisprudência sobre direitos indígenas, 60-1, 103; *ver também* direitos indígenas
Juruá, rio, 54, 71-2, *213*
Juruna, indígenas, 17, 66, 68, 107
Juruna, Mário, 10, 17, 57, 59
Jurupari (AM), 123, 255
Jurupari (divindade indígena), 133, 243
Juvenil, Domingos, 67

Kaali (herói ancestral baniwa), 258-9
Kadiwéu, indígenas, 20
Kadiwéu, Maksuara, 79
Kaingang, indígenas, 35, 43
Kaiowá, indígenas, 10, 61
Kampa, indígenas, 72-3, 104
Karajá, indígenas, 33, 230
Kararaô, indígenas, 66

Kararaô, projeto de hidrelétrica (PA), 64, 161; *ver também* Belo Monte, hidrelétrica de (PA)
Kautukeino (Noruega), 12, 61
Kawaiweté, indígenas, 107
kaxinawá, idioma, 71
Kaxinawá, indígenas, 23, 71
Kayapó, indígenas, 43, 51-2, 57, 64-9, 74, 90, 104, 130, *206-7*, *210-1*
Kayapó, Kanhõc, *210*
Kayapó, Tutu Pombo, *210*
KC-390 (supercargueiros aéreos), 193
Kennedy, Bob, 30
Khan, Marina, 94, 97
Kidsedjê, indígenas, 107
Kikretum (aldeia kayapó), 52, 66
King, Martin Luther, 30
King, Rodney, 85
Kinsky, Klaus, 70
Kisedjê, indígenas, 106
Klabin, Roberto, 96
Kokraimoro (aldeia kayapó), 52
Kopenawa, Davi, 76-7, 79, 112, 158, 180, 190, 198
Koripako, indígenas, 134, 139-40, 236-7, 250
Kräutler, d. Erwin, 67, 104
Kreen-Akarore, 35, 102-3
Krenak, Ailton, 12, 20, 49, 53, 57, 60-1, 74, 197, 209
Krenak, indígenas, 53
Kube-I (líder kayapó), 64-5
Kuben-Kran-Kren (aldeia kayapó), 52
Kubeo, indígenas, 139, 248
Kuesithëri, Geraldo, 112
Kulina (terra indígena), 105
Kuruáia, indígenas, 66

Lábrea (AM), 194
Lagoa Santa (MG), 123
Lapônia (Escandinávia), 61
Lara, Agustin, 185
Laraia, Roque, 230
Latour, Bruno, 155
Le Mans (França), 28
Lea, Vanessa, 98
Leal, Guilherme, 163, 180-2
Lee, Rita, 95, 200
Lei de Segurança Nacional, 44
Leitão, Ana Valéria, 94
Leitão, Sergio, 61, 94

Índice remissivo

León, Pia, 184
Leonelli, Domingos, 59
Levantamento da Situação Atual dos Povos Indígenas no Brasil, 19-22, 24, 47, 51, 190; *ver também* Povos Indígenas no Brasil (enciclopédia)
Lévi-Strauss, Claude, 56, 198, 264, 267
Lewgoy, José, 70
Libânio, José Carlos, 61, 94
lideranças indígenas, 9-11, 19, 35, 43, 49, 51, 66, 76, 109, 129-30, 132-3, 137, 174, 190-1, 263-4, 267
Lima (Peru), 171
Lima, André, 137
Lima, Haroldo de, 59, 67
Lima, Jorge de, 69
Limeira (SP), 27
línguas indígenas, 17, 24, 39, 71, 75, 98, 102, 113-4, 139-40, 176, 259
Lino, Clayton Ferreira, 94
Londres (Inglaterra), 72, 76, 80
Lopes, José Muniz, 69, *211*
Lorscheider, d. Ivo, 18
Los Angeles (Califórnia, EUA), 85
Lovelock, James, 89, 108, 169
Lovold, Elisabeth, 95
Lovold, Lars, 95
Lula da Silva, Luís Inácio, 10, 110, 112, 142-3, 151, 155, 158-61, 196, *222*, 241
Lunkebein, Rodolfo, padre, 35
Lutzenberger, José, 49, 80-1
Luzia (fóssil humano), 123

Macedo, Antônio, 71-2
Machado, Lia Osório, 151
machismo, 69
Maciel, Elter, 35
Maciel, Marco, 76
Macuxi, indígenas, 76, 109-10
Madeira, rio, 157-8
madeireiras, 50, 51, 98, 105, 149
Madeiro, Dinarte Nobre de, 105
Madri (Espanha), 28, 80
Magalhães, Antônio Carlos, 131
Maiakovski, Vladimir, 200
malária, 76, 91, 112, 234, 237
Mallarmé, Stéphane, 184
Maluaré (líder karajá), 33
Mamaindê (aldeia nambikwara), 24

mananciais amazônicos, 71, 171
Manaus (AM), 18, 39, 42, 108, 119, 129, 132, 137, 138, 146, 148, 159, 188, 191, 195, *204*, 241, 243, 250
Manaus-Boa Vista (rodovia), 35, 160, 243, 265
mandioca, 115, 145, 148, 188, 228, 231, 237, 239-40, 253, 258-61
Mangabeira Unger, Roberto, 159
Mantovani, Mário, 94
Mapa-Livro dos Povos Indígenas do Rio Negro (ISA, 1997), 122
mapas do ISA, 171, 177, 248
MapBiomas (rede brasileira), 171
"Máquina do ritmo" (canção), 183
Marabá (PA), 32-3, 227, 229
Marabitana (PA), 123
Marajó, ilha de (PA), 123
Marcelândia (MT), 98
Marco Temporal, 111-2; *ver também* demarcações; terras indígenas
Marés, Carlos Frederico, 60-2, 94, 99-100, 110, 131, *218*
Maria Bonita, garimpo de (PA), 51
Marinha brasileira, 120, 138, 151
Mariuá (arquipélago fluvial amazônico), 114
Martinelli, Pedro, 103, 120, 145, 148, 235, 258, 263
Martinez, Virgílio, 184
Marx, Karl, 32, 197
Masp (Museu de Arte de São Paulo), 103
Mata Atlântica, 60, 96-7, 102, 143, 152
matapi (armadilha de peixe), 237
matas ciliares, 101, 153, 166
Matias, Fernando, 107
Mato Grosso, 18, 20, 24, 35, 50, 98, 101-2, 149, 194
Mato Grosso do Sul, 22, 61
Matta, Roberto da, 230
Matuck, Rubens, 71, 105
Matupá (MT), 102
Maturacá (aldeia yanomami), 110, 113, 135, 178
Mauá Cachoeira (AM), 239, 242, 255-6
Maurício Pedro (líder terena), 43
Mauro, Sergio, 97
McNeill, John, 197
Médici, Emílio Garrastazu, 34
Meira, Márcio, 120, 158
Mekragnoti (terra indígena), 104

mel de abelhas do Xingu, 175
Melatti, Julio Cesar, 23
Mello, Thiago de, 42, 204
Memorial do Descobrimento (Porto Seguro, BA), 129, 131
Mendes, Chico, 11, 49, 53, 62-3, 67, 74
Mendes, Gilmar, 103
Mendes, Ilzamar, 62
Mendonça, Alexandre Ribeiro de, 180
Mendonça, Rubens, 94
Menna Barreto, Carlos Alberto Lima, 82
mensalão, escândalo do (2005), 156
Mercadante, Aloizio, 176
Mercado de Pinheiros (São Paulo), 175, 179
mercado financeiro, 149
Mesquita, Rodrigo, 96
Metuktire, Raoni ver Raoni (cacique kayapó)
México, 21, 39
Michiles, Aurélio, 103
"milagre econômico" brasileiro (anos 1970), 41-2
Milão (Itália), 62
Milosevic, Slobodan, 147
Minas Gerais, 53, 102, 123, 167, 181
Minc, Carlos, 160
Mindlin, Betty, 99, 218
Mindlin, Diana, 23
mineração, 11, 51, 57-8, 63, 75-6, 116, 117, 158, 170-1, 179, 206-7, 210, 241, 245
Mineração Rio Marmelos, 117
Ministério da Agricultura, 192
Ministério da Defesa, 138, 192-3
Ministério da Educação e Cultura, 134, 144, 152, 175, 193
Ministério da Justiça, 81, 92, 99, 105, 109, 111, 120, 122, 131, 158
Ministério da Mulher e dos Direitos Humanos, 192
Ministério da Reforma Agrária, 158
Ministério da Saúde, 76, 127, 134, 193
Ministério de Minas e Energia, 65, 75
Ministério do Desenvolvimento Regional, 193
Ministério do Interior, 39
Ministério do Meio Ambiente, 121, 143, 147, 157, 159-60, 192, 196
Ministério do Trabalho, 136
Ministério dos Povos Indígenas, 12, 196
Ministério Público Federal, 90, 137, 162

Miranda, Giuseppa, 27
Miranda, Marlui, 74
Miranha, Lino, 20, 21
Missa da Terra Sem Males (São Paulo, 1979), 32
mitos indígenas, 32
Mitú (Colômbia), 248, 254
Miuá (igarapé amazônico), 120, 159
Mogiano, d. Aldo, 82
mogno, 51, 105
Monitoramento de Áreas Protegidas, 97
Montanha, Lídia, 160
Monte Alegre (PA), 123
Monteiro, Duglas Teixeira, 34
Monteiro, Sylvia, 145
Monumentos Naturais, 100
Mooca, bairro da (São Paulo), 26, 27
Moore, Gordon, 148
Moretti, Edmar, 94, 97
Mosteiro de São Bento (São Paulo), 23
movimento indígena, 9, 19, 21, 24, 38, 43, 46, 57-8, 99, 266
Mucajaí, rio, 75-6, 79
mudanças climáticas, 88, 118, 150, 156-7, 160, 172, 187, 197
mulheres indígenas, 12, 136, 230, 245, 258-9
Müller, Sophie, 139-40, 249
Museu Nacional (Rio de Janeiro), 39-40, 124
Museu Paraense Emílio Goeldi (Belém, PA), 120, 123
música indígena, 71, 74

"nações indígenas", uso do termo, 57, 151
Nacypotire (aldeia paraná), 103
Nambikwara, indígenas, 18, 24, 35
Nápoles (Itália), 25-7
Nascimento, Alfredo, 158
Nascimento, Milton, 11, 62, 70-4, 213-4
National Wildlife Federation, 49
Natura (empresa de cosméticos), 145, 180, 182
Natureza das coisas, A (programa de TV), 68
NBS (No Bull Shit, agência de publicidade), 184
NDI (Núcleo dos Direitos Indígenas), 60-2, 71, 93-4, 97, 99, 103-4
Negro, rio, 17-8, 42, 78, 95, 113-6, 118-20, 122-3, 125, 133-5, 140, 142-6, 148, 156, 162-3, 169, 172-7, 179, 183, 186-8, 191, 195, 196-7, 217, 220, 223-4, 235-7, 243, 263

Índice remissivo

neoliberalismo, 100
Neves, Eduardo, 114, 123
Neves, Tancredo, 48, 56
Neves, Walter, 124
Ngojhwêrê (aldeia kisêdje), 106
nheengatu (língua geral), 114, 118, 176, 186-7, 261
Nimuendajú, Curt, 133
No Chá das Cinco, o Horizonte (Ricardo Netto), 26
"Noche de ronda" (canção), 185
Nonoai (RS), 35
Norad (Agência Norueguesa de Cooperação para o Desenvolvimento), 95
Nordeste do Brasil, 10, 34, 50
Norte do Brasil, 10
Noruega, 12, 61, 95, 97, 107, 112, 134, 160-1, 170
Nova Iguaçu (RJ), 43
Nova York (NY), 84, 139
Núcleo de Cultura Indígena, 53, 74

O que é que a floresta tem (evento do ISA em São Paulo), 179
OAB (Ordem dos Advogados do Brasil), 79
OAF (Organização de Auxílio Fraterno), 29
Observatório do Código Florestal, 167
Odebrecht (empreiteira), 158, 161, 193
Oibi (Organização Indígena da Bacia do Içana), 134, 146, 177, 235-6, 238, 240, 242-3, 261
OIT (Organização Internacional do Trabalho), 111, 136
óleo de castanha, 65
Oliveira, Almir de, 175
Oliveira, Ana Gita de, 103, 120
Oliveira, Orlando, 137
Omama (divindade yanomami), 77, 112, 198
ONU (Organização das Nações Unidas), 41, 53, 82, 194
Operação Curupira (contra crimes ambientais), 149
Operasjon Dagsverk (OD, "Operação Dia de Trabalho", Noruega), 95
opinião pública, 62, 150, 268
Orenoco, rio, 91
Organização do Tratado de Cooperação Amazônica, 169
Ortiz, Enrique, 148
Oslo (Noruega), 62, 95, 107
OSPB (Organização Social e Política Brasileira), 35

ouro, 51, 75, 77, 151, 206-7, 240, 254; *ver também* garimpos/garimpeiros; mineração

Paapiú (posto indígena), 76, 79
PAC (Plano de Aceleração do Crescimento), 157, 158
PAC Social Indígena (Programa de Aceleração do Crescimento Social Indígena), 158
Pacheco, João, 99, 218
Pacífico, oceano, 83, 184
Padaria Pascale (São Paulo), 27
Paiakan, Paulinho, 49, 51, 60, 64-9, 90, 211
países amazônicos, 169
Paiter, indígenas, 74
pajés, 242
Palácio da Alvorada (Brasília), 99
Palácio do Planalto (Brasília), 137, 150-1
Pamáali (igarapé amazônico), 134, 258
Panamá, 21, 39
Panã-Panã (AM), 244-6, 253
Panará (terra indígena em MT/PA), 61, 103
Panará, indígenas, 35, 102, 103
Panará, Teseya, 210
Panteras Negras, 30
Pão de Açúcar (rede de supermercados), 145, 178
Papuri, rio, 163
Paquiçamba (terra indígena), 68
Pará, 22, 32, 35, 47, 50-1, 61, 65-6, 74, 84, 90, 98, 102, 104-5, 125, 162, 179, 195, 203, 206-7, 264
Parabólicas (boletim do ISA), 100
Paraibano (sertanejo), 228, 229
Parakanã, indígenas, 35, 66
Paraná, estado do, 53, 61, 198
Paranapanema (mineradora), 116-7
Pareci, indígenas, 43
Pari Cachoeira (AM), 18, 116-7, 135
Parima, rio, 75
Paris, Acordo Climático de (2015), 198
Parques Nacionais, 100
Partido Republicano (EUA), 85
PAS (Plano Amazônia Sustentável), 159
Pascale, Giovanni, 27
Passarinho, Jarbas, 58-9, 76, 81
pastoral indigenista, 34, 116
Patamona, indígenas, 109
Pataxó da Coroa Vermelha, indígenas, 130
Pataxó Hã-Hã-Hãe, indígenas, 130
Pataxó, Galdino, 129-30

Pataxó, indígenas, 129-30
Paulino, Mauro, 163
PCdoB (Partido Comunista do Brasil), 165
PDT (Partido Democrático Trabalhista), 17
pecuária *ver* agropecuária
Peixoto, Ricardo Augusto do Amaral, 180
Perdizes, bairro de (São Paulo), 28, 32
periferia de São Paulo, 153
Perimetral Norte (rodovia), 35, 40
Pernambuco, 49, 126
Peru, 39, 71, 73, 169-71, 173, 184-5
Pessoa, Fernando, 29
petróglifos, 115, 122-3, 224, 237, 256
petróleo, 171, 197
Pgta (Plano de Gestão Territorial e Ambiental), 113, 157, 176
piaçava, 162, 177, 261
Piapoco, indígenas, 139
piauí (revista), 171
Piauí, rua (São Paulo), 28
PIB brasileiro, 42
Pico da Neblina (parque nacional amazônico), 78, 113, 178
pimenta baniwa, 148, 175, 179; *ver também* jiquitaia (condimento amazônico)
Pinheiros, bairro de (São Paulo), 31
Pinto, Raimundo, 103
Piratapuia, indígenas, 123, 163, 177
piscicultura, 144, 241, 252
pistas clandestinas em terras indígenas, 75, 79-81, 91
Pito, Lúcio Flavio, 103
Piza, Mauricio, 23
Planeta Oca (espetáculo), 183
Plano BR-163 Sustentável, 155
Plano de Defesa das Áreas Indígenas Yanomami e da Floresta Nacional de Roraima, 80
Plano de Integração Nacional da Amazônia, 19, 33
"Plano Diretor para a Proteção do Meio Ambiente" (Eletrobras), 49
Plano Real, 100, 149
Pleasant Ridge (subúrbio de Detroit), 30, 84
PMDB (Partido do Movimento Democrático Brasileiro), 48, 56, 67, 76, *210*
Pnuma (Programa das Nações Unidas para o Meio Ambiente), 77, 106

Poá (SP), 229
Polícia Federal, 18, 64, 80-1, 92, 124, 136, 149, 186
Política Nacional de Mudanças Climáticas, 160, 192
Polonoroeste (RO), 47, 49
população brasileira, 50, 268
população indígena e quilombola (Censo de 2022), 154
"Populações Indígenas no Brasil: Perspectivas de Sobrevivência nas Regiões Norte e Centro-Oeste" (Ricardo e Dória), 33
Porantim (jornal), 44
Porto do Queiróz (São Gabriel da Cachoeira, AM), 134, 235
Porto Seguro (BA), 129, 131
Porto Velho (RO), 39, 53, 194-5
Portugal, 113
Posey, Darrel, 64
positivismo republicano, 40, 59
Possuelo, Sydney, 80, 104, 118
Povos Indígenas no Brasil (enciclopédia), 11, 19, 21-2, 24, 41, 46, 77, 95, 153, 190-1, 265
PPCDam (Plano de Ação para Prevenção e Controle do Desmatamento na Amazônia Legal), 149
PPTAL (Plano de Proteção das Terras Indígenas da Amazônia Legal), 121
PRA (Programa de Regularização Ambiental), 107, 166, 181, 233, 236, 240, 244, 247
Prêmio Ashden para soluções climáticas (Reino Unido), 102
Prêmio Banco Mundial de Cidadania, 147
Prêmio Chico Mendes (Ministério do Meio Ambiente), 147
Prêmio Equatorial do Programa das Nações Unidas para o Desenvolvimento, 102
Prêmio Global 500 do Pnuma, 53, 77
Prêmio Goldman de Meio Ambiente, 83, *215*
Presidente Figueiredo (AM), 187
Price, David, 47
Procuradoria Geral da República, 64
produtos amazônicos, 173, 175, 178-9, 237, 256
professores indígenas, 98, 134, 144
Programa Avança Brasil, 143
Programa de Desenvolvimento da Faixa de Fronteira, 151
Programa de Política e Direito Socioambiental, 97, 101
Programa Grande Carajás, 35

Índice remissivo

Programa Nacional de Fortalecimento da Agricultura Familiar, 144
Programa Nossa Natureza, 62
Programa Povos Indígenas no Brasil, 96-7, 267
Programa Regional de Desenvolvimento Indígena Sustentável, 133-4, 143, 158, 173
Programa Rio Negro, 97, 118, 160-1, 180, 187, 190
Programa Vale do Ribeira, 97, 152, 153
Programa Xingu, 97-8, 101-2
Projeto Calha Norte, 75, 115-6, 124, 134-5, 193
Projeto Ferro Carajás, 47
Projeto Radam, 75
proselitismo cristão na Amazônia, 40
protestantes, 32, 34, 44, 140; *ver também* evangélicos indígenas
Protocolo de Kyoto (Japão, 1997), 88
ProVita (ONG venezuelana), 171
PSDB (Partido da Social Democracia Brasileira), 100, 164
PT (Partido dos Trabalhadores), 143, 152, 156, 159, 164, 222
PTB (Partido Trabalhista Brasileiro), 155
PUC (Pontifícia Universidade Católica), 10, 28, 43, 61, 167
Puinave, indígenas, 139
Puyawana, indígenas, 23
PV (Partido Verde), 52

Quadros, Jânio, 97
Quebec (Canadá), 28
Queda do Céu: Palavras de um Xamã Yanomami, A (Kopenawa e Albert), 77
"queda do céu" (mito yanomami), 78, 112
queimadas, 50, 89, 149, 187, 195
Queiróz, Maria Isaura Pereira de, 31
Querari, rio, 248, 254
Quilombo de Ivaporunduva (SP), 152
Quilombo Produções, 62, 71, 74
quilombolas/quilombos, 12, 52, 102, 114, 152-4, 179, 192, 200
Quintão, Geraldo, 81
Quintino, Alexandre Luís, 247
Quintino, Ângelo Luís, 247

racismo, 17, 21, 55, 59, 65, 85, 90, 96, 153, 267-8
radiofonia em comunidades indígenas, 112, 119, 121, 126, 160-1, 174, 191, *219*
Radler, Juliana, 180
Raimundo Nenê (pista clandestina), 91-2

Rainforest Foundation International, 95, 98, 104
Rainforest Foundation Norway, 95, 97-8, 112, 134, 161, 170
Raisg (Rede Amazônica de Informação Socioambiental Georreferenciada), 170-2, 184, 193
Rajão, Raoni, 167
Ramalho, Jether, 35
Ramos, Alcida, 43, 99
Raoni (cacique kayapó), 95, 130, *210*
Raposa Serra do Sol (terra indígena), 108-12, 222
Realidade (revista), 44
Rebelo, Aldo, 165
Rede de Sementes do Vale do Ribeira, 153
Rede de Sementes do Xingu *ver* Associação Rede de Sementes do Xingu
Redenção (PA), 51, 65, 90
reflorestamento, 101-2, 166, 195, 198
reforma agrária, 52, 101, 143
Regras de Convivência Entre Militares e Índios (documento da Foirn), 137
Reino Unido, 48, 102, 156; *ver também* Inglaterra
Relatório Stern (Inglaterra), 156
remanescentes das comunidades de quilombos *ver* quilombolas/quilombos
Renato e Eduardo (dupla sertaneja), 101
Reservas Biológicas, 100
Reservas Extrativistas, 52, 72-3, 100
Reservas Garimpeiras de Uraricoera e Catrimani-Couto dos Magalhães, 80
responsabilidade social, 19, 28
Revolução Industrial, 156
Ribeira de Iguape, rio, 152, 191; *ver também* Vale do Ribeira (SP)
ribeirinhos, 12, 50, 52, 71, 73, 101, 114, 162
Ribeiro, Berta, 11
Ribeiro, Darcy, 11, 23, 34, 37-44, 97, 200, 204, 265, 266
Ricardo, André, 48, 183
Ricardo, Beto, 9, 11-2, 27, 125, *203-5*, *215*, *218-23*, 265-6
Ricardo, Carolina, 34, 183
Ricardo, Cristina Maria, 27
Ricardo, Eduardo Carlos, 27
Ricardo, Fany, 9, 23, 31, 34, 38, 40, 94, 97, *218*, 265
Ricardo Netto, Paschoal, 26-7, 183

Riccardi, Augusto, 27
Riccardi, Nicolina, 27
Riccardi, Pascoale, 25-7, 190
Rio Branco (AC), 53, 74, 186
Rio de Janeiro (RJ), 32, 34, 52, 55, 59, 62, 69, 71, 73, 81, 85, 87-8, 93, 124, 145, 167, 194
Rio Grande do Sul, 35, 106, 154
Riocentro, Centro de Convenções do, 88
"rios da fome" (rios com poucos peixes), 115
"rios voadores", 89, 200
rizicultores, 110-2
Roddick, Anita, 67
Rodrigues, Nelson, 129
Rolla, Alicia, 23, 94, 97, 171
Romero, André, 245
Romero, Paulo Lima, 245
Roncari, Luiz, 23
Rondon, Cândido, marechal, 34, 59, 97, 126-7, 138
Rondônia, 47, 49-50, 53-4, 74, 95, 194
Roraima, 43, 75-6, 78-82, 91, 108-13, 160-1, 165, 172, 179-80, 212, 222, 244-5
Rosa, Guimarães, 235
Roterdã (Holanda), 17
Roussef, Dilma, 157, 166, 176
RPPN (Reservas Particulares de Patrimônio Natural), 100
Rudelli, Sergio, 186
Ruviaro, Valdenir Antão (Valdo), 32, 227, 233

saberes indígenas, 11, 115, 154, 174-6, 188, 196
Sabóia, José Carlos, 59
Sachs, Jeffrey, 147, 173, 220
Sadam Hussein (pista clandestina), 91
Salati, Enéas, 89
salesianos, 17-8, 42, 116, 133, 139-40, 160, 204, 242
Salvador (BA), 131, 182
Salzano, Giovanna, 25, 26
Sami (povo indígena da Lapônia), 12, 61
Sampaio, Jorge, 131
Sampaio, Plínio de Arruda, 59, 79, 212
SAN (Serviço de Auxílio aos Necessitados), 29
San Francisco Opera House, 84
San Giugliano in Campania (Nápoles, Itália), 25
San Giuseppe Vesuviano (Nápoles, Itália), 27
Saneaux, Brunhilde Haas de, 94
Santa Clara (MT), 98

Santa Cruz de Cabrália (BA), 131
Santa Isabel do Rio Negro (AM), 120, 187
Santarém (PA), 123
Santilli, Juliana Ferraz, 94
Santilli, Márcio, 56-9, 61, 66-7, 93-4, 99, 101, 120, 164, 180, 218, 221
Santilli Sobrinho, José, 56
Santo Antônio, hidrelétrica (RO), 157
Santos (SP), 25-6, 190
Santos, Lucélia, 67
Santos, Sérgio Mauro de Souza, 94
São Félix do Araguaia (MT), 38
São Félix do Xingu (PA), 194
São Francisco (Califórnia, EUA), 10, 49, 83-4
São Gabriel da Cachoeira (AM), 114-22, 124, 126-8, 132-4, 139-41, 143, 146-8, 156-59, 162-3, 173-5, 177-80, 182, 187-8, 190-1, 216-7, 221, 223, 235-7, 241, 243-4, 246, 248-9, 252, 254-7, 261, 265
São Joaquim (AM), 135, 139, 247-53
São Luís (MA), 108
São Paulo (SP), 9-11, 18-9, 22, 25-6, 28, 31-2, 35, 40-1, 43, 53, 65, 70-2, 77, 90, 93, 102-5, 107, 123, 131, 142, 145-6, 148, 150, 153, 163, 175, 179, 181, 183, 185, 189, 191, 194, 205, 222, 229, 241, 265
São Paulo, estado de, 152, 198
Saraiva, Moreno, 190
Sardinha, Pedro, 130
Sarney, José, 56, 62, 75, 78-80, 117, 120
Sateré, indígenas, 10
SBPC (Sociedade Brasileira para o Progresso da Ciência), 33, 41-2, 79, 162
Schwartzman, Stephen (Steve), 49, 84, 94-5, 102
Schwarz, Tanya, 72, 213
Schwarz, Walter, 72
Schwarzenegger, Arnold, 85
Secretaria Especial de Direitos Humanos, 137
Seeger, Anthony, 43
Segunda Guerra Mundial, 126
segurança alimentar, 133, 143-4, 175, 188
Seki, Lucy, 98
Seligman, Milton, 218
Senado, 21, 58, 165
Sendero Luminoso (partido peruano), 73
Senna, Virgildásio de, 210
Seplan (Secretaria de Planejamento e Assuntos Econômicos), 176

seringueiros, 12, 23, 50, 52-4, 62, 71-2, 90, 165
Serra do Traíra, 117
Serra, José, 41
Sertões, Os (Cunha), 50
Serva, Leão, 105, 148, 269
Sérvia, 147
Serviço Florestal Brasileiro, 166-7
Sete Cerros (terra indígena), 61
Shanenawa, indígenas, 23
Siber, Paulo, 90
SIL (Summer Institute of Linguistics), 39-40
Silva, Adeílson Lopes da, 173
Silva, Aracy Lopes da, 41
Silva, Benedita da, 59, 67
Silva, Francisco Teixeira da, 151
Silva, Leila Monteiro da, 97
Silva, Luis Laureano da, 182
Silva, Marina, 84, 143, 149-50, 157, 159, 163, 196
sindicalismo rural, 52, 62
Sirkis, Alfredo, 160
SisArp (Sistema de Áreas Protegidas), 170
Sistema Agrícola Tradicional do Rio Negro, 174
Sistema Agrícola Tradicional Quilombola, 153
Sivam (Sistema de Vigilância da Amazônia), 120
Smeraldi, Roberto, 67, 175
Smith, Richard, 170
Snuc (Sistema Nacional de Unidades de Conservação), 100
Soares, José Otávio, 94
Sodiur (Sociedade de Defesa dos Índios Unidos de Roraima), 109
soldados indígenas, 135
Solimões, rio, 61, 105
Sompolinskyi, Enrique Svirsky, 96
SOS Mata Atlântica (ONG), 93-6
Souza, Herbert de (Betinho), 41
Souza, José Barbosa de, 90
Souza, Márcio de, 18
Souza Netto, d. Estevão Francisco Benjamim de, 23
SPI (Serviço de Proteção aos Índios), 34, 39-40
Star Alliance (companhias áreas), 96
Stern, Nicholas, 156
STF (Supremo Tribunal Federal), 90, 110-1, 166, 192
Sting, 11, 67, 95, 104

STJ (Superior Tribunal de Justiça), 110
Stoll, David, 140
Strauss, Levi, 83
Stumpf, Valério, 138
Sua voz ecoa nas selvas (Müller), 140
Subvertendo a gramática e outras crônicas socioambientais (Santilli), 59
Sudeste do Brasil, 10
Suíça, 21, 44, 82
suicídios, 115
Sul do Brasil, 10, 35, 50
SulAmérica (plano de saúde), 185
Suriname, 39, 75, 169
Surucucu (RR), 80
Suruí, indígenas, 32, 54, 230
Survival International, 76
sustentabilidade *ver* desenvolvimento sustentável
Suyá, indígenas, 106
Suzuki, David, 68-9
Sydell, Mick, 148

Taboca (mineradora), 241
Tailândia, 85
tapioca, 239, 252, 259-61
Tariana, indígenas, 123
Tariano, Pedro Garcia, 159, 163
Tatto, Nilto, 94, 119, 152
Taurepang, indígenas, 109-10
Távola, Arthur da, 59
Távora, Virgílio, 76
Teatro Plácido de Castro (Rio Branco, AC), 74
Teles Pires, rio, 102
temperatura da Terra, 89, 156, 197
Tempo e Presença (revista), 22
Temporão, José Gomes, 158
teorias conspiratórias, 57, 82
Terena, indígenas, 20-1, 43
Terena, Marcos, 20-1, 60, 71
Terra do Meio (PA), 84, 98, 179
Terra Indígena Araweté, demarcação da, 105
Terra Indígena Médio Rio Negro II, 120
Terra Indígena Yanomami, homologação da, 78, 81-2, 108, 112, 191
terras indígenas, 11, 19, 35, 43, 47, 52, 57-8, 60-1, 64, 75, 78-9, 81, 97-101, 104-5, 109, 111, 115, 118, 120, 122, 125, 129-30, 136, 138, 143-4, 150, 154, 157-8, 161, 170-1, 176, 192, 197, 199-200, 206-7, 212, 217-8, 222, 265, 268-9; *ver também* demarcações

"terras ocupadas", uso da expressão, 58, 60
"Território Federal Indígena do Alto Rio Negro" (projeto de 1975), 116
Territórios da Diversidade Socioambiental (projeto do ISA), 179
"Territórios Indígenas da Cidadania", 158
Tides Foundation, 178
Tikuna, indígenas, 10, 61, 105
Tiquié, rio, 116-7, 134, 144, 187-8, 241
Tok&Stok (loja), 145-6
Toototobi (comunidade yanomami), 112
Transamazônica (rodovia), 35
Tribunal Internacional dos Povos (4º Tribunal Bertrand Russell), 17, 24
Trio Los Panchos, 185
Tucumã (PA), 144-5, 217, 235, 239, 242-3, 246, 251, 255-6, 258-9, 261, 263-4
tucunaré (peixe), 148, 238, 241, 256, 259
Tucuruí, hidrelétrica de (PA), 35
Tuíra (indígena kayapó), 69, 211
Tukano, Álvaro (Sampaio), 18, 20-1, 115
tukano, idioma, 114
Tukano, indígenas, 10, 18, 20-1, 115-7, 123, 134-5, 144, 159, 163, 177, 183, 188-9
Tukano, Sabrina Santos, 183
Tuma, Romeu, 80
Tunuí (AM), 135, 175, 238, 240, 246, 255-7
tupi, idioma, 163
Tupi-Guarani, indígenas, 104
Tupinambá, indígenas, 130
Tupiniquim, indígenas, 130
tutela de indígenas pelo Estado, 22, 34, 43, 59, 99
Tutu, Desmond, 55
tuxauas (caciques), 110
Tuyuka, indígenas, 134, 144, 177
Txai (álbum de Milton Nascimento), 71, 73-4, 214
Txucarramãe, Megaron, 43

Uaupés, rio, 123, 133-4, 144, 163, 187, 224, 248, 254
Uapuí Cachoeira (AM), 177
Ucuqui Cachoeira (AM), 177
UDR (União Democrática Ruralista), 67
UFRJ (Universidade Federal do Rio de Janeiro), 98, 151
Uiramutã (RR), 109-10
UNB (Universidade de Brasília), 34, 39, 98, 103

Unesco (Organização das Nações Unidas para a Educação, a Ciência e a Cultura), 175
UNI (União das Nações Indígenas), 11, 20, 52-3, 57, 70-1, 74, 76, 105
União das Comunidades Indígenas do Rio Tiquié, 116-7
União Soviética, 41
Unicamp (Universidade Estadual de Campinas), 10, 24, 36, 40-1, 44-5, 98
Unilever, 27, 28
Universidade da Flórida, 64
Universidade do Arizona (EUA), 111
Universidade Federal da Bahia, 183
Universidade Federal de Pernambuco, 126
Universidade Federal de Roraima, 111
Universidade Federal do Pará, 162
Unterstell, Natalie, 146
Uraricoera, rio, 75, 79-80
Uru-Eu-Wau-Wau, indígenas, 49
Uruguai, 96
urutus (cestos de arumã), 145-6, 254
USP (Universidade de São Paulo), 9-10, 12, 19, 24, 31, 33, 41-2
Utrecht (Holanda), 21

Valadão, Virgínia, 24
Vale do Ribeira (SP), 31, 97, 102, 152-3, 172, 179
Vale do Rio Doce (companhia estatal), 47
Van Bentum, Jan, 21, 94
Vargas Llosa, Mario, 39
Vargas, Getúlio, 32-3
Veja (revista), 90, 103
Veloso, Caetano, 83-4
Venezuela, 75, 91, 114, 139, 169-71, 241
Vera (MT), 98
Viana, Jorge, 59
Viana, Luis, 76
Vidal, Lux, 10, 24, 41, 43, 99
"Vídeo nas Aldeias" (projeto), 24
Viena (Áustria), 118
Vietnã, guerra do, 30
Vila Sônia, bairro de (São Paulo), 31
Villa-Lobos, parque (São Paulo), 29
Villas-Bôas, André, 53, 61, 66, 68, 94, 97, 102, 215
Villas-Bôas, irmãos, 97, 104
Villas-Bôas, Orlando, 43, 103
Vincent, Charles, 71
Viramundo (série de TV), 182
Vítimas do milagre (Davis), 41-2

Índice remissivo

Viveiros de Castro, Eduardo, 17, 41, 43, 94, 104, 197, 264-5
Vivi (piloto de taxi aéreo), 181
Volta dos índios gigantes, A (Arnt et al.), 103

Waçaí (indígena), 231-3
Waddington, Andrucha, 106
Waiãpi, indígenas, 74, 105
Waimiri-Atroari, indígenas, 35, 265
Wanano, indígenas, 123, 134, 248
Wapixana, indígenas, 76, 109-11, 196
Washington Post (jornal), 84
Washington, D.C., 53, 64, 84-5, 215
Wataniba (ONG venezuelana), 171
Watoriki (aldeia yanomami), 77, 112
Wayne, John, 90
Wayuri (boletim), 118, 122, 191, 236, 238, 240, 243, 245, 248
Wedekin, Nelson, 76
Welch, Raquel, 30
Wesley, Marcos, 160-1, 190

xamãs, 44, 77-8, 140, 174, 180, 198
Xangrê, Nelson, 43
xapiri (espíritos yanomami), 77, 181
Xapuri (AC), 52, 62, 74
Xavante, indígenas, 10, 20, 130
xawara (conceito yanomami de "fumaça do ouro"), 77

Xicrin, indígenas, 66
Xikrin do Cateté (terra indígena), 61
Xingu, Parque/Território Indígena do, 22, 35, 65-6, 95, 97-8, 100-2, 106-7, 130, 142, 152-3, 161, 170, 172, 175, 179, 197, 201, 211, 215, 264
Xingu, rio, 64, 66, 98, 191, 264
Xipáia, indígenas, 66

Y Ikatu Xingu (Água Boa do Xingu, campanha do ISA), 101, 106, 215
yakoana (pó alucinógeno), 181
yanomami, idioma, 160
Yanomami, indígenas, 35, 43-4, 75-82, 91-3, 95, 108, 110-3, 124, 128, 160-1, 175, 178-82, 191, 198, 208, 212, 219
Yaripo (projeto de ecoturismo), 161, 178
Yawanawá, indígenas, 23
Yeba Masã, indígenas, 177
Young, Ricardo, 164
Youth For Understanding (programa de intercâmbio dos EUA), 30
Yudjá, indígenas, 107

Zacquini, Carlo, 43, 212
Zé das Águas, 73
Zendim, Omar, 179-80, 221
Zoró, indígenas, 53
Zweig, Stefan, 29

ESTA OBRA FOI COMPOSTA POR MARI TABOADA EM DANTE PRO E IMPRESSA EM OFSETE PELA GRÁFICA BARTIRA SOBRE PAPEL PÓLEN NATURAL DA SUZANO S.A. PARA A EDITORA SCHWARCZ EM MARÇO DE 2024.

A marca FSC® é a garantia de que a madeira utilizada na fabricação do papel deste livro provém de florestas que foram gerenciadas de maneira ambientalmente correta, socialmente justa e economicamente viável, além de outras fontes de origem controlada.